新世纪
高等学校
教材

历史学
系列教材

Studies of
Chinese Historical
Literature

曾贻芬　崔文印　著

U0152531

中國歷史文獻學

邸颂绵题

北京师范大学出版集团
BEIJING NORMAL UNIVERSITY PUBLISHING GROUP
北京师范大学出版社

图书在版编目（CIP）数据

中国历史文献学/曾贻芬，崔文印著. —北京：北京师范
大学出版社，2024.1
　　新世纪高等学校教材　历史学系列教材
　　ISBN 978-7-303-28909-7

　　Ⅰ.①中… Ⅱ.①曾…②崔 Ⅲ.①史籍－文献学－
中国－高等学校－教材 Ⅳ.①G257.33

中国国家版本馆 CIP 数据核字（2023）第 031164 号

营　销　中　心　电　话　　010-58808006
北京师范大学出版社新史学策划部微信公众号　　新史学 1902

ZHONGGUO LISHI WENXIANXUE
出版发行：北京师范大学出版社 www.bnup.com
　　　　　北京市西城区新街口外大街 12-3 号
　　　　　邮政编码：100088
印　　刷：北京同文印刷有限责任公司
经　　销：全国新华书店
开　　本：720 mm×970 mm　1/16
印　　张：15
字　　数：230 千字
版　　次：2024 年 1 月第 1 版
印　　次：2024 年 1 月第 1 次印刷
定　　价：40.00 元

策划编辑：刘东明　　　　　责任编辑：刘东明　王婧凝
美术编辑：王齐云　　　　　装帧设计：王齐云
责任校对：陈　民　　　　　责任印制：马　洁　赵　龙

前　言

　　呈现在读者面前的这本书，与我们在商务印书馆出版的《中国历史文献学史述要》(以下简称《述要》)一书是姊妹篇。《述要》重在对历史文献学发展历程的阐述，而本书则重在理论方面的探索。这两部书都是在白寿彝先生指导之下完成的。尤其是白先生赞同我们提出的书籍的流传方式与历史文献学发展有直接关系的见解，并且鼓励和指导我们努力充实和完善这一见解，使这一见解最终成了我们研究历史文献学及其历史的主线。

　　历史文献学是一门实践性很强的学科，本书涉及的诸方面的理论，我们在北京大学中文系古典文献专业学习时就听老师讲过，但要真正理解它、掌握它，还必须依赖于亲自动手。我们这些浅见，既有前辈的成果，也有我们自己在整理《安禄山事迹》《大金国志》《靖康稗史》等书的实践中，确认和总结出来的一孔之见。我们愿与大家共商共勉，把这一学科提高到一个新的水平。

　　恩师白寿彝先生不幸于 2000 年 3 月 21 日与世长辞，不能看到本书的出版，谨在这里表示我们对白先生的深切怀念。

　　著名学者郭预衡教授为本书题写了书签，这既是对我们的鼓励，又使本书得以增色，特向郭先生表示谢意。

曾贻芬　崔文印

2000 年 11 月 24 日于北京

再版前言

　　本书所写，大都是根据我们亲自整理若干古籍之后，结合前人的认识，总结出来的一孔之见，难免有其局限和不完善之处。

　　文献学的发展，首先是与文字载体(如竹简、纸张等)及其传播方式(如手写、刻印等)息息相关的。白寿彝先生充分肯定了这一见解。

　　目前，古籍的传播已朝电子数据化方向发展，它必将给文献学带来新的课题。所以，文献学既是一门总结前人实践经验的学科，又是一门不断开拓和创新的学科。希望与有志之同人共勉共进。

　　作为白寿彝先生的弟子，本书能在北京师范大学出版社出版，我们深有归家之感。

　　今年是白寿彝先生逝世二十周年，谨以此书的出版，表示我们对恩师白先生的无限感激和深深的怀念。

曾贻芬　崔文印

2020 年 12 月于京师园

目　录

第一章　历史文献与历史文献学

一、历史文献与历史文献学的界定

历史文献，直白地说就是古代文献。在我国，其时间跨度大体指上自殷周"有册有典"之后，下至 1840 年鸦片战争之前或稍后。在这数千年间，所有的文字载体都是我们所说的历史文献，其中既包括甲骨文、钟鼎文、各类石刻，又包括简册、缣帛、纸写手卷及雕版印刷的各类图书，而尤其以后者为主。按照前人的解释，文献既指典籍、文章，又包括贤人在内。这说明前人已充分认识到，在文字记录之外，还有大量的未被记录的东西靠口口相传，这是合乎实际情况的。但人的年寿毕竟有限，我们今天来考察古代文献，正如老子对孔子所说："子所言者，其人与骨皆已朽矣，独其言在耳。"①所以，元代学者马端临很实际地把古代文献分成了"叙事"与"论事"两类，他说：

> 凡叙事则本之经史，而参之以历代会要，以及百家传记之书，信而有证者从之，乖异传疑者不录，所谓文也。
>
> 凡论事则先取当时臣僚之奏疏，次及近代诸儒之评论，以至名流之燕谈、稗官之纪录，凡一话一言可以订典故之得失，证史传之

---

① 《史记》卷六三《老子韩非列传》，2140 页，北京，中华书局，1959。

1

是非者，则采而录之，所谓献也。①

对于历史文献来说，马端临的说法已是比较恰当了。

随着时间的推移，历史文献不仅会与后世产生语言障碍和文字隔阂，而且在长期流传过程中，还会产生散佚、文字讹误、衍脱，以及伪滥等情况，历史文献学就是通过注释、著录、校勘、辨伪、辑佚等，来解决这些问题，使历史文献得以按照固有的面貌，或者比较接近固有的面貌流传下去。中国历史文献学，简言之，就是研究对我国历史上的各类文献进行注释、著录、校勘、辨伪、辑佚等的一门专科之学。

在我国，这是一门既古老又年轻的学科。说它古老，是因为对各类文献进行注释、著录、校勘、辨伪、辑佚等，都已有两千余年的实践，积累了丰富的成果和经验；而说它年轻，则是因为对这些丰富成果和经验进行全面化、科学化的总结，阐述其成败得失，探索其发展轨迹，却是较为晚近的事。

当然，这不是说前人就没有做过这方面的工作，前人在这方面还是做了许多有益的工作的。例如，北齐颜之推就在其所著《颜氏家训》的《书证》篇中，对文献的校勘提出过不少很有参考价值的意见。他在该书《勉学》篇中告诫后学："观天下书未遍，不得妄下雌黄。"这是他在校书实践中总结出来的甘苦之言。南宋郑樵著《通志》，在其二十略中有《校雠略》，对访求文献、著录文献等，从实践和理论上都提出了不少可贵的见解。清代学者章学诚又著《校雠通义》，对郑樵的见解又作了进一步的发挥和补充。看得出，前人的工作或是谈校勘，或是谈目录，大都偏重一隅。不过他们的见解，仍不免存在某些混乱之处，如郑樵与章学诚，其所著书明明是阐述目录学，即著录文献的理论，却讳言"目录"，而称之为"校雠"。诚如著名学者余嘉锡先生所指出，"据《风俗通》引刘向《别录》释校雠之义，言校其上下得谬误为校，则校雠正是审订文字，渔仲，实斋著书论目录之学，而目为校雠，命名已误"②，这说明前人，

---

① （宋）马端临：《文献通考·自序》，北京，中华书局，2011。
② 余嘉锡：《目录学发微》卷一，14页，北京，商务印书馆，2011。

特别是对后世有较大影响的郑樵和章学诚，在对文献学理论探讨作出贡献的同时，也囿于他们的某些偏见，在这方面制造了相当的混乱，而用所谓"校雠学"统贯历史文献学就是典型的一例。这种以偏概全，忽视文献学自身发展的主张，直到今天仍有相当的影响。

从实际情况看，中国历史文献学有一个突出特点，即它是一门综合性学科。这个学科至少包括下列几个重要分支，即目录学、注释学、版本学、校勘学、辨伪学和辑佚学；同时，它还与下列几个独立的学科有密切的关系，即文字学、音韵学、训诂学、年代学、避讳学和历史地理学等。历史文献学的任何运作，都可看出它所属的几个分支的交互作用；亦可看到，与其密切相关的几个学科的知识也起到了相当重要的作用。例如，若想了解某一书的版刻源流，就必须首先打开目录学的宝库，依靠各类书目，才能摸清它的基本情况；而若想确定某一版本刊刻的具体年代，除了必要的版本知识，避讳学的知识是一定要掌握的。正如著名学者陈垣先生所说："盖讳字各朝不同，不啻为时代之标志，前乎此或后乎此，均不能有是。"①值得一提的是，历史上某个时期规定的一些特殊用字和避讳字一样，也"前乎此或后乎此，均不能有是"，也"不啻为时代之标志"。例如唐武则天时，就规定了"天""地""日""月"等二十个左右特殊用字。太平天国时，也规定了若干特殊用字，如"国"字，太平天国时即规定中间不作"玉"而作"王"；同时规定，使用干支不用"丑""卯""亥"，而分别改成了"好""荣""开"。这都是绝好的时代印迹，是无可争辩的时代特征。因此，它们在认定版本刊刻的时间方面，具有一锤定音的价值。举一个典型例证：1966 年，在韩国庆州佛国寺的释迦石塔内，发现了一卷盛于舍利瓶中的《无垢净光大陀罗尼经》，卷高 6.5 厘米，印以 12 张黄色楮皮纸，连起来总长 643 厘米，卷首前 17 行已残损，其余皆完整，卷尾写有经名②。经文中的"地""授""初""证"

---

①　陈垣：《史讳举例·序》，北京，中华书局，1956。

②　潘吉星：《论一九六六年韩国发现的印本陀罗尼经的刊行年代和地点》，载《传统文化与现代化》，1996(6)。

等字，皆使用了武则天规定的特殊用字，这无疑是其出生时带有的"胎记"，说明它除了是唐武周时期的刻本外，不可能是其他时期的刻本，更不可能是他国刻本，因为除了中国唐武周外，任何国家都无须遵循武则天的规定，这是谁也不会否认的事实。

再如，校勘一部古籍，首先必须借助目录学功夫，搞清该书的版刻情况，再利用版本学知识，鉴定各刻本的优劣，从而确定底本和校本；同时，还必须掌握避讳学、文字学、音韵学等必要知识，懂得该书的公讳和私讳，熟悉古书常见的古今字、异体字及同音假借字。具备了这些知识，并能纯熟地加以运用，才能读通、读懂这部古籍，才能在校勘中发现问题，才不会闹出把原书不误而当成大误的笑话来。

上述两例，旨在说明历史文献学的确是一门综合性学科，它需要有关分支的交相运用和相互配合。我们今天讲历史文献学，就是强调它所包含的各个分支的彼此关系及其综合运用，既承认各分支的独立为学，又在历史文献学这一学科下，把它们看作一个有机的统一整体。这正是我们和古人在这个问题上的区别所在。古人用"校雠"统贯其他、以偏概全的做法，是死守刘向父子的校书模式，忽略了历史文献学自身的发展。

二、我国历史文献学的三个发展阶段及其特征

纵观我国历史文献学的发展，大体经历了三个不同的历史阶段：简册时期，纸写本时期，雕版印刷盛行以后。可以清楚地看到，每个历史时期的历史文献学，都有各自的特点。

我国书籍的简册时期，大约从先秦、两汉到西晋末年。这一时期，文字的主要载体是竹简和木牍。缣帛也是文字载体，前人甚至有"故书之竹帛"①"先王寄理于竹帛"②的话，但缣帛毕竟昂贵，因而作为文字主

---

① 《墨子》卷八《明鬼》下，新编诸子集成本，147页，北京，中华书局，1954。
② 《韩非子》卷八《安危》第二十五，新编诸子集成本，199页，北京，中华书局，1998。

要载体的仍然是竹简和木牍，而尤以前者更为普遍。

从已出土的实物看，通常用的简牍一般长 23 厘米左右，宽 1 厘米左右，厚 0.2 厘米至 0.3 厘米不等。据研究，汉代的一尺，即相当于现在的 23.3 厘米，这种一尺长的简牍大多用于平常记事和通信，故称书信为"尺牍"，即缘于此。

一枚简牍一般只写一行，每行二十字至六十字不等，大多为二三十字。由于竹简和木牍容字量有限，以一枚二三十字为例，一篇两三千字的文章就需要一百枚简牍，而一部二三十万字的书，就需要一千枚简牍，实在是极为笨重，故那时的书籍只能靠单篇来流传。这种情况在古书的有关记载中看得很清楚。如《史记》卷六二《管晏列传》：

> 太史公曰：吾读管氏《牧民》《山高》《乘马》《轻重》《九府》……详哉其言之也。①

这里说的《牧民》《山高》《乘马》《轻重》《九府》，都是《管子》一书的篇名。博闻多学的太史公司马迁不说读《管子》，却说读《牧民》等，足见这些篇章在当时是单独流传的。

又如《史记》卷六三《老子韩非列传》：

> 秦王见《孤愤》《五蠹》之书，曰："嗟乎，寡人得见此人与之游，死不恨矣！"②

如果今在《韩非子》一书中的这两篇文章在当时不是单篇流行，秦王不会把它们称作"书"，既分别称作"书"，足可说明它们在当时是单篇流行的。

再如《后汉书》卷二三《窦融传》：

> 帝深嘉美之，乃赐融以外属图及太史公《五宗》《外戚世家》《魏

---

① 《史记》卷六二《管晏列传》，2136 页，北京，中华书局，1959。
② 《史记》卷六三《老子韩非列传》，2155 页，北京，中华书局，1959。

其侯列传》……①

太史公，即《太史公书》的省称，指司马迁的《史记》。《五宗》即《五宗世家》，《魏其侯列传》即《魏其武安侯列传》，都是《史记》中的篇名。堂堂大汉家皇帝向皇亲国戚赐书，不赐整部的《史记》，却仅赐其中的三篇，如果在当时这些书不是以单篇流行，一国之君是不会如此"寒酸"的。试想，一部一百三十篇的《史记》书于简册，至少需要几万枚竹简，少说也得拉上一车，因此，它只能单篇流行，皇上赐某人以单篇，也就很正常了。

这种情况还有很多，不一一列举。清代学者刘宝楠早就根据贾谊《新书》中的《保傅传》，指出了古代"篇传单传"②的事实。已故当代著名学者王重民先生亦指出："古代图书用简牍抄写，为物质条件所限制，成本高，体积大，所以多是以单篇流传。"③这些论断已被近年考古发掘所证明，如银雀山所出汉简，除《孙子》一书外，其他如《晏子》《尉缭子》《六韬》等书都不是全本，足可反映这种情况。

那么，文献单篇流传对历史文献学有什么影响呢？其影响大体有下列几个方面。

其一，同一作者的同一书，每个人所收藏的篇章多有不同。如《管子书》，据刘向说，中秘所藏为三百八十九篇，卜圭所藏有二十七篇，富参所藏为四十一篇，射声校尉立所藏仅十一篇，而太史所藏书却有九十六篇。《晏子》也是一样，中秘藏书有十一篇，太史所藏有五篇，刘向所藏仅一篇，而长社尉参所藏却有十三篇之多。而且有的书甚至连书名也不统一。如刘向定名的《战国策》，在这之前，就有"国策""国事""短长""事语""长书""修书"六种称谓，显得极为混乱。

正是在这种情况下，著录任何一位作者或任何一个学派的著述，都必须广泛收集在社会上流传的所有有关单篇，以便把这位作者或某个学

---

① 《后汉书》卷二三《窦融传》，803 页，北京，中华书局，1965。
② 参见（清）刘宝楠：《愈愚录》卷四，清光绪十五年广雅书局刻本。
③ 王重民：《中国目录学史论丛》，12 页，北京，中华书局，1984。

派的著述收集齐全，这就是所谓"广收异本"。这是其他一切工作的前提，没有这一前提，其他一切工作就无从谈起了。

其二，对收集来的这众多异本进行"校雠"。《文选》卷六《魏都赋》有"雠校篆籀"句，李善注引《风俗通》说："案刘向《别录》，雠校，一人读书，校其上下得缪误，为校；一人持本，一人读书，若怨家相对。"《太平御览》卷六一八《正谬误》引刘向《别传》说："雠校者，一人持本，一人读析，若怨家相对，故曰雠也。"[①]这很有简册时代的特色，由于简册笨重，故这一工作由两个人进行。它的目的有两个，一个是除去重复篇章，如《管子》，就除去了四百八十四篇重复，定著了八十六篇。再如《晏子》，亦除去了二十二篇，凡六百三十八章重复，定著了八篇凡二百一十五章。另一个是校订文字讹误，如《战国策》"以赵为肖，以齐为立"，《晏子》"以夭为芳，又为备，先为牛，章为长"之类，都是通过校雠发现并改正的。这实际上就是为某位作者或某个学派，把他们单篇流传的篇章全部集中起来编定成书，确定或统一书名，这一工作实际就是编书和校书。

其三，书编校完之后，才为著录创造了条件，才能归类和写出叙录（类似后来的提要）。

综上所述，不难看出，由于文献单篇流传，著录之前，必须广搜异本，编校成新书。诚如王重民先生所说："在编目以前，先要做校雠工作，校定新本，这是图书发展的历史阶段造成的。"[②]正是在这一历史阶段，历史文献学的突出特点就显示了出来，那就是：编书、校雠和编目三者浑然一体，彼此不能分开。必须强调，这是简册时期历史文献学独有的特点。

顺便提及，虽然在那个时代，编书、校雠、编目三位一体，但当时谁也没有把这一工作称作"校雠"。对于刘向等人的工作，当时的确叫作"校某书"，如《汉书·艺文志》："诏光禄大夫刘向校经传、诸子、诗

---

① 《太平御览》作《别传》，疑是《别录》之误，不能确证，姑存疑。
② 王重民：《中国目录学史论丛》，19页，北京，中华书局，1984。

赋。"《汉书·刘向传》:"诏向领校中五经秘书。"再如《汉书·艺文志》称:"步兵校尉任宏校兵书,太史令尹咸校数术,侍医李柱国校方技。"都称作"校某书",因此,我们姑且称刘向等人的工作为"校书",是符合当时的称谓的。但这个"校",显然与"昔正考父校商之名颂十二篇于周太师"①的"校"同义,即校理、考订之意,而非仅指"校其上下,得谬误为校"的"校",后一个"校"专指校勘是显而易见的。因此,把"校书"的"校"等同于"校雠"的"校",甚至用"校雠"概括刘向编书、编目的全部工作,都显然是站不住脚的。

纸作为主要的文字载体登上历史舞台以后,由于造价低廉、轻便、宜于书写、容字量大,很快便改变了简册时代书籍以单篇流行的形式,而代之以"集"的形式流传。《四库全书总目》"别集类"小序说:

> 集始于东汉,荀况诸集,后人追题也。其自制名者,则始张融《玉海集》。其区分部帙,则江淹有前集,有后集。梁武帝有诗赋集,有文集,有别集。梁元帝有集,有小集。谢朓有集,有选集,与王筠之一官一集,沈约之正集百卷,又别选集略三十卷者,其体例均始于齐梁,盖集之盛,自是始也。②

其实,早在蔡伦改进造纸技术之前,纸作为书写工具一经出现,就显示了其极大的优越性,只是碍于世俗的观念,未能普遍采用罢了。与蔡伦同时的崔瑗,曾用纸为葛元甫抄写了一部《许子》,为此还写了封信说:"今遣送《许子》十卷,贫不及素,但以纸耳。"③这说明,在当时,用纸抄写还颇显"寒酸",因而还要加以解释。但我们必须注意到,这用纸抄写的《许子》并非一篇,而是十卷,其比简册的优越性显而易见。

到了曹魏,用纸"寒酸"的观念似已有所改变。据胡冲《吴历》记载:

---

① 《国语》卷五《鲁语》下,(三国吴)韦昭注,143页,上海,上海古籍出版社,2015。
② (清)永瑢等:《四库全书总目》卷一四八《集部·别集类一》,1271页,北京,中华书局,1965。
③ (隋)虞世南:《北堂书钞》卷一〇四《纸》,435页,天津,天津古籍出版社,1988。

"帝以素书所著《典论》及诗赋饷孙权,又以纸写一通与张昭。"①魏文帝曹丕虽然用缣帛抄写了《典论》等送孙权,但他还用纸写了同样的内容送张昭,这就非同寻常。前者可视为两个"帝王"间的馈送,重高贵;后者可视为两个文人间的馈送,重实用。这里显然已没有"寒酸"和"贫不及素"的感叹了。到了西晋,陆云则用纸辑录其兄陆机的文章,共集了二十卷,只是字写得潦草不工整,所用的纸也不精良,颇为遗憾②。东晋末年,桓玄废安帝称帝,曾下令说:"古无纸,故用简,非主于敬也。今诸用简者,皆以黄纸代之。"③看来到了这时,纸作为书写工具已普遍使用是毋庸置疑了。因此到了齐梁之间,文集大为盛行,也就比较容易理解了。

值得特别注意的是,这些文集大多由作者自己或其门弟子编成,不再假校书人之手。这样,编目就不再以编书、校雠为前提,校订文字一般也不再与编目有任何必然的联系,正是在这种情况下,专门校订文字讹误、衍脱的校勘学,便与以"辨章学术,考镜源流"为宗旨的目录学分道扬镳,各自踏上了独立发展的道路。

为了印证上述看法,我们不妨看一下梁阮孝绪是如何编撰《七录》的。阮孝绪说:

> 孝绪少爱坟籍,长而弗倦。卧病闲居,傍无尘杂。晨光才启,缃囊已散,宵漏既分,录帙方掩,犹不能穷究流略,探尽秘奥,每披录内省,多有缺然。其遗文隐记,颇好搜集。凡自宋齐已来,王公搢绅之馆,苟能蓄聚坟籍,必思致其名簿。凡在所过,若见若闻,校之官目,多所遗漏,遂总集众家,更为新录。④

从这里可以清楚地看到,阮孝绪编目已与刘向父子编目有了很大的不

---

① 《三国志》卷二《魏书·文帝纪》,89页,北京,中华书局,1959。

② 参见(隋)虞世南:《北堂书钞》卷一〇四《纸》,435页,天津,天津古籍出版社,1988。

③ (唐)徐坚等:《初学记》卷二一《文部》,517页,北京,中华书局,2004。

④ (南朝梁)阮孝绪:《七录序》,见(唐)道宣:《广弘明集》卷三,112页,上海,上海古籍出版社,1991。

同，而最大的不同就是阮孝绪自己不再需要广搜异本，不再需要编书，因而也就不再需要校雠。阮孝绪所要做的工作主要是：第一，搜集内省书目所阙漏的"遗文"。第二，搜集王公缙绅等各藏书家的"名簿"，即书目。第三，将自己"若见若闻"的图书，"校之官目"。第四，综合官方和私人各家所著录的图书，"更为新录"。这的确连编书、校雠的影子都没有了。

这一时期，大型类书及诗文总集的编纂随着文字载体——纸的使用应运而生，给编纂学带来了生机；同时，抄书人的陡然增加和抄写文字的鲁鱼亥豕，亦在客观上为校勘学的发展创造了条件。

我国雕版印刷起于初唐，盛于两宋，之后元、明、清诸代均有发展。雕版印刷的盛行，又一次改变了作为历史文献主体——书籍的流传形式。如果说用纸抄写时期，书籍已从简册的单篇流传改而为集的形式流传的话，那么，雕版印刷又使一部一部的集改而为千百部印刷品批量流行。这对历史文献学的影响是非常巨大的。诚如宋代学者沈括所指出："若止印三二本，未为简易。若印数十百千本，则极为神速。"①而"极为神速"生产的这"数十百千本"书，便很自然地成了商品，进入了交易市场。这种情况带来的后果是多方面的。宋人叶梦得分析说：

> 唐以前，凡书籍皆写本，未有模印之法，人以藏书为贵。人不多有，而藏者精于雠对，故往往皆有善本。学者以传录之艰，故其诵读亦详。五代时，冯道始奏请官镂六经板印行。国朝淳化中，复以《史记》、前后《汉》付有司摹印，自是书籍刊镂者益多，士大夫不复以藏为意。学者易于得书，其诵读亦因灭裂，然板本初不是正，不无讹误。世既一以板本为正，而藏本日亡，其讹谬者遂不可正，其可惜也。②

叶梦得在这里分析的文人的心理状态，从某种意义上说，具有很大的合

---

① （宋）沈括：《梦溪笔谈》卷一八《技艺》，137 页，北京，中华书局，2017。
② （宋）叶梦得：《石林燕语》卷八，（宋）宇文绍奕考异，116 页，北京，中华书局，1984。

理成分。物以稀为贵，当书籍仅靠手抄传播之时，由于得书较难，故藏书者多加珍视，精于校雠，所以多有文字讹误少、篇章亦完足的善本。当市场上书籍铺天盖地而来，只要花钱，就可轻而易举地得到。的确，这时不仅珍视的心理状况下降，而且，就连读书也因而粗心草率，即所谓"灭裂"。在这种情况下，最可怕的是"板本初不是正"，便会以讹传讹。而这种情况并不是耸人听闻，而是千真万确的事实。20世纪70年代，著名学者朱德熙先生曾用新出土的秦汉竹简与传世的一些刻本相对照，其结果是：

> 比起宋以后的刻本来，唐代类书用的本子以及敦煌唐写本，跟竹简本或帛书本要接近得多。这说明印刷术的兴起一方面减少了古书失传的可能性，另一方面却增加了比较剧烈的改变古书面貌的可能性。刊刻的古书由于所据底本不善，或是刊刻者出于牟利的目的草率从事，往往错误很多，而刻本的出现又可能导致各种抄本失传，以致好的本子反而被坏的本子淘汰。①

不可否认，坊间所刻诸书，牟利者居多，他们"多以柔木刻之，取其易成而速售，故不能工"②。这正是书籍作为商品进入市场之后带来的弊端。这种情况一经出现，很快就被学人觉察，以致陆游感叹说，"近世士大夫所至，喜刻书版，而略不校雠，错本书散满天下，更误学者，不如不刻之愈也。可以一叹"③。正是在这种情况下，鉴别版本优劣的版本学便应运而生。需要强调，"版本"这一概念，只能出现在雕版印刷盛行之后，前此，或称作"书"（如刘向称"富参书"），或称作"本"（如颜之推称"河北本""江南本"），从历史文献学的角度来说，版本和版本学的出现，是这一时期的显著特点。

---

① 朱德熙：《七十年代出土的秦汉简册和帛书》，见《朱德熙古文字论集》，144页，北京，中华书局，1995。
② （宋）叶梦得：《石林燕语》卷八，（宋）宇文绍奕考异，116页，北京，中华书局，1984。
③ （宋）陆游：《渭南文集校注》卷二六《跋〈历代陵名〉》，马亚中等校注，162页，杭州，浙江古籍出版社，2015。

版本学的出现极大地促进了校勘学的发展，这时，在校勘中不仅出现了真正意义上的版本校，而且还促使图书的刊刻者更加注重选择底本和精加校勘，使不少出版者争以校勘精良相尚。如宋刻《抱朴子内篇》就有下列告白：

> 旧日东京大相国寺东荣六郎家，见寄居临安府中瓦南街东，开印输经史书籍铺。今将京师旧本《抱朴子内篇》校正刊行，的无一字差讹，请四方收书好事君子幸赐藻鉴。绍兴壬申岁六月旦日。[①]

宋两浙东路茶盐司刻《礼记正义》，亦刊有时任仓部司郎官的黄唐题识，他写道：

> "六经疏义"，自京监、蜀本皆省正文及注，又篇章散乱，览者病焉。本司旧刊《易》《书》《周礼》，正经、注疏萃见一书，便于披绎。它经独阙。绍兴辛亥仲冬，唐备员司庾，遂取《毛诗》《礼记》，疏义如前三经编汇，精加雠正，用锓诸木，庶广前人之所未备。乃若《春秋》一经，顾力未暇，姑以贻同志云。壬子秋八月，三山黄唐谨识。[②]

在上引这两条材料中，一条说"校正刊行，的无一字差讹"，一条称"精加雠正"，都强调了出版物在校勘上下了功夫。稍后，官方不仅在馆阁中设置了校勘官员，还颁布了一个有关校勘规定的《校雠式》，都充分说明校勘古代文献在这时颇受重视。校勘学在这一时期得到了长足发展，便是情理中的事了。

我们在开篇已经指出，历史文献学主要解决的，就是历史文献在长期的流传过程中所产生的散佚，文字讹误、衍脱，以及伪滥等问题，而这些问题的出现，应该说是与该文献流传的时间成正比例的，流传时间越长，所出现的问题越多、越复杂。有些特殊的文献，如殷商用于占卜

---

① （清）钱谦益：《跋抱朴子》，见《牧斋有学集》卷四六，影印清康熙三年刻本，7 页，上海，商务印书馆，1919。

② 《礼记正义》第 40 册后序，宋绍熙三年两浙东路茶盐司刻宋元递修本。

的甲骨文，当它们未被发掘、未经流传以前，并不存在历史文献学上的一些问题，只有当它们在一百年前被发掘，并且作为历史文献流传以后，才出现了摹写失真以及伪造等问题。因此，虽然从时间上说，甲骨文要比《尚书》中的不少篇章早得多，但因其流传的时间相对比《尚书》短得多，故从历史文献学的角度说，它本身的问题也要比《尚书》少得多。

我国是一个具有悠久历史的文明古国，不少历史文献辗转流传已有两千余年的历史，因此，我国的历史文献学不仅内容极丰富，而且问题极多、极复杂，需要我们花大力气去探索、去解决。历史证明，我国传统的历史文献学，对维护古籍的本来面貌起了至关重要的作用。朱德熙先生说：

> 把有传本的古书跟竹简本或帛书本相对照，可以看到一个有意思的现象。历来受到重视的书，如《老子》《孙子》一类著作，古本和今本比较接近，出入不是很大。反之，不太受重视的书如《六韬》《尉缭子》等，今本和古本往往有较大的差别，文字屡有成句成段地脱落或删节的情况。①

这一现象充分说明，那些历来受重视的书，如《老子》《孙子》等，屡有人作注或校勘，较好地维护了这些书的固有面貌。例如《老子》一书，仅两汉就有河上公《老子章句》、刘向《说老子》、毋丘望之《老子注》、严遵《老子注》及《指归》、马融《老子注》等凡十二家注本。而唐朝，包括唐玄宗《道德经注》在内，共有五十三家注本，宋朝则有司马光《道德论述要》等六十四家注本②，足可说明历代对其书校理之勤，而这正是《老子》得以较好地维护原书本来面貌的根本原因。反观那些不太受重视的书，如《六韬》《尉缭子》等，一向被学界认定是伪书，故很少有人为其作注或校勘。由于学人对这些书不太重视，一旦出现错讹、衍脱也不作理会，因而它们残损较多。从这个意义上说，要维护历史文献的本来面貌，使它

---

① 朱德熙：《七十年代出土的秦汉简册和帛书》，见《朱德熙古文字论集》，144 页，北京，中华书局，1995。
② 以上统计，皆据王重民：《老子考》，北京，中华图书馆协会，1927。

们能久远地流传下去，历史文献学的确是一门不可或缺的学科。

三、历史文献学与史料学的区别

有人问，历史文献学是否就是史料学呢？我们可以毫不含混地回答：历史文献学绝不是史料学。

史料学是评介研究某一学科所需要的基本史料的专门之学，它的目的是使研究者掌握最基础、最重要的史料，以避免在众多的史料面前不知所从，以致走弯路。在评介这些史料时，史料学可以充分利用历史文献学的已有成果。如某一史料是否可靠、是否重要，直接提出可否就可以了，大可不必去具体考辨，因为考辨材料的可靠与否是历史文献学的事。当然，在评介时尽可指出其所以可所以否的理由来，而这些理由直接引述历史文献学的成果就足够了。

当代著名学者张岱年先生于 20 世纪 80 年代初期写了《中国哲学史史料学》，他对史料的评介足可使我们认识什么是史料学。他对研究明末思想家李贽的史料有如下评介：

> 李贽主要著作是《焚书》《续焚书》《藏书》《续藏书》，这在明朝都被列为禁书。他的著作很多，又有《初潭集》，是把《世说新语》与《何氏语林》抄录合编起来，加上评论。还有《李氏文集》《易因》等。
>
> 《焚书》《续焚书》《藏书》《续藏书》《初潭集》俱有新印标点本。
>
> 前几年印了两部书：《四书评》《史纲评要》。这两部书事实上都不是李贽所著。清初人周亮工《书影》中，说《四书评》是叶昼（字文通）所作，写上了李贽的名字。《史纲评要》也不是李贽作的。近年崔文印著文考证此书不是李贽的著作。①

这里介绍的主次非常清楚。张岱年先生认为，研究李贽有四部书最为重

---

① 张岱年：《中国哲学史史料学》，173 页，北京，生活·读书·新知三联书店，1982。

要，它们都是可靠的李贽之作，并且在明代都被打入了禁书之列。同时，张先生用"又有""还有"，评介了《初潭集》，提到了《易因》，显然这已是研究李贽的次要史料了。最后，张先生还点出了《四书评》和《史纲评要》两种伪书。但张先生没有申述，只是提到了周亮工的《书影》和崔文印的考证文章，提醒研究者注意，这已不是李贽的著作。至于周亮工等如何考订它们是伪书，这已是历史文献学的事。作为史料学，指出这个结论，避开这个暗礁，使研究者少走弯路，目的便已达到了。

　　写到这里，我们不妨得出这样的看法，即历史文献学是史料学的基础，前者强调对历史文献的具体考辨和整理，后者则强调历史文献在具体研究工作中的史料和实用价值，其区别还是泾渭分明的。

第二章　历史文献的著录

一、六分法的创始与四分法的确立

由于检阅、保存的需要，文献的分类与文献的产生，几乎是同步的。甲骨文是现存最早的文献，根据殷墟甲骨的发掘报告，发现一个穴窖内甲骨的入藏，陈列和参考使用，都有一定的方法和手续。有些甲骨的尾和背上，刻有"入""示"和一些数字，这是主管保藏者做的记号，这些记号和数字，可能与另外简单的单据和目录相对应，这表示出目录参考工作的实际意义，同时包含着目录工作的雏形。[①] 然而，发展形成以一书为著录单位的目录则经过了一段漫长的历史过程。古代典籍长期用简牍抄写，由于简牍容量小而体积大，所以典籍一直多以单篇形式流传。这期间为了阐明典籍的宗旨和内容，书有大序，篇有小序，有的序以单本流传，实际上起了解题目录的作用。汉初，张良、韩信序次三十五家兵书，汉武帝时杨仆编《兵录》，虽然他们编次的典籍有一定的范围，但文献著录已逐渐步入独立并具有公共作用的时期。

汉成帝河平三年(公元前 26 年)，刘向被任命负责校书编目。他聚集了数名专家学者组成强有力的工作班子，经过二十年的努力，最终由其子刘歆编成了中国历史上第一部以一书为著录单位的系统藏书目

---

① 参见王重民：《中国目录学史论丛》，3 页，北京，中华书局，1984。

录——《七略》。对于《七略》，阮孝绪说："子歆撮其指要，著为《七略》，其一篇即六篇之总最，故以辑略为名，次六艺略，次诸子略，次诗赋略，次兵书略，次数术略，次方伎略。"①《七略》早已亡佚，但《汉书·艺文志》即改编《七略》而成，对此《汉书·艺文志》有明确的交代："今删其要，以备篇籍。"②因此，根据《汉书·艺文志》可以推知，《辑略》是对全书的总说明，不属图书分类范围，所以说，刘歆是用六分法部类群书的。其著录层次是，略下有种，种下有家，家下列书名。全书凡六大类，三十八种，六百零三家，著录图书凡一万三千二百一十九卷。《隋志》作"三万三千零九十卷"，疑"三万"为"一万"之误。《七略》的出现，标志着汉代已将分类思想具体运用到文献整理和文献著录，这对保存古代历史文献起了巨大作用，产生了深远影响。

　　班固在《汉书》中撰《艺文志》，开在史书中详志艺文的先河，对历史文献的整理和保存有积极作用。《汉书·艺文志》对《七略》的改编，首先是对《七略》的整个结构作了较大的调整。《七略》原共有七个部分，以《辑略》冠全书之首，然后依次为《六艺略》《诸子略》《诗赋略》《兵书略》《术数略》《方技略》。班固从形式上取消了《辑略》，但保留了《辑略》的文字，把它们散置在每种、每略之后，使图书著录与其有关说明文字更紧密地结合在一起，便于读者对图书的认识和了解。例如，《六艺略》中著录了"易十三家，二百九十四篇"，接着就有一段文字说明《易》的起源，及汉兴以来《易》的师承关系和流传情况，这对于了解十三家《易》的源流无疑是有益的。这样的说明，实际上具有学术史的朴素形式。而每略之后的说明，其侧重则与每种之后的说明不同，如《六艺略》后有一说明，着重阐述了六艺，特别是其中五经的本义，以及它们之间的相互关系，并且提出"存大体，玩经文"，不作"便辞巧说"的学习方法。这反映了班固对属六艺的典籍的看法。

---

　　① （南朝梁）阮孝绪：《七录序》，见（唐）道宣：《广弘明集》卷三，112 页，上海，上海古籍出版社，1991。

　　② 《汉书》卷三〇《艺文志》，1701 页，北京，中华书局，1964。

对《七略》改编的第二项就是审其分类。班固对《七略》所著录的典籍逐一进行审核，并用"出""入""省"等调整了一些典籍的分类。所谓"出"，就是移出，表示这部书不应分在此类。所谓"入"即增入，表明这部书应分入此类。"入"有班固新增入的图书，如在《诸子略》儒家类"右儒五十三家，八百三十六篇"，下注曰："入扬雄一家三十八篇。"这里增入的"扬雄所序三十八篇"，是《七略》所未著录的。"入"也有从彼析出，增入于此的情况；如《六艺略》礼类最后"凡《礼》十三家，五百五十五篇"，下注曰："入《司马法》一家，百五十五篇。"按《军礼司马法》百五十五篇，《七略》本著录于《兵书略》"兵权谋家"，班固将其析出，改入于此。至于"省"，则是因为重复或其他原因，从《七略》中予以删除。如《兵书略》"省十家二百七十一篇重"等。另外，班固还补《七略》之未备，增加了刘向、扬雄、杜林的诸著述。同时对《七略》的文辞有所斟酌、修改，使其阐述更为洗练、准确。

从班固对《七略》的改编，可以看出班固已经注意到著录文献的八个基本要求。其一，是明分类。班固对《七略》的分类，除有个别调整外，余则全部采纳。《艺文志》分类体系如下：

> 六艺：易、书、诗、礼、乐、春秋、论语、孝经、小学。
> 诸子：儒、道、阴阳、法、名、墨、纵横、杂、农、小说。
> 诗赋：赋、杂赋、歌诗。
> 兵书：兵权谋、兵形势、兵阴阳、兵技巧。
> 术数：天文、历谱、五行、蓍龟、杂占、形法。
> 方技：医经、经方、房中、神仙。

总为六略，略下是类，类下著录书名。《七略》既佚，《艺文志》对文献的分类，一直有很大影响。分类是为了部伍文献，使文献便于管理和保存。所以，《艺文志》对同类中数量较多的文献，还采取了分段著录的办法。如对于赋，就采用"屈原以下""荀卿以下"的著录方法，能反映出学术流派及历史发展的脉络。

其二，避重复。著录文献严格避免重复，是《艺文志》对著录文献的又一基本要求。班固在《艺文志》中明注其"省"的，都是《七略》的重复著录。但必须指出，班固删的仅仅是重复，属于"别裁"性质者并不删。如《孝经》类有《弟子职》一篇，据应劭注云：乃"管仲所作，在《管子》书"。虽然如此，但因其是单篇著录，班固即不以重复看待，这显然是班固的远见卓识，这应予以特别注意。

其三，详篇章。《艺文志》著录文献，每部书多少篇、卷，都记得很清楚。不仅如此，每类之后，还详记此类共有多少家、多少篇；每略之后，亦总计多少家、多少篇。篇数或卷数，是一书完整的构成形态和标志。详记典籍篇数、卷数，这对了解文献的原来面貌及其存佚情况是有重要意义的，历史越久，其意义越显著。

其四，示要点。在著录文献的过程中，有的文献仅从书名难以判断其内容，班固一般都用简短的语言，把其内容要点提示出来。如春秋家《世本》十五篇，即注云："古史官记黄帝以来讫春秋时诸侯大夫。"这类内容提示，可谓开了后世提要式书目之先河。

其五，记特征。除对某些文献内容作必要的提示外，还有些文献，有别于同类文献。其区别何在，也是著录时应该提出的，如《齐论语》，注云："多《问王》《知道》。"指出特点，有助于对文献的全面了解。

其六，注存佚。班固很重视文献著录时的存佚状况，如《太史公》百三十篇，注云："十篇有录无书。"这样的著录，对考察文献的流传状况及存佚多少是至关重要的。

其七，注作者。书与其作者有密切关系，不少书在流传中失去作者姓名，遇到这种情况，班固即注"不识作者"。有作者可考者，则按照不同的具体情况尽可能详注，这样有益于对典籍的了解。

其八，辨伪书。伪书是历史文献中的混乱成分，必须予以辨明。班固很注意辨伪，利用注的形式，既指出何书为伪书，又简明地阐述了理由。班固从考史、语言以及书的内容入手鉴别文献真伪，具有相当的合理性和可靠性。

班固《汉书·艺文志》是我国第一部史志目录。它总结性地著录了历史上遗留下来的所有重要文献，这也是《汉书·艺文志》开创史志目录的宗旨。这宗旨在历代史志目录中得到了继承和发扬。正是由于《汉书·艺文志》的影响，我国丰富的历史文献才能在各个历史时期都得到总结性的著录，从而勾画出历代文献的消长和存佚的概貌，留下它们发展损益的轨迹。

晋荀勖撰成《晋中经簿》，标志着目录分类从六分法向四分法转变。对此，钱大昕有简赅的阐述："自刘子骏校理秘文，分群书为六略……是时固无四部之名，而史家亦未别为一类也。晋荀勖撰《中经簿》，始分甲乙丙丁四部，而子犹先于史。至李充为著作郎，重分四部，五经为甲部，史记为乙部，诸子为丙部，诗赋为丁部，而经、史、子、集之次始定。厥后，王亮、谢朏、任昉、殷钧撰书目，皆循四部之名。虽王俭、阮孝绪析而为七，祖暅别而为五，然隋唐以来志经籍艺文者，大率用李充部叙而已。"①这里虽未论及四部名称先后的变化，但说明了一个重要问题，即荀勖始分四部，李充调整四部顺序，基本奠定了大部分目录的分类方法。

自晋荀勖《晋中经簿》问世以来，南北朝官修目录多用四部分类，但也有人试图沿袭《七略》之"七"，将文献典籍分为七类。由于典籍的发展，文献的分类不能机械地照搬前人，因而虽名为相沿，实际上却都有不同程度的改动，甚至还有创新，如王俭《七志》、阮孝绪《七录》即是。

诚如阮孝绪所说："王俭《七志》，改六艺为经典，次诸子，次诗赋为文翰，次兵书为军书，次数术为阴阳，次方伎为术艺。以向、歆虽云'七略'，实为六条，故别立图谱一志，以全七限。其外又条《七略》及二汉《艺文志》《中经簿》所阙之书，并方外之经，佛经、道经各为一录。虽继《七志》之后，而不在其数。"②设图谱志及附道经、佛经，说明王俭如实反映文献典籍的发展变化，这无疑是正确的。看得十分清楚，王俭虽标榜"七"名，但实际上也已突破了《七略》原来的分类体系。

---

① （清）钱大昕：《补元史艺文志》卷一，1页，北京，中华书局，1985。
② （南朝梁）阮孝绪：《七录序》，见（唐）道宣：《广弘明集》卷三，112页，上海，上海古籍出版社，1991。

王俭《七志》的重要特点是："不述作者之意，但于书名之下，每立一传。"[①]为作者立传，介绍作者生平事迹，对了解典籍有所裨益。这种传录体提要是王俭的首创，这样的提要为考证典籍的真伪、价值，保存了可贵的资料，这无疑是王俭对文献著录的一个贡献。另外，王俭很重视"今书"的著录，这对收集、保存当代典籍具有重要作用，应予以充分肯定。

继《七志》之后，阮孝绪撰《七录》，著录有梁一代公私藏书。《七录》用七分法分类，首先把典籍分成内外二篇。内篇五录，收方内之经典、纪传、子兵、文集、术伎。外篇二录，收方外之佛法、仙道。《七录》内篇五录包括的典籍范围与《七略》(除《辑略》)、《七志》正编相仿，因此可以说，相对《七略》《七志》而言，《七录》是五部分类。由于阮孝绪对典籍本质的认识更为清晰，所以合阴阳、术艺，分图谱，令图各附本录，使其分类更为科学。阮孝绪虽以"七"名其目录，但只是形式上沿袭了《七略》《七志》，其本质则是顺应因典籍发展，目录分类趋于简化部类而增加各类容量的大方向。从现存一些记载看，可以认为，《七录》每录都设有子目，而《纪传录》《佛法录》《仙道录》中大部分子目都是阮氏所创，《隋书·经籍志》亦称"其分部题目，颇有次序"，故《隋志》在分类上与《七录》多有相沿之处。

从现存一些典籍征引《七录》的佚文看，《七录》是有解题的，它可以说明阮孝绪"总括群书四万余卷，皆讨论研核，标判宗旨"[②]，并非夸张之辞。解题记叙撰人事迹或该书的各方面状况，继承了班固《汉志》以来著录文献的优良传统，这对于了解这些文献的情况是至关重要的。王俭和阮孝绪分别采用传录体和叙录体揭示作者与典籍的状况，正是反映出典籍的数量和物质条件发生变化，编目方法必然随之变化的客观事实。

《隋书·经籍志》是现存的、仅次于《汉书·艺文志》的史志目录，它

---

① 《隋书》卷三二《经籍志》，907 页，北京，中华书局，1973。
② (南朝梁)阮孝绪：《七录序》，见(唐)道宣《广弘明集》卷三，112 页，上海，上海古籍出版社，1991。

的编撰不仅从形式上，而且从理论上最终明确了著录文献典籍的经、史、子、集四部分类法，这一分类法一直沿用到清，这无可辩驳地表明，它有很强的生命力，对文献学的发展有重要影响。

《隋书·经籍志》仿效《汉书·艺文志》作总序、大序、小序。总序先述经籍的重要，认为文籍是"机神之妙旨，圣哲之能事，所以经天地，纬阴阳，正纪纲，弘道德，显仁足以利物，藏用足以独善，学之者将殖焉，不学者将落焉"，进而提出六经是行王治、施教化的依据。然而，总序大量篇幅则是以时间为经，阐述典籍的产生、发展、存佚、整理诸方面的情况。它认为典籍文献源于史官，孔子打破学在官府的传统，对文献作了有史以来的第一次整理。汉代刘歆撰成《七略》，开创历代整理典籍编制目录之例，继而出现《晋中经簿》《七志》《七录》等书目。对此，总序都有较详记述，这部分叙述可以说就是隋以前一部简明的文献著录史。至于隋代，总序则贯彻详近略远的原则，既介绍典籍的搜集、整理，又说明典籍的款式和收藏，还特别交代了获得隋藏书及其书目的情况。总序结尾再次强调"夫仁义礼智，所以治国也；方技数术，所以治身也。诸子为经籍之鼓吹，文章乃政化之黼黻，皆为治之具也"，以此明确修撰《隋志》的目的。总序在阐明这一目的的同时，还撰述出简赅的文献发展史，有助于对我国古代文献的整体了解。各部的大序和各类的小序阐述的重点则是各部类典籍的性质、源流、演变以及分部、分类的原则，而大序与小序的区别亦仅在阐述范围的大小，或概括、或具体而已。统观《隋志》的总序、大序、小序，它们作为一部书目的序，不仅总结了著录文献的发展和贡献，而且对隋以前的文献整理作了历史的描述，所以说，《隋志》在《汉志》的基础上，对文献学有长足发展。

《隋志》与《汉志》一样都有注。一般来说，《隋志》的注多介绍撰者，这对于了解典籍内容十分有益。同时，对所著录的典籍内容、卷数、残缺、亡佚等方面情况的介绍，亦颇有价值。如注中以"梁有……今无"的形式记叙了六朝典籍的流通状况，即将曾流传于六朝而在隋已亡佚的典籍，列在与其相近或相应的典籍条目之下予以著录。《隋志》总序对这种做法作了说明："远览马《史》班《书》，近观王阮《志》《录》，挹其风流体制，削其浮杂鄙俚。离其疏远，合其近密；约文绪史，凡五十五篇，各列本条之下。"如《经部·周易类》著录"《周易大义》一卷"，下注曰："梁有《周易错》八卷，京房撰；《周易日月变例》六卷，虞翻、陆绩撰……《周易爻》一卷，马揩撰。亡。"此例注中所列就是贯彻了"合其近密"的原则，它们都与《周易大义》有关。《隋志》把"梁有"佚书，或按体例、或按内容附于隋现存典籍之下，丰富了注的内容。更重要的是，这样的编排类目清晰，可以因类相求，一检即得。

《隋志》利用注编排六朝佚书，这样的编排方法是前所未有的。《隋志》最后统计收书，"通计亡书合四千一百九十二部（姚振宗考证实著录4757 部），四万九千四百六十七卷"，可以计算出注文内著录了梁有而隋亡的书一千零六十五部（姚振宗考证实著录 1545 部），一万二千七百五十九卷。这样不仅大大扩充了记一代藏书之盛的《隋志》的内容，而且能够比较完整地反映出六朝典籍发展、流传的面貌。所以《隋志》的注，留下的不仅是隋一代丰富的典籍资料，更兼及六朝的情况，弥补了这一段史书记载的空白，其意义是不言自明的。

唐开元年间撰的《群书四部录》二百卷，序例一卷，共著录图书二千六百五十五部，四万八千一百六十九卷。为撰此书，聚集了中央、地方的学术精英，广搜天下藏书，用了两年时间集中编目，故此书目不论在著录典籍的数量，分类的科学、系统，还是提要的准确、深刻诸方面都有所提高。但参加过此书修撰的毋煚发现此书尚不完备，即"改旧传之失者，三百余条；加新书之目者，六千余卷"①，撰成《古今书录》四十卷，其间著录典籍三千六十部，五万一千八百五十二卷。《古今书录》今佚，而《旧唐书·经籍志》则是以其为蓝本修撰的，并申明"在开元四部之外，不欲杂其本部"②，这说明《旧唐书·经籍志》所收典籍止于开元年间，这时距唐灭亡尚有一百余年，因而它不能反映唐一代的藏书。此后，欧阳修撰《新唐书》时注意到《旧唐书·经籍志》的缺憾，于是增补了

---

① 《旧唐书》卷四六《经籍志上》，1965 页，北京，中华书局，1975。
② 《旧唐书》卷四六《经籍志上》，1966 页，北京，中华书局，1975。

很多唐人著述，虽不能全面反映唐一代的藏书，但却开补史艺文志的先河，这在历史文献的著录上，其功绩是不可磨灭的。

随着雕版印刷技术的普遍使用，典籍数量陡增，史志目录记一代藏书之盛既不可能也没有必要，所以《明史·艺文志》即改为记一代著述之盛，这是《明史·艺文志》的一个突出特点。不论哪一种形式的史志目录，都因存在于正史之中得以保存，又因它们同诸史一样有连续性，所以能反映出中国历史文献产生、发展、流传的过程，是了解研究历史文献学的重要资料。

元初马端临《文献通考》中的《经籍考》共七十六卷，是一部别开生面的史志目录，它着眼于古今典籍，在具体著录方面多有发明创新。马端临发扬《汉志》《隋志》以来交代资料来源的传统，在《文献通考自序》中明确指出："今所录，先以四代史志列其目，其存于近世而可考者，则采诸家书目所评，并旁搜史传、文集、杂说、诗话，凡议论所及，可以纪其著作之本末，考其流传之真伪，订其文理之纯驳者，则具载焉。"这里所说"四代史志"，即《汉志》、《隋志》、两《唐志》，以及宋代历朝的国史艺文志。当时可以取资的宋国史艺文志有四种：一是吕夷简等修(太祖、太宗、真宗)《三朝国史艺文志》，著录这时期的藏书三万六千二百八十卷；二是王珪等修(仁宗、英宗)《两朝国史艺文志》，它根据《崇文总目》等，著录了《三朝国史艺文志》未收的新书八千四百九十四卷；三是李焘等修(神宗、哲宗、徽宗、钦宗)《四朝国史艺文志》，著录这一时期的藏书二万五千二百五十四卷；四是南宋(高宗、孝宗、光宗、宁宗)《中兴四朝国史艺文志》，王重民先生以为，此书所著录的图书总数不可考，在六万卷上下①。《经籍考》沿用经、史、子、集四部分类法，每部下分若干类，每类不仅有序，而且还有"四代史志"关于这部分典籍的著录情况。值得注意的是，这些序都是引用"四代史志"或其他学者著述的有关文字，马端临只在必要时间用自注或按语的形式表达自己的意见。如马端临以《隋志》序，以及晁公武《郡斋读书志》、王明清《挥麈录》有关史书

---

① 参见王重民：《中国目录学史论丛》，106页，北京，中华书局，1984。

和史体的论述，形成史部正史类的序。接着，便开列了"四代史志"有关正史类典籍的著录情况。如"《汉志》：九家，四百一十一篇……《宋四朝志》：一十三部，一千一百六十七卷。《宋中兴志》：三十九家，四十二部，二千八百七十七卷"。马端临在《汉志》条下加注云："元附《春秋》，今厘入史门。"然后又有按语，说明为什么要把《汉志》附载于《六艺略·春秋》之后的几种史书，特别是《世本》《战国策》《楚汉春秋》等"置之正史之首"的原因。马端临将实录一类的典籍纳入编年类，并加按语予以说明："实录即是仿编年之法，惟《唐志》专立实录一门，隋史以实录附杂史，《宋志》以实录附编年，今从《宋志》。"①这样的按语，对了解《经籍考》的分类很有意义。

在具体著录图书方面，马端临创造了提要式书目的新体裁——辑录体，与叙录体、传录体形式成三足鼎立之势。辑录体在坚持述作者之意这方面，继承了《汉志》开创的叙录体的优点，并改变了其点到即止的不足，采用征引前人文字的办法，对其所著录典籍的成书始末、内容特点、流传情况等，均作详尽的说明。马端临征引前人之说，不带任何偏见，兼容并蓄，不同的见解一并载录，为研究者提供了极大方便。《经籍考》虽然以征引前人有关资料为主，但遇资料不足以表述自己看法时，马端临即用按语的形式直陈己见。如卷二〇二著录司马光《百官公卿表》一百四十二卷，依次引晁公武《郡斋读书志》、司马光自序、陈振孙《直斋书录解题》和李焘有关该书的序。然后，马端临加按语："按此序，则温公本书止十卷，巽岩(李焘)《续编》推而广之，为一百四十二卷。晁氏所言乃巽岩续书，非温公本书也。陈氏以为未详者，是未见巽岩之书，然又以温公之书为十五卷，则不知其何所本也。"对诸家有关此书著录的分歧，表示了自己的看法。对于所著录典籍本身，或是一些疑莫能辨的资料，马端临也以按语的形式直陈自己的意见，或是将其疑处交代清楚。马端临《经籍考》采用辑录体，对所著录的每一部典籍都下了研究之功，在前人的资料中尽力挖掘有关的记载和评论等，为了解和研究这些

---

① （宋）马端临：《文献通考》卷一九一，5558页，北京，中华书局，2011。

图书提供丰富的资料。而这些前人的资料，既有校勘价值，又有辑佚价值。

《经籍考》的问世对后世产生了重要影响。清代章学诚说："其因著录而为考订，则刘向《别录》以下未有继者。宋晁氏公武、陈氏振孙始有专书，而马氏《文献通考》遂因之以著《经籍》，学者便之。"《经籍考》本身有很强的学术性，又为学者提供极大方便，因而踵作者颇多，就这一点而言，《经籍考》实际上又开辟了一条著述的新途径。首先仿《经籍考》另为新著的是清代学者朱彝尊，他所作《经义考》统考历朝的经义之目，材料丰富，考订翔实，很受学界重视。嗣后，又有章学诚《史籍考》、谢启昆《小学考》，乃至现代王重民《老子考》、胡文楷《历代妇女著作考》等，基本都是依《经籍考》成规，足见其影响之广之深。

二、著名私人藏书目评析

我国古代私人藏书历史悠久，魏晋南北朝已颇具规模。梁阮孝绪撰《七录》，利用了私人藏书，使其著录数量大大超过《梁天监四年文德正御四部及术数书目录》。而大量涌现私人藏书目则在宋代，其中对后世影响较大的有三种，即晁公武《郡斋读书志》、尤袤《遂初堂书目》、陈振孙《直斋书录解题》。

《郡斋读书志》分经、史、子、集四部，下分四十五个类目。全书有总序，每部有大序，每类多有小序。而与众不同的是，全书的总序不单列，而是附冠于经部的大序之首；同样，各类目的小序亦不单列，而是与这类第一部书的提要合在一处。这是晁氏的创造，这样做有减少全书层次，使类目更加分明的功效。《郡斋读书志》的总序概述了从《七略》六分法到《晋中经簿》四分法的演变，并且说明了选择四分法的缘由："今公武所录书，史集居其半，若依《七略》，则多寡不均，故亦分之为四焉。"①

---

① （宋）晁公武：《郡斋读书志校证》卷一，孙猛校证，1页，上海，上海古籍出版社，2011。

晁氏根据历来著录文献遵循的分类原则，采用了四分法。《郡斋读书志》的四部大序，则是对各部所设类目及其学术源流所作的说明。如史部大序，列举了此部包括的十三个类目后，特别提到："后世述史者，其体有三：编年者，以事系月日而总之于年，盖本于左丘明；纪传者，分记君臣行事之终始，盖本于司马迁；实录者，其名起于萧梁，至唐而盛，杂取两者之法而为之，以备史官采择而已，初无制作之意，不足道也。"①这是对史部三种主要体裁史书的源流及其特点的简赅阐述，尤其是实录的论述，更为精辟。最后还说："旧以职官、仪注等凡史氏有取者，皆附之史，今从焉。"这从目录学角度，说明了《郡斋读书志》在分类、设目上的因袭轨迹。这些显然都有"辨章学术，考镜源流"的作用。至于各类的小序，它们虽与这一类的第一部书的提要结合在一起，但往往是在这部书的提要之后。如子部农家类，著录的第一部书是《齐民要术》十卷。提要所说"记民俗、岁时、治生、种莳之事，凡九十二篇"②，这显然是介绍《齐民要术》。而"农家者，本出于神农氏之学……故今所取，皆种艺之书也。前世录史部中有岁时，子部中有农事，两类实不可分，今合之农家。又以《钱谱》置其间，今以其不类，移附类书"③，则是对农家类这一类目的说明，是这一类目的小序。

　　《郡斋读书志》著录图书，其提要都较为简明，如史部著录《南部新书》五卷。提要云："右皇朝钱希白撰。记唐故事。"④尤其是当朝人撰，由于时间较近，大抵皆为人所知，不必作更多的介绍。但也不尽然，若遇晁氏本家人的著述，或晁氏所反对的人的著述，以及需作考辨的著述，其提要则采用评介、考订的方式，内容也详细得多。如卷二著录的

---

①　（宋）晁公武：《郡斋读书志校证》卷五，孙猛校证，174 页，上海，上海古籍出版社，2011。

②　（宋）晁公武：《郡斋读书志校证》卷一二，孙猛校证，527 页，上海，上海古籍出版社，2011。

③　（宋）晁公武：《郡斋读书志校证》卷一二，孙猛校证，527 页，上海，上海古籍出版社，2011。

④　（宋）晁公武：《郡斋读书志校证》卷六，孙猛校证，254 页，上海，上海古籍出版社，2011。

王安石撰《新经周礼义》、卷六著录的《神宗朱墨史》其提要都不惜笔墨作了评论、考辨。然而，即便是这类提要，也很少有超过一千字的，大多数的提要都在几十字或几百字之间，具有高度的概括性，多有画龙点睛之功，这体现出晁公武对其藏书有深刻的研究。

《郡斋读书志》现存版本有两个系统，一是袁本，二是衢本。袁本依据的是杜鹏举在四川刊刻的四卷本，此本卷首有杜鹏举的序，对该书的来龙去脉作了明确的交代。宋理宗淳祐九年（1249 年），黎安朝首次翻刻四卷本《郡斋读书志》于袁州宜春郡斋，故世称这个本子为袁本。这个本子有个特点，就是在晁氏四卷之外，又增加了一卷赵希弁的《附志》。就在袁州本刊刻当年的五月，游钧将姚应绩编的二十卷本《郡斋读书志》刊刻于衢州信安郡，这就是世称之衢本。从游钧所写后序，可知这个本子是他的祖父、父亲在四川嘉定时抄录的，但有关姚应绩编辑此书的始末，则只字未提。此书的特点是比袁本多著录了四百三十五种书，计八千二百四十五卷。衢本刊出的第二年，赵希弁从蔡廉父处得到这个本子，他辑出衢本比袁本多出的四百三十五种书，"校为《后志》二卷，以补其缺，盖晁氏旧藏之书也"[1]。于是袁本就成了七卷本，包括杜鹏举刊刻的四卷，赵希弁的《附志》一卷、《后志》二卷。衢本、袁本的不同不仅仅表现在收书多寡方面，世人对两本的优劣众说纷纭，两本各有流传的理由。清人王先谦以衢本为基础，将袁本的异同标录其上，并仍附上赵希弁的《附志》，形成一个二本合璧的新本，使用颇为方便。

尤袤《遂初堂书目》不分卷，全书暗分四部，即不标明四部，而总分四十四类，但从类目上看，其经、史、子、集四部的轮廓是十分清楚的。从立目上看，尤袤重视史部，设史学类，收《史记正义》《汉书问答》《史通》《五代史纂误》等专门注释、校勘、考辨、评论、研究史书的著述，说明尤袤对史书与史学有了与前人不同的新看法，具有一定的科学

---

① （宋）晁公武：《衢本郡斋读书志·黎跋》，（宋）姚应绩编，（清）王先谦校，清光绪十年长沙王氏刻本，见许逸民、常振国编：《中国历代书目丛刊》，888 页，北京，现代出版社，1987。

性。尤袤突出当代史，特设国史类、本朝杂史、本朝故事、本朝杂传四个类目，颇引人注目。《遂初堂书目》没有大序、小序，也没有提要。它的著录比较简单，只录书目，不及卷数。至于一书的作者则大都不著录，即便著录作者也很不规范，似信手拈来，有很大的随意性。

然而，《遂初堂书目》在著录方面做了两项开创性的工作。首先，此书目的经总类和正史类，在著录文献时基本上都注明了版本。如杭本《周易》、旧监本《尚书》、高丽本《尚书》、川本《史记》、严州本《史记》等。其他各类也有注明版本的，如杂史类著录了旧杭本《战国策》、遂初先生手校《战国策》、姚氏本《战国策》等，只是不如经总类、正史类那么集中罢了。著录文献时注明版本，是雕版印刷的发展在历史文献学上的反映。版本的优劣对文献的校勘具有重要价值，从而影响到学术研究，而正是尤袤的《遂初堂书目》，开创了我国书目著录版本的先河，其意义便不言而喻了。其次，明显地运用了互著法。互著，即将一书分载于两个或两个以上的类目中，以反映这部书的复杂内容。在《遂初堂书目》中，就有不少一书兼载两个类目的情况，盛宣怀《常州先哲遗书》举出《焦氏易林》等十四种书，兼载两类，其实盛氏所举并非全部，如王安石《送伴录》，即一入"本朝杂史"，一入"本朝故事"。章学诚论互著："至理有互通书有两用者，未尝不兼收并载，初不以重复为嫌，其于甲乙部次之下，但加互注以便稽查而已。"①尤袤的做法基本符合这一精神，可以认为尤袤是有意识地运用互著法之第一人，应予以充分的肯定。

陈振孙《直斋书录解题》是继晁公武《郡斋读书志》、尤袤《遂初堂书目》之后，最有影响的私人藏书目。《直斋书录解题》原本五十六卷，现存二十二卷本乃是四库馆臣从《永乐大典》辑出的。全书分五十三个类目，这些类目虽然按经、史、子、集四部的顺序排列，但不标明经、史、子、集的名称。此书未撰总序，而且五十三个类目中，只有语孟、小学、起居注、时令、农家、阴阳家、音乐、诗集、章奏九个类目有小序。这是因为这九个类目，有的是陈振孙首创，有的是作了变通须加以

---

① （清）章学诚：《校雠通义》卷一《互著》，8页，上海，大中书局，1934。

说明，其他沿袭前人的类目就不再置词了。这样做有效地突出了该书的新特点。语孟类是陈氏所创，在阐明其单列理由时，先称"天下学者咸曰孔、孟。孟子之书，固非荀、扬以降所可同日语也"，然后说"今国家设科取士，《语》《孟》并列为经，而程氏诸儒训解二书常相表里，故今合为一类"①。语孟类的设置，及时地反映了《论语》《孟子》上升为经的客观事实。陈振孙的序一般都不长，最少的仅有二十四字，但皆能切中要害，这在其他书目中并不多见。

《直斋书录解题》在著录方面有其独到之处，体现了"解题"这一体例的特点。首先，偏重名不见经传或易为人忽视的作者，对于人所共知的作者一般不介绍。例如，"《史记》一百三十卷，汉太史令夏阳司马迁子长撰，宋南中郎参军河东裴骃集注"。解题不介绍司马迁的事迹，却介绍了补《史记》之"褚先生者，名少孙"；注《史记》者裴骃，"即注《三国志》松之之子也"。然而在最后对司马迁的功绩作了评价："及子长易编年而为纪传，皆前未有其比，后可以为法，非豪杰特起之士，其孰能之？"②又如称颜师古"班氏忠臣"，这样的品评简洁明快，有画龙点睛之笔意。其次，陈振孙通过对作者的考辨，使一些因某种原因埋没其名的作者得以显现。如《长乐志》四十卷，题为府帅清源梁克家叔子撰。陈氏云："淳熙九年序。时永嘉陈傅良君举通判州事，大略皆出其手。"③即属此类。

然而，最能反映"解题"优势的则是对典籍的评介，由于多视角，所以内容非常丰富。其一，释书名。如《续百官公卿表》十卷，《质疑》十卷，《直斋书录解题》云："质疑者，考异也。"④其二，绍异名。如《史记

---

① （宋）陈振孙：《直斋书录解题》卷三《语孟类》，72 页，上海，上海古籍出版社，2015。
② （宋）陈振孙：《直斋书录解题》卷四《正史类》，96～97 页，上海，上海古籍出版社，2015。
③ （宋）陈振孙：《直斋书录解题》卷八《地理类》，257 页，上海，上海古籍出版社，2015。
④ （宋）陈振孙：《直斋书录解题》卷四《编年类》，121 页，上海，上海古籍出版社，2015。

索隐》三十卷，唐司马贞撰，《直斋书录解题》云："世号《小司马史记》。"①其三，论得失。如《东都事略》一百五十卷，王称撰，《直斋书录解题》云："其书纪、传、附录略具体，但无志耳……其所纪太简略，未得为全善。"②其四，明撰因。如《通鉴举要历》八十卷，司马光撰，《直斋书录解题》云："《通鉴》既成，尚患本书浩大难领略，而目录无首尾，晚著是书，以绝二累。"③其五，指取材。如《东汉诏令》十一卷，《直斋书录解题》云："于班书志、传录出诸诏，与纪中相附，以便览阅。"④其六，记版刻。如《荀子注》二十卷，《直斋书录解题》云："淳熙中，钱佃耕道用元丰监本参校，刊之江西漕司，其同异著之篇末，凡二百二十六条，视他本最为完善。"⑤其七，陈内容。如《金华子新编》三卷，《直斋书录解题》云："记大中以后杂事。"⑥其八，示体例。如《汉制丛录》三十二卷，《直斋书录解题》云："以二《汉》所记典故，分门编类，凡二十五门。"⑦其九，辨真赝。如《清异录》二卷，《直斋书录解题》云："其为书殆似《云仙散录》，而语不类国初人，盖假托也。"⑧其十，存阙疑。如《政和五礼撮要》十五卷，《直斋书录解题》云："绍兴中，有范其姓者为湖北漕，取品官、士庶冠昏、丧祭为一编，刻板学宫，不著名。以《武

---

① （宋）陈振孙：《直斋书录解题》卷四《正史类》，106 页，上海，上海古籍出版社，2015。

② （宋）陈振孙：《直斋书录解题》卷四《别史类》，110 页，上海，上海古籍出版社，2015。

③ （宋）陈振孙：《直斋书录解题》卷四《编年类》，113 页，上海，上海古籍出版社，2015。

④ （宋）陈振孙：《直斋书录解题》卷五《诏令类》，133 页，上海，上海古籍出版社，2015。

⑤ （宋）陈振孙：《直斋书录解题》卷九《儒家类》，270 页，上海，上海古籍出版社，2015。

⑥ （宋）陈振孙：《直斋书录解题》卷一一《小说家类》，323 页，上海，上海古籍出版社，2015。

⑦ （宋）陈振孙：《直斋书录解题》卷五《典故类》，170 页，上海，上海古籍出版社，2015。

⑧ （宋）陈振孙：《直斋书录解题》卷一一《小说家类》，340 页，上海，上海古籍出版社，2015。

昌志》考之，为漕者有范正国、范寅秩，不知其为谁也。"①综上所述，解题与提要不尽相同，不仅所涉内容宽泛，而且表述形式不拘一格，往往都有所侧重、重点突出，更能揭示典籍的特点，便于读者了解认识典籍。陈振孙所创这种著录形式，对于目录学、历史文献学有深远影响是不言而喻的。

明代私人藏书目不仅数量多，而且成就远比官修书目大。高儒《百川书志》与陈第《世善堂藏书目录》是其中的佼佼者，而且它们有一个共同点，即作者都是武人。武人的书目撰述皆属上乘，其整体水平自可想见。

《百川书志》二十卷，分经志、史志、子志、集志。志下分门，全书分九十三门。高儒在求书、读书的实践中认识到，"书无目，犹兵无统驭，政无教令，聚散无稽矣"②。于是他用六年之功，三易其稿，编成这部书目，收书二千多种，近一万卷。《百川书志》仿《郡斋读书志》例，不少书都有一简赅的提要。如经部道学类著录《晦庵朱子语录类书》十八卷，提要说："宋勉斋黄氏门人考亭书院堂长括苍淡轩叶士龙云叟编次。初十九卷，名曰《格言》，后去兵事，更定为此，分四十八类，载答门弟子四十四人。"这里将编者、成书情况等都讲得很清楚，如果没有认真研读，写不出这提纲挈领的提要。

高儒对史的看法与传统看法不同，所以在著录方面与传统做法有很大不同。史部传记类，既收录《靖康传信录》《建炎时政记》等确属史部的著作，又大量收录唐宋传奇，如《白猿传》《离魂记》等。高儒认为这些书"大率托物兴辞"，"故为野史之流"③。特别是野史类和外史类所收典籍，更加不同流俗。野史类只著录了两部著名的古典小说《三国志通俗演义》二百零四卷和《忠义水浒传》一百卷，外史类则收录了《西厢记》《关大王单刀赴会记》等元明杂剧和传奇。高儒在《三国志通俗演义》的提要

---

① (宋)陈振孙：《直斋书录解题》卷六《礼注类》，185页，上海，上海古籍出版社，2015。

② (明)高儒：《百川书志》卷首序，上海，上海古籍出版社，2005。

③ (明)高儒：《百川书志》卷五，66页，上海，上海古籍出版社，2005。

中说："据正史，采小说，证文辞，通好尚，非俗非虚，易观易入，非史氏苍古之文，去蝥传诙谐之气，陈叙百年，该括万事。"①对这种讲史演义予以很高评价。特别是其"易观易入"的特点，实际上是把高雅的"史氏苍古之文"通俗化，使其为大众喜闻乐见，起到了普及历史知识的作用。而以历史为题材的传奇、杂剧，同样有"易观易入"的特点，这大概就是高儒将其收在野史、外史类的主要原因。但是从典籍分类的角度考虑，将传奇、杂剧归入史部，其不恰当是显而易见的。尽管如此，高儒能够注意到这些小说、传奇、杂剧，并在书目中给它们一席之地，说明他对这些典籍有足够的认识，这也是《百川书志》特别值得肯定之处。

陈第《世善堂藏书目录》上下二卷，收书一千五百余种，大都是陈第亲自访获的。该书分经部、四书部、子部、史部、集部、各家部，共六大部。部下设类，全书共有六十三类。这种分类，显然是对传统的四部分类法作了较大的改造。首先把四书从经部中分离出来，独立成一部，这是作为初级读物的四书地位提高的客观反映。这同时说明，在一定程度上，启蒙教育受到社会的关注。其次是各家部的设置，此部下设有天文、时令、五行、医家、神仙道家等十三家，其中不少类属于科学技术的范围，从传统的四部书目的子部分离出来，还是有一定道理的。因为子部源于战国诸子，他们代表的是不同的思想学术流派，它是战国百家争鸣的产物。另外，从《世善堂藏书目录》子部所设的诸子类主要收录先秦诸子的典籍看，可以认为，陈第对子部的思想学术内涵有比较明晰的了解。辅道诸儒类的设立，则突出儒家的主导地位。最引人深思的是各家传世名书类，这类所收书既包括《文始真经》《说苑》《盐铁论》《战国策》《世说新语》，又有《焦氏笔乘》《楚辞》等，几乎汇集了传统子、史、集三部的精华。值得注意的还有史部，陈第在正史、编年史之外，还设了学堂鉴选、明朝记载、训诫书、四译载记等新类目。学堂鉴选只收《历代通鉴纂要》，这可能是当时学堂所用的《资治通鉴》选本。明朝记载显然是著录明一代史书的，体现出编者对当代史的关注。训诫书集中收录帝

---

① （明）高儒：《百川书志》卷六，82页，上海，上海古籍出版社，2005。

范、臣范以及女诫、家训之类。而四译载记，收了《鸡林志》《使琉球录》等五十五种著述，大多数是有关我国对外交通的著述，是研究我国对外交通史的珍贵资料。《世善堂藏书目录》著录图书没有提要，只有书名、卷数和作者名氏，对个别书偶或有简贱的说明，是其不足。

祁承㸁《澹生堂藏书目》十四卷，亦很有特点。他为编制书目订了四条原则，即因、益、通、互。所谓因，即"因四部之定例也"①。虽然该书因袭经、史、子、集四部分类法，但并不墨守成规，而是根据新的情况，对四部的类目作了某些增益和调整，这就是"益"。如在经部增益了理学、经筵类，在史部增益约史类，子部增益丛书类，在集部增益余集类。该书是我国古代第一部设立丛书类的书目，对后世的立目具有重要影响。通，即别裁，如将欧阳修《易童子问》、王安石《易象论》入经部的易类。互，即互著，如《焦氏易林》分别列周易类、术数类。近代目录学家姚名达说："统观有明一代中，对于《隋志》之修正，分类之研究，比较肯用心思，有所发明者，允推祁承㸁为冠军。"②较中肯地道出了《澹生堂藏书目》在文献著录，特别是在文献分类上的贡献。

钱曾《读书敏求记》体现出私人藏书目的新变化。钱曾是清初大藏书家，他的藏书品种多、质量精。他将家藏四千一百多种图书编成三部藏书目，其中的《读书敏求记》(初稿题名为《述古堂藏书目录题词》)，专收宋元精刊或旧抄，这都是钱氏藏书的精粹。由于收书范围有限，故分类对传统做法有所变通。此书共四卷，经、史、子、集各据每卷之首，余下则列大致与本部相关的各类图书。如卷一首列经类，以下依次为礼乐、字书、韵书、书、数、小学。而经类中则收《周易》十卷、《孟子注疏》十四卷，还有《九经三传沿革例》一卷、《匡谬正俗》八卷等。每著录一书，大都标明次第完阙，古今异同，并加以详尽的考订，兼及作者、作品的评论。如卷三类家著录《数类》四十卷：

---

① (明)祁承㸁：《澹生堂读书记》卷上《庚申整书例略四则》，见《澹生堂读书记 澹生堂藏书目》，42 页，上海，上海古籍出版社，2015。

② 姚名达：《中国目录学史》，106 页，上海，上海古籍出版社，2002。

　　　自一至百聚其事而汇成之。阁中本在王云来处，不知著述者何
　　人。书法模欧、虞，仍出一人手。疑是宋时进呈本，然十存其四。
　　赵清常知王元韬家所藏，录于阁本未失之前，因假借缮。完书之难
　　如此，睹清常跋语，为之抚卷浩叹。①

虽只此一例，亦可窥其著录特点之一斑。《读书敏求记》收书有一定范
围，且分类、著录各具特点，故对后世产生重大影响，其表现为相继出
现众多善本书目及题跋记等著作。

　　不论善本书目录还是题跋记，都是编撰人对亲得、亲睹的典籍的著
录，所以他们对其版本了如指掌，著录亦详。编撰人不仅注明为何版
本，记述其本的行款，甚至还举其讹误、残脱的状况，而且这些记述都
有相当的可靠性。这是善本书目录与题跋记的主要共同点，但它们也各
有特色。题跋记的形式比较灵活，分类相对随意，如黄丕烈、顾广圻的
题跋只分经、史、子、集四部，部下不再设子目，而陆心源的《仪顾堂
题跋》根本不分类。题跋记所涉内容也无严格的范围，可以说是对什么
有兴趣就写什么。如黄丕烈多记访书、得书的经过，而顾广圻则多陈不
同版本的讹误状况以及是正的心得。前者提供了古籍流传的踪迹，后者
留下了校勘的成果，二者对于历史文献学都有不小的贡献。藏书目录多
分类，也比较传统，如瞿镛《铁琴铜剑楼藏书目录》分经、史、子、集四
部，其下又分类，经部分易、书、诗、礼、春秋、孝经、五经总义、四
书、乐、小学共十类。史部分十五类，子部分十四类，集部分五类，全
书共四十四类。但诸家亦各有不同，如杨绍和《楹书偶录》分四部，而四
部之下则按版本分类，如经部分宋本、金本、元本、校本、抄本，史部
分宋本、元本、明本、校本、抄本。提要的内容丰富而又有侧重，如
《铁琴铜剑楼藏书目录》不仅介绍所著录书的版本，而且还包括版式、行
款、避讳字，以及所附序跋等。更有甚者，如经部《周易兼义》九卷、
《略例》一卷、《音义》一卷的提要还附有卢文弨有关考证。《楹书偶录》著

---

　　① （清）钱曾：《读书敏求记校证》，管庭芬、章钰校证，353 页，上海，上海古籍出版
社，2007。

录不仅有卷数，而且还注明册数、函数。其提要则采辑录体形式，如卷一著录《影宋钞校本仪礼要义》五十卷十册，提要依次列严元照、张古渔、顾广圻有关此书各方面情况的记载，然后是杨绍和对此书流传的总括介绍，最后是此本所钤藏章。多数著录最后还说明行款。

与题跋记相比，藏书目录资料性更强。虽然藏书目录与题跋记编撰体例、产生的效果不尽相同，但都是编撰人亲身实践总结的心得，不仅有相当的可靠性，而且有很高的学术性。私人藏书是政府藏书的重要补充，而私人藏书目录对于官修目录，就不是简单地用"补充"二字能概括了的，它有官修目录无法比拟的优势，以上几种目录充分说明了这一点。

三、古文献著录的集大成者——《四库全书总目》

《四库全书总目》二百卷，是在纂修《四库全书》过程中编撰成的一部目录。尽管《四库全书》是一部丛书，《四库全书总目》不算是传统的王朝藏书目录，但是以其搜集、整理群书的规模，著录典籍之浩繁，仍可称之为中国封建社会最后一部、也是最大的一部官修目录。

《四库全书总目》是一部集大成性质的目录著作，在分类上总结继承了前人的传统，并且能够根据典籍的发展，以及人们对典籍认识的深入，兼采众家之长，对四部分类有所改进，形成一个新的目录分类模式。首先申明《四库全书总目》"以经、史、子、集提纲列目，经部分十类，史部分十五类，子部分十四类，集部分五类。或流别繁碎者，又各析子目，使条理分明"①。对于类目的设立，《四库全书总目》撰者对四部分类的目录，不拘官修还是私撰，都作了分析研究，认为"自《隋志》以下，门目大同小异，互有出入，亦各具得失"②，此目决定分类不主

---

① （清）永瑢等：《四库全书总目》卷首凡例，16 页，北京，中华书局，1965。
② （清）永瑢等：《四库全书总目》卷首凡例，17 页，北京，中华书局，1965。

哪一家，而是择善而从，并特别举出数例予以说明：

> 诏令、奏议，《文献通考》入集部。今以其事关国政，诏令从《唐志》例入史部，奏议从《汉志》例亦入史部……
>
> 名家、墨家、纵横家，历代著录各不过一二种，难以成帙。今从黄虞稷《千顷堂书目》例，并入杂家为一门……
>
> 又兼诂群经者，《唐志》题曰经解，则不见其为群经；朱彝尊《经义考》题曰群经，又不见其为经解；徐乾学通志堂所刻改名曰总经解，何焯又讥其杜撰。今取《隋志》之文，名之曰五经总义。①

《四库全书总目》对类目的调整都各有理由。《四库全书总目》从诏令、奏议的内容出发将其归入史部，而马端临因其为编撰归入集部，也不是没有道理。《四库全书总目》设五经总义类的理由可谓充分，但是却著录了不属经类的纬书《古微书》。然而，《四库全书总目》将名、墨、纵横并入杂家，既沿袭了目录分类考虑典籍数量多少的做法，又注意到反映典籍变化的客观事实，对自汉以来的分类作了大胆的调整。《文献通考》在集部别集之外又设诗集一类，以反映诗集的繁荣，《四库全书总目》则以为"有文无诗者，何不别立文集一门，多事区分，徒兹繁碎"②，故将诗集并入别集。总而言之，《四库全书总目》在类目的设置上以概括、简明为本，对于类下的子目也坚持这一原则，凡例中称"焦竑《国史经籍志》多分子目，颇以饾饤为嫌"③，所以《四库全书总目》不是每类都分子目，而出于两种情况。经部小学类，史部的地理、传记、政书，子部的术数、艺术、谱录、杂家，集部的词曲，这些类分子目，是因"流派至为繁夥，端绪易至茫如"④。经部的礼类，史部的诏令奏议、目录，子部的天文算法、小说，也分立子目，则是"以便检寻"。不难看出，前者是为厘清流别，后者则是为使用者提供方便，突出了目录的实用功能，体

---

①　(清)永瑢等：《四库全书总目》卷首凡例，17 页，北京，中华书局，1965。
②　(清)永瑢等：《四库全书总目》卷首凡例，17 页，北京，中华书局，1965。
③　(清)永瑢等：《四库全书总目》卷首凡例，17 页，北京，中华书局，1965。
④　(清)永瑢等：《四库全书总目》卷首凡例，17 页，北京，中华书局，1965。

现出目录学的一个进步。由于《四库全书总目》的分类是在全面深入了解典籍的基础上完成的，所以对于具体典籍的归类，就能发现"古来诸家著录，往往循名失实，配隶乖宜"的问题并作出修正，如"《穆天子传》旧入起居注类，《山海经》《十洲记》旧入地理类，《汉武帝内传》《赵飞燕外传》旧入传记类。今以其或涉荒诞，或涉鄙猥，均改隶小说"①。显然，《四库全书总目》撰者认为入史部的典籍当是实事的记载，而这些典籍或是有荒诞不经的内容，或是作者不明、真伪难辨，故归入子部小说类，发挥其"寓劝戒，广见闻，资考证"之作用，可谓各得其所。另外，《四库全书总目》还纠正了一些前人望名归类的疏漏，如"陈埴《木钟集》名似文集，而实语录"，《四库全书总目》将其归入子部儒家类。《四库全书总目》对所有的典籍"并一一考核，务使不失其真"②，所以典籍归类不当的情况明显减少，给读者以更正确客观的指导和帮助。

《四库全书总目》继承古代目录学的优良传统，"四部之首各冠以总序，撮述其源流正变，以挈纲领。四十三类之首亦各冠以小序，详述其分并改隶，以析条目"③，不难看出，《四库全书总目》的总序和小序与前代目录的大小序同样都有"辨章学术，考镜源流"的作用，只是更为科学、严谨而已。由于《四库全书总目》所收典籍众多，情况复杂，大小序难以概全，"如其义有未尽，例有未该，则或于子目之末，或于本条之下，附注案语，以明通变之由"④，这些按语是《四库全书总目》不同于其他目录的突出特点。附于子目之末的按语，多阐明立此子目的缘由，有时还与本类小序相呼应，如子部艺术类小序中称，"琴本雅音，旧列乐部。后世俗工拨捩，率造新声，非复《清庙》《生民》之奏，是特一技耳"⑤。而琴谱目后有按语则曰：

> 以上所录皆山人墨客之技，识曲赏音之事也。若熊朋来《瑟谱

---

① （清）永瑢等：《四库全书总目》卷首凡例，17 页，北京，中华书局，1965。
② （清）永瑢等：《四库全书总目》卷首凡例，17 页，北京，中华书局，1965。
③ （清）永瑢等：《四库全书总目》卷首凡例，18 页，北京，中华书局，1965。
④ （清）永瑢等：《四库全书总目》卷首凡例，18 页，北京，中华书局，1965。
⑤ （清）永瑢等：《四库全书总目》卷一一二，952 页，北京，中华书局，1965。

后录》、汪浩然《琴瑟谱》之类，则全为雅奏，仍隶经部乐类中，不与此为伍矣。①

而附于本条下的按语，则多言及此书归类的依据，如史部传记类著录《晏子春秋》八卷，其提要后有一按语，"《晏子》一书，由后人摭其轶事为之，虽无传记之名，实传记之祖也。旧列子部，今移入于此"。这些按语补类序之未尽，充分说明了《四库全书总目》分类变通的理由。然而按语的作用不仅如此，如经部小学类著录《说文解字》三十卷，其后有按语，考证许慎序中所言《古文尚书》是不是孔安国旧本，这实际就是一篇《古文尚书》源流简史。又如史部杂史类著录《国语》二十一卷，其后的按语在阐述《国语》为何不能入经部春秋类的理由过程中，引王充《论衡》、刘熙《释名》，又根据《国语》记载首尾与《春秋》不谐，故入杂史类。这些考证因素很强的按语，是在深入研究之后撰成的，有相当高的学术水平，对使用者有参考价值。

《四库全书总目》是一部提要式目录，在总结分析曾巩、王尧臣、晁公武、陈振孙、马端临撰著目录的短长之后，定下《四库全书总目》撰写提要的原则："今于所列诸书，各撰为提要，分之则散弁诸编，合之则共为总目。每书先列作者之爵里以论世知人，次考本书之得失，权众说之异同，以及文字增删，篇帙分合，皆详为订辨，巨细不遗。而人品学术之醇疵，国纪朝章之法戒，亦未尝不各昭彰瘅，用著劝惩。"②《四库全书总目》的提要在撰写过程中大都能贯彻这一原则，并能从各书的具体情况出发，有所损益，使每书的提要都能较好地反映其书的全貌及特色。如史部编年类著录《资治通鉴考异》三十卷，其提要征引高似孙、司马康、洪迈等人记载，以证《资治通鉴考异》所辑史料宏富；然后说明司马光作《资治通鉴考异》之用意，"光既择可信者从之，复参考同异，别为此书，辨证谬误，以祛将来之惑"；再者追溯司马光作《资治通鉴考异》源于裴松之，而考异成为一种史书体裁则始于司马光，其后既有李

---

① （清）永瑢等：《四库全书总目》卷一一三，971页，北京，中华书局，1965。
② （清）永瑢等：《四库全书总目》卷首凡例，17~18页，北京，中华书局，1965。

焘、李心传成功的沿其义之作，也有陈桱、王宗沐失败的欲追续之举，说明《资治通鉴考异》影响之深远；最后交代了《资治通鉴考异》的流传。《四库全书总目》的分类、提要、大小序以及按语，都是总结前人成果，取长补短，从而有所创新的产物。它的撰成标志着我国古代传统的四部分类目录达到最高水平。

长期实践证明，四部分类是著录我国古籍的较好形式，所以近现代撰修的古籍目录亦沿用四部分类，并能根据不同的需要有所变通，突出了目录的工具效能。其中有两部值得注意，一是王重民所撰《中国善本书提要》，主要著录收藏在北京图书馆、北京大学图书馆和美国国会图书馆的善本。著录内容包括卷数、行款、板框大小、刻本年代、收藏馆名。其提要着重于版本记述，所以多载校刻者或刻书故实。二是《中国古籍善本书目》，本目按经、史、子、集、丛书五部分类，著录了各省、自治区、直辖市图书馆、博物馆、文物保管委员会、高等院校、科学院系统图书馆、中等学校、文化馆、寺庙等单位的现存善本藏书，许多过去鲜为人知的古籍善本，亦能著录于此目。特别是新发现的善本，将有助于学术研究的发展。此目著录书名、卷数、版本，以及撰者、校者、序跋作者。为了便于读者寻索，还著明藏书单位。这两部善本书目录，前者著录了部分海外藏书，后者是目前收录国内善本典籍最多的目录，对于研究历代典籍、传统文化都具有重要意义。

第三章 历史文献的版本

这里所说文献的版本，主要是指雕版印刷的古籍版本，侧重版刻源流及鉴定版本诸方法。

一、版本研究与我国的版刻源流

研究历史文献的版本，主要是为了鉴定其刊刻的时代及其特点，品评它们的优劣，考察其源流及版本与版本间的递嬗关系，从而为文献的校勘提供选择底本和校本的依据。版本研究的主要对象是雕版印刷普遍使用之后的古籍版本，也略加涉及雕版印刷之前的简册及写本等。

我国的雕版印刷起于唐代初期，主要用于刻佛像或其他日用小册。据记载，著名僧人玄奘就曾"以回锋纸印普贤像，施于四众，每岁五驮无余"①，这是唐代初期已有雕版印刷的明确记载。之后，掌权的女皇武则天嗜佛，这一时期多有佛经刊刻，1906 年在我国新疆吐鲁番发现的《妙法莲华经》卷五《如来寿佛品第十六》残卷和《分别功德品》卷十七全卷，以及 1966 年在韩国庆州佛国寺发现的《无垢净光大陀罗尼经》，因其经文中都分别用了武则天规定的特殊用字，可证都是唐武周时期的刻

---

① （后唐）冯贽编：《云仙散录》卷二一〇《印普贤》，62 页，北京，中华书局，1998。按："四众"指比丘、比丘尼、优婆塞、优婆夷，俗本却改作"四方"，大误。

本。唐人刊刻佛经的技艺不断提高，唐末懿宗咸通九年（868年）王阶印造的《金刚经》图文并茂，已是相当精美的印刷品了。

后唐长兴三年（932年），由冯道等奏请国子监校刻九经，历时二十余年，于后周广顺三年（953年）最终完成，是我国大规模刊刻图书之始。这次刊刻的九经，是我国最早的监本九经，宋人称之为"旧监本"或"古京本"。

入宋以后，雕版印刷业大兴，北宋形成了两个刻书中心，这就是浙江杭州和四川眉山，所刻书世称"浙本""蜀本"。南宋时，福建建阳也成了刻书中心，所刻书世称"建本"或"闽本"；又由于建阳的书坊主要集中于麻沙镇和崇化镇，宋人祝穆《新编方舆胜览》说："麻沙、崇化两坊产书，号为图书之府。朱元晦《嘉禾县学藏书记》云：'建阳版本书籍行四方者，无远不至。'"①由于崇化稍逊于麻沙，故这里刊刻的书世称"麻沙本"。

与此同时，北方的金朝亦在平阳，又叫平水（今山西临汾）形成了一刻书中心，所刻书世称"平水本"。

入元以后，除了四川眉山的刻书业已不复存在外，其他中心仍继续刻书。元朝在全国设有一百二十多个书院，同时，各路亦多有儒学，大都参与刻书，世称"书院本"或"某路儒学本"。元朝还专门设置了一个刻书机构叫兴文署，其刻书世称"兴文署本"。

明朝的刻书中心主要在苏、浙、皖、闽，而尤以苏州、常州和金陵为盛。徽州的吴兴、新安，在晚明万历以后，亦较为有名。明朝皇帝的儿子分封在各地为王，称为藩王，他们闲来无事，又多有资财，往往参与刻书，世称"藩府本"。明朝的太监主管司礼监，也热衷于刻书，世称"司礼监本"。司礼监之下还管辖有专门的刻书机构，如汉经厂、番经厂，它们所刻的书又称"经厂本"。

清朝建立以后，皇家在武英殿专事刻书，这就是有名的"殿本"。各地还设立了若干官书局，重要的有金陵官书局（在南京）、江苏官书局

---

① （宋）祝穆：《新编方舆胜览》卷一一，宋咸淳三年刻本。

（在苏州）、淮南官书局（在扬州）、浙江官书局（在杭州）、崇文官书局（在武昌）等，其所刻书世称"局本"。上列五个官书局曾合刻二十四史，颇为有名。

无论是宋还是元、明、清，刻书都是三个系统并存，这就是官刻、私刻和坊刻。凡官方机构所刻书都称官刻。官方资金充足，人力雄厚，校刻一般皆有一定的质量。凡个人为子孙习用或为了家声流传后世而刊刻的书，称作私刻，私刻大都较重视校刻质量，不少书均属上乘，如相台岳氏所刻诸书，就属此类。坊刻即书贾所刻，因为这种书以盈利为目的，不少校刻质量欠佳，这是比较普遍的现象。

二、鉴定版本的诸要素

鉴定古籍版本，考订它们的刊刻时代，一般要从版式、行款、字体、墨色、纸张、牌记（包括内封面）、讳字（包括历史上的特殊用字）、装帧、刻工、序跋与题跋、藏章、手泽与批校以及对其书著录情况等入手。

（一）版式

所谓版式，即古籍每一张印页的格式，主要由版框、界行和版心组成。尤其是版框、版心，对鉴定古籍的刊刻时代十分重要。版框即古籍的每一印页版面的界栏，又称边栏。凡四周为单线的，称单边栏；四周为双线的，称双边栏；亦有上下单边、左右双边的，称作左右双夹线或文武边。界行，唐人又叫边准，指版面内用直线分成的行，行内即刻字处。版心又叫中缝，是一版印页中心比界行略窄的一行，它是一版上下页对折的地方。版心上方或上下双方常刻有一个标记▇，称作鱼尾，是中折的折线处，中折线即从鱼尾中间通过。凡在上方刻一个鱼尾的，称单鱼尾；凡在上下各刻一个鱼尾的，称双鱼尾。上下鱼尾的缺口相对，称对鱼尾；上下鱼尾的缺口皆朝下，称顺鱼尾。从上鱼尾到上边栏及从下鱼尾到下边栏，称书口。书口是空白的，称白口；书口如果刻有一细黑线（此黑线正为上下页的中折线），称细黑口；如果刻有一粗黑线，称大黑口或阔黑口。书口中这条黑线也有个名称，叫作象鼻，这是因为鱼尾的两个三角尾颇似大象耳朵。有的书在版框左右边栏的上方另刻一小方格，内刻简单的篇名以便检索，称书耳，也叫耳子。从实际情况看，蝴蝶装书耳在右侧，而线装在左侧。现在，就让我们根据鉴定的实践，看一下历朝的版式情况。

宋刻：多白口、单鱼尾，鱼尾上多刻本页的字数，鱼尾下顺次刻书名、卷次、页数，最下刻刻工姓名。大多上下单边、左右双边。

南宋后期，白口多改为细黑口，四周也多用双边。凡用双鱼尾者，页数均刻于下鱼尾之下。有些书已有书耳。

金刻与宋刻基本相同，因为金的刻工大都是从宋掳过去的。

元刻：最显著的特点是，基本都是黑口。早期为细黑口，中后期为大黑口。

明刻：早期基本与元刻同，为大黑口。正德、嘉靖以后，开始多为白口。

清刻没有一定的规律。

(二)行款

行款在这里专指一页若干行、一行若干字而言。古籍一版对折之后，出现了上下页，故行数大都以半页计。一般来说，行款并没有固定不变的模式，但过去的藏书家每多记之。如《史记集解》一书，莫友芝《郘亭知见传本书目》著录说："黄丕烈有蜀大字本，郁泰峰亦有蜀大字残本，为姚氏婉真芙初女史旧藏，初印绝精，半页九行，行十六字，注双行二十一、二十二字不等。"傅增湘又补充说："北宋刊本，十行十九字，注双行二十五至二十七字。"[①]因此，古籍的行款便可和历史上各藏

---

① 以上引文皆见(清)莫友芝：《藏园订补郘亭知见传本书目》卷四，傅增湘订补，199页，北京，中华书局，2009。

书家所记相印证，从而证其时代和考其真伪。清人江标编有《宋元本行格表》，可资参考。

（三）字体

根据一般情况，历朝版刻所用字体如下。

宋版：有肥瘦两种字体，肥学颜真卿体，瘦效欧阳询与柳公权体。建本以前者为主，浙本以后者为主，蜀本兼而有之。

元版：主要是赵孟𫖯体，字多秀逸，于柔媚中透有刚劲之气。

明版：明初犹是赵孟𫖯体。正德、嘉靖以后改为方体字，即把字刻得横直相等，呈正方形。虽较为呆滞，但却带有雕版字体规范化的因素。万历以后，字体又改为横轻直重，或者说是横细直粗的方体字，后世称为"仿宋体"。天启、崇祯年间，又将这种方体字改为长体，后世称作"长仿宋"。

清版：一般多用方体字，少数用仿宋体，或手写体。

以上所述，皆为大体情况，可供鉴定版本时参考。

（四）墨色

古人印书用墨汁，这是与今天颇不同的。一般说，宋人用墨考究，如南宋廖莹中世彩堂所刻九经，即选用"油烟墨印造"①。今存的宋刻书，墨色香淡，至今将书打开，仍隐隐有香气。元人印书用墨一般已不如宋。今人毛春翔先生说："元版书，明高濂斥之曰'用墨秽浊'，其实也有好的，不可一概而论，如《范文正公事迹》，墨如点漆，可证。"②毛春翔先生还说："明人印书，用墨佳者罕见。"③他在其著《古籍版本常谈》中引了一条材料，即明万历间刻印的《南京礼部编定印藏经号簿》，首列条约，有一条记："作料：烟煤五篓，银一两；面五百斤，银三

---

① （宋）周密：《癸辛杂识》后集《贾廖刊书》，46页，上海，上海古籍出版社，2012。
② 毛春翔：《古书版本常谈》，47页，上海，上海人民出版社，1977。
③ 毛春翔：《古书版本常谈》，49页，上海，上海人民出版社，1977。

两。"足见明人印书，已确用煤面调和以代墨，其质量就可想而知了。但用墨问题比较复杂，表现出来的情况也并不平衡。元、明、清用墨虽一般不如宋，但也有刻印俱佳的本子，而宋本书也不能说全属上乘。在这方面，既需要有总体认识，又需要作具体分析，不应强求一律。

(五)纸张

这里所说的纸张，专指印书所用的纸。根据现存实物考察，历朝用纸大略如下。

宋代浙本多用麻纸，蜀本基本同于浙本。福建因产竹，故建本多用竹纸。麻纸分白麻纸、黄麻纸两种，质地坚而厚，是古代纸中之上品。自唐代起，这种麻纸即用于写诏书或其他公文，故又称"草诏"为"草麻"。由于这种纸厚而耐用，用过之后，背面仍可照用。如宋张元幹的《芦川词》二卷，就是用当时收粮案牍的废纸所印。再如《三礼图集注》，由镇江府学刊刻于淳熙二年(1175 年)，为公文纸背面所印，都可证这种纸的坚固耐用。

金代平水本用纸，基本亦是麻纸，与宋浙本、蜀本相仿佛。

元代印书除用麻纸外，还兼用白棉纸。白棉纸的特征是较薄，但有较强的韧性。

明代早期刻本多用白棉纸或黄棉纸。万历以后，用纸较差。据《常昭合志稿》称："天下购善本书者，必望走隐湖毛氏。所用纸岁从江西特造之，厚者曰'毛边'，薄者曰'毛太'，至今犹存其名不绝。"毛边纸是一种黄色纸，故又称黄纸，质地较脆，缺乏韧性。特别是毛太纸，质地更次，且一张纸亦多厚薄不匀，印刷亦难美观。这里说的隐湖毛氏，即明末著名藏书家、刻书家汲古阁主人毛晋。毛晋曾以页论价购求宋版书，可见并不是一个一味追逐盈利的书贾，他印书用纸尚且如此，其他可想而知。

清刻本多用毛太纸与粉连纸，后者又称连史纸，质地洁白匀净是其所长，但较脆，是其不足，是一种较普通常见的纸。清代较考究的书用开化纸，这种纸南方又称作"桃花纸"，因产于浙江开化县而得名，是一种质地白细，且韧而薄的上乘纸。最下的用竹纸。清代末期，印书多宣纸或连史纸。宣纸原产于安徽泾县，因在宣城集散而得名，是一种质地洁白、细致、柔软，且经久不变，又不易为虫所蛀的纸，在书画界颇享盛名。这一时期，较差的书仍用毛边纸。

以上是大略情况。一般说，历朝的官刻和私刻用纸皆较好，只有以盈利为目的的坊刻用纸较差，这亦是可以理解的了。

(六)牌记

牌记又叫书牌或牌子，是刊刻者专用于出版物的一种印记，多记堂号、姓名或刊刻年月等，是考察一书刊刻时间的重要依据。牌记一般没有固定的位置，多用于一书目录、序文或正文卷末的空白处。坊刻、私刻多用牌记，官刻罕用。这种印记，形式也多种多样，有的仅刻一行字，如《文选五臣注》刻云：

> 杭州猫儿桥河东岸开戋纸马铺钟家印行

《王建诗集》目录之后，刻云：

> 临安府棚北睦亲坊巷口陈解元宅刊印

《周贺诗集》卷末空白处，刻有：

> 临安府棚北睦亲坊南陈宅书籍铺印

《续幽怪录》目录之后，有如下一行：

> 临安府太庙前尹家书籍铺刊行

以上均是只刻一行字，以标明该书的刊刻者。也有刻成印章形的，如廖莹中世彩堂所刻《昌黎先生集》，即在卷一之末的空白处，刻有一外长方形、内亚字形的印章，其文云："世彩廖氏刻梓家塾。"而同是世彩堂所刻《河东先生集》，亦在卷一之末的空白处，刻有一与上同文的长方形、上下为弧形的印记。而《周礼注》，在卷三之末的空白处，有一长方形印记："婺州市门巷唐宅印。"

这种牌记显然具有标明版权的性质，事实上，南宋时已屡有盗版的事发生。《宋本方舆胜览》全书之末，刊有一个"福建转运使司录白"，很能说明问题，今转录如下：

> 据祝太傅宅干人吴吉状称，本宅先隐士私编《事文类聚》《方舆胜览》《四六妙语》，本官思院续编朱子《四书附录》，进尘（呈）御览，并行于世。家有其书，乃是一生灯窗辛勤所就，非其它剽窃编类者比。当来累经两浙转运使司浙东提举司给榜，禁戢翻刊。近日书市有一等嗜利之徒，不能自出己见编辑，专一翻板。窃恐或改换名目，或节略文字，有误学士大夫披阅，实为利害。照得雕书合经使台申明，状乞给榜下麻沙书坊长平、熊屯刊书籍等处张挂晓示，仍乞帖嘉禾县严责知委，如有此色，容本宅陈告，追人毁板，断治施行，庶杜翻刊之患。①

足可说明，一书的牌记是何等重要。

明万历以后，牌记已不多用，代之而起的是内封面，也叫书名页、扉页或封内大题。书名页有占半版的，有占全版的，开卷即见，极为醒目。书名页一般刊有作者、书名、刊刻者，也有兼记出版时间的。清末的不少刊本，大都上半版记书名，下半版记出版者及刊刻年月。如王先谦校本《郡斋读书志》，其扉页上半页即为书名"晁氏郡斋读书志二十卷·赵氏附志二卷"，下半页即为"光绪甲申仲春，长沙王氏刊藏"。

牌记或内封都较易挖改、撤换伪造，特别是内封面，只有一版，很容易伪造。牌记由于既无定格，又无定位，见缝插针，有空白之地就刻，无空白之地就不刻，因而伪造者往往挖改不尽，留有破绽。不过，这种情况一定是用晚近的书冒充宋、元版，而不会相反。

---

① （宋）祝穆编：《宋本方舆胜览》，（宋）祝洙补订，601 页，上海，上海古籍出版社，1991。

(七)讳字

避讳字及历史上的特殊用字(也称制字),我们在本书第一章已经指出,它们在鉴定一书的时代这一问题上,具有一锤定音的价值,因为它们本身就是时代的标志。

所谓避讳,就是在文字上避免直书(也包括在口头上直呼)当朝历代君主和自己祖、父辈名字。前者称公讳,后者称私讳,是我国封建礼教的特殊产物。

早在秦汉,我国即已有了避讳,但不太严格,正如唐代大文学家韩愈所说:"汉讳武帝名,彻为通,不闻又讳车辙之辙为某字也;讳吕后名,雉为野鸡,不闻又讳治天下之治为某字也。"①自唐以后,避讳则趋于严格,唐代作为法令,已写入了唐律之中,规定:

> 诸上书若奏事,误犯宗庙讳者,杖八十;口误及余文书误犯者,笞五十。即为名字触犯者,徒三年。若嫌名及二名偏犯者,不坐。②

关于"二名偏犯",律文本有解释:"二名,谓言征不言在,言在不言征之类。"③后又怕俗吏不懂,又加疏通:"'及二名偏犯者',谓复名而单犯不坐,谓孔子母名征在,孔子云'季孙之忧,不在颛臾',即不言征;又云'杞不足征',即不言在。此色既多,故云'之类'。"④但实际情况则远非如此,如当时的著名诗人李贺,因其父叫李晋肃,于是便有人提出李贺不能考进士。这里且不说"进"与"晋"只是嫌名,即便退一步说,既有"言征不言在"的先例,那么,为什么言进不言肃就行不通呢? 所以在唐人的书里,避讳颇严。如《四民月令》一书,只因太宗叫李世民,便被改为《四人月令》,其他可想而知。宋代的避讳变本加厉,规定了大量的

---

① 《韩昌黎全集》卷七,120页,上海,世界书局,1935。
② (唐)长孙无忌等:《唐律疏议》卷一〇,200页,北京,中华书局,1983。
③ (唐)长孙无忌等:《唐律疏议》卷一〇,201页,北京,中华书局,1983。
④ (唐)长孙无忌等:《唐律疏议》卷一〇,201页,北京,中华书局,1983。

同音字要求避讳，如宋高宗赵构的"构"字，就规定了"媾""购""够"等五十五字都要以"嫌名"的理由避讳，诚如时人洪迈所感慨："举场试卷，小涉疑似，士人辄不敢用。"①

在古籍中，常见的避讳方法有三种，一是改字，二是空字，三是缺笔。

如上文已经提到的，为避汉武帝刘彻的名讳，改"彻"为"通"，时人蒯彻，就改作"蒯通"。在清刻本中，为了避康熙玄烨的名讳，改"玄"为"元"，这是翻开清刻本随处可见的。

空字就是不写这个字，但为了提示读者缺的是什么字，以宋刻为例，往往都注明"今上御名"或"某庙御名"。

缺笔就是不把这个字写完，如唐人为避太宗李世民的名讳，"民"常常被写成"㠯"；清人刻书，如"玄"不改作"元"，一般也写作"玄"，用缺最后一笔以表示避讳。

掌握古籍的避讳并不十分困难，重要的一环是需要熟悉历朝，特别是唐以后历朝皇帝的名讳。因为元朝皇帝没有汉名，故元刻图书一般不避讳。明朝直到最后一个皇帝崇祯时才避讳，故明刻图书亦少避讳，这都是我们应该掌握的。除了熟悉皇帝的名讳以外，还需注意与这些名讳发音相同或相近的字，以避由此而衍生出来的嫌名。

今将唐、宋、清三朝帝讳列表 3-1、表 3-2、表 3-3 如下，以资参考。

表 3-1　唐朝帝讳

帝号	名讳	备注
唐高祖	李渊	
太宗	李世民	
高宗	李治	
武后	武曌	
中宗	李显	又名哲
睿宗	李旦	初名旭轮，又改名轮

---

① （宋）洪迈：《容斋三笔》卷一一《帝王讳名》，324 页，北京，商务印书馆，2019。

续表

帝号	名讳	备注
玄宗	李隆基	
肃宗	李亨	初名嗣昇，改名浚，又改名玙，又名绍
代宗	李豫	初名俶
德宗	李适	适音 kuò
顺宗	李诵	
宪宗	李纯	初名淳
穆宗	李恒	初名宥
敬宗	李湛	
文宗	李昂	初名涵
武宗	李炎	初名瀍，或作沣
宣宗	李忱	初名怡
懿宗	李漼	初名温
僖宗	李儇	初名俨
昭宗	李晔	初名杰，又改名敏
哀帝	李柷	初名祚

表 3-2　宋朝帝讳

帝号	名讳	备注
宋太祖	赵匡胤	
太宗	赵炅	初名匡义，又名光义
真宗	赵恒	初名德昌，改名元休，又改名元侃
仁宗	赵祯	初名受益
英宗	赵曙	初名宗实
神宗	赵顼	初名仲针
哲宗	赵煦	初名佣
徽宗	赵佶	
钦宗	赵桓	初名亶，改名烜
高宗	赵构	

帝号	名讳	备注
孝宗	赵昚	初名伯琮，更名瑗，又改名玮
光宗	赵惇	
宁宗	赵扩	
理宗	赵昀	初名贵诚
度宗	赵禥	初名孟启，又改名孜
恭帝	赵㬎	

表 3-3　清朝帝讳

帝号	名讳	备注
清世祖	爱新觉罗·福临	下省姓氏
圣祖	玄烨	此后始避讳
世宗	胤禛	
高宗	弘历	
仁宗	颙琰	初名永琰
宣宗	旻宁	初名绵宁
文宗	奕𬣞	
穆宗	载淳	
德宗	载湉	
	溥仪	

　　我国历史上的特殊用字，主要指武则天规定的若干造字和太平天国的一些特殊规定。

　　据《新唐书》载，武则天共造了十二个字，《宣和书谱》则说是十九个，郑樵《通志》认为是十八个，明人郎瑛的《七修类稿》根据《后山丛谈》等记载认为是二十个。这些记载中，造字不仅个数不同，由于辗转抄写，写法也各有异。现将四家之说，列表 3-4 如下，供大家参考。

表 3-4　武则天造字四家之说

资料来源	诸字形体								
《宣和书谱》（卷一）	天	地	日	月	星	君	年	正	臣
《新唐书》（卷七六《武后传》）	兩	同上	（字形）	同上	同上	顕	䄵	同上	同上
《通志》（卷三五《六书五》）	兗	同上	（字形）又作（字形）	同上		䄵	正又作（字形）	同上	
《七修类稿》（卷三九《武后制字》）	兲	同上	日	田	同上	顕	䄵	舌	同上

资料来源	诸字形体									
《宣和书谱》（卷一）	照	戴	载	国	初	证	授	人	圣	生
《新唐书》（卷七六《武后传》）	同上	（字形）	同上❶							
《通志》（卷三五《六书五》）	同上	（字形）	（字形）	同上	（字形）	鑍	稄		埊	
《七修类稿》（卷三九《武后制字》）	同上		（字形）		（字形）		葅	人仁	埊	匨

❶《新唐书》所载十二个新字没有释意，《七修类稿》将此字写作"庞"，释意为"幼"①。

太平天国不用干支中的"丑""卯""亥"，分别改成了"好""荣""开"。同时，太平天国的"国"字，中间不作"玉"而作"王"，大概是寓尊天王之意。

如果我们在刻本书中遇到上述特殊用字，那么，它的刊刻年代便不难确定了。

（八）装帧

书籍的装帧形式，历朝亦有不同，这也是书籍的一种时代印迹，大

---

① 崔文印：《古籍中的特殊用字》，载《书品》，1992（3）。

体情况如下。

唐代多卷子装和经折装。用纸书写的卷子，一般是卷在一个圆木棒上，这个圆木棒有个名字，就叫"轴"。由于我国古代是竖行，从右向左写，故卷轴都在卷子的左端，卷子皆从左向右卷起。因为右端的卷子在最外层，容易磨损，为了保护卷的完整，往往在卷子的右端，也就是在文字之前再接一段纸，以便起到保护作用。为了这段纸能长久不磨损，还往往把这段纸加固、加厚，通常的做法就是在这段纸上面衬上绫、帛等丝织品。这段起保护作用的衬绫卷首，就叫作"褾"，也叫作"首"，俗称为"包头"。在"包头"的前端中央置一丝带或丝绳，以便把整个卷子捆扎起来。这个丝绳或丝带也有个名字，叫"褾带"，省称为"带"。

卷子卷起以后，卷轴的两头就露在卷子的两端，放到书架上时，都是上端朝里下端朝外，也就是说，书架上露出的是卷轴的下端。为了检索方便，通常在卷轴的下端挂一小牌，写上书名和卷次，这个小牌有个名字，就叫"牙签"。卷轴放在书架上以后，可以根据需要抽取和插入，因此，历来都把上架的卷轴称作"插架"。唐德宗时，曾封邺县侯的李泌富有藏书，当时大文学家韩愈在《送诸葛觉往随州读书》中写道：

> 邺侯家多书，插架三万轴。
> ——悬牙签，新若手未触。[1]

这首诗提到了"插架"，提到了"轴"，也提到了"牙签"，足可想见卷轴文献的形制特点。

经折装也称梵筴装[2]。这是在卷子的两端各施以夹板，然后再按夹板的大小来回对折，最后形成一个以夹板为封底和封面的"书"状。由于佛经大都是如此装订，故称"经折装"或"梵筴装"，"梵筴"即佛经的别称。

五代至宋盛行蝴蝶装和包背装。

---

① 《韩昌黎全集》卷七《古诗七》，120页，上海，世界书局，1935。
② "筴"，俗"筴"字。"筴"同"策"，常被误作"夹"，特注明。

五代以后，我国已开始大规模雕印经、史、子、集诸书。雕版印刷的特点是一页一版。蝴蝶装就是将一张书页从中缝向内对折，把有字的一面折在一起，形成一面有字一面无字的两个单页。然后，再把书页从打折的一侧粘连在一起，达到一定的厚度外包书衣。这种装订形式有三个特点：第一，打开有字的一页，可以看到整版文字。第二，第一页的文字和第二页的文字之间，隔着第一页下半页的背面和第二页上半页的背面，因而全书文字是不连贯的。第三，由于这种装订的折页方法是从中间对折成两个单页，而这两个单页看起来颇似蝴蝶的两个翅膀，又由于装订时恰恰是以这对翅膀为单位，顺次摞起粘连，故称这种方法为蝴蝶装；一说因为看书时必须翻过两个空白单页，犹如蝴蝶展翅，故名。宋版书除佛经外，基本都是蝴蝶装。

包背装的装订方法，可以说与蝴蝶装正相反。它是把一版书页从中缝把有字的一面向外折，形成一个两面有字的双页，再从形成两个单页的一侧摞起粘连，到一定厚度用纸捻固定，然后包以书衣，把书背包起来。这种装订的特点：第一，打开一页只能看到一版的半版文字。第二，全书文字是连续不间断的。第三，每一个书页都是双的。这种装订从外形上看，除了书页是双页的外，已和现代的平装书很相似了。

元刻和明前期的刻本基本都是包背装。

明后期至清的刻本基本都是线装。线装的折页方法与包背装相同，只是不再用糨糊或胶粘连，而是把书页从形成单页的一侧（即右侧）穿好线捻，加上外封面，切割整齐，再用线装订起来。线装根据针孔多少，可分为四针眼装或六针眼装等。据考察，明至清前期，线装的中间三段线距，长度是基本相等的，到了清中后期，中间一段线距的长度开始缩短。这些变化虽较细微，但对确认古籍的刊刻时间上，还是有参考价值的。

线装是我国雕版印刷最后、也是最普遍的一种形式，今天我们看到的大都是这种线装书。

从唐代到清代，各时代的书籍装帧形式是十分清楚的，鉴定时需要注意的是，留心一书的装订形式是否经过改装。蝴蝶装和包背装，由于年代久远，糨糊或受潮失效，往往都被改成了线装，这只要略加注意，是较容易看得出来的，应避免作出错误的判断。

(九)刻工

刻工又称"镌手""雕字""刊字""雕印人""匠人"等，是雕刻书版的工匠手。我们在上文已经介绍，不少古籍皆在每版中缝鱼尾的下方，顺次刻有书名、卷次、页数和刻工姓名。这些刻工的名字，对一般图书来说，可能是当初为了计酬所留，同时也便于主事者追究责任。对特殊的图书来说，如佛经、佛像等，留下刊刻者姓名，可能有积功德之意。这些刻工的名字虽然都很简单，但是，因为一个人的技艺总有自己的独特之处，再参以记名，就很容易加以区别。同时，一个人的匠龄也有限，如果从二十岁计起的话，一般来说大约不会超过五十年，或者说大体总在四十年左右。这样，我们凭借刻工这两方面的因素，就可判别刻本的年代。如若一个知道确切刊刻年代的古籍的刻工，出现在另一个不知道确切刊刻年代的古籍中，我们就不难大体推断出这后者的刊刻年代来，而且绝不会偏离事实太远。这对辨别伪本是大有益处的。如 20 世纪 30年代商务印书馆所印百衲本二十四史，其中所收《南史》，题为元大德间刊本，但据著名学者王重民先生考核，"乃其刻工十八九同于明初所刻《北史》"①。考元成宗大德年号，从 1297 年至 1308 年共历十一年；而朱元璋建立明朝已在 1368 年，即从大德最后一年到明朝建立已时隔六十年，这无论如何不是一个人的匠龄所能达到的，因而可证这部号称元刻的《南史》，实际不过是明初刻本罢了。但北京图书馆(现中国国家图书馆，下同)另藏有一部《南史》残本，存二十六卷，即《本纪》四至七，《列传》一至五、二八至三〇、三四至四四、五八至六〇。王重民先生说：

(此本)下书口记刻工，大都为朱敬之、徐进卿、何甫三数人所

---

① 王重民：《中国善本书提要·史部》，74 页，上海，上海古籍出版社，1983。

刻。敬之或署朱苟，或单署敬字(草书似秀字)；进卿单署徐字，徐又省作余；何甫或署何，或署甫，何又省作可。又有张(或作弓)、杨(或作木易)、翁、董、章、郑、陈、方、于、洪、良等单字，与明初补版署双名者，其风格迥乎不同。①

可证这个本子"真为元刻元印"②。这里考订的依据主要就是刻工，刻工的重要性显而易见。

就目前而论，我国可考的最早刻工是雷延美，他曾于后晋开运四年(947年)为曹元忠雕刻《观世音菩萨像》，此像上图下文，末署"匠人雷延美"。原物出自敦煌石窟，可惜已被法人伯希和窃走。

现存的宋版书主要是南宋刻本，故有关北宋的刻工所知不多，我们所知的刻工，大都是南宋人。据日本学者长泽规矩也据日藏汉籍宋版书一百三十种统计，计有刻工一千七百人，除去只署姓或只署名而无姓者，共得一千三百人。我国学者张秀民先生，致力于我国古代出版史的研究，于1989年出版了《中国印刷史》这部巨著。关于刻工，他在此书中说：

> 笔者据北京图书馆所藏宋本三百五十五种，及上海图书馆、浙江图书馆、宁波天一阁所藏宋本数十种，又找出约七百人，其中大部分可补长泽氏之不足。因宋本蝴蝶装，许多姓名被黏在板心内，不易看出，所以数字不全。若加入《碛砂藏》中刻经人孙仁等四百二十三人，宋刻工总数可考者近三千人，只存十一于千百而已。③

著名学者王重民先生，曾为美国国会图书馆所藏善本汉籍和北京图书馆、北京大学图书馆等的善本书写过提要。这些卡片，在先生去世之后，由他的夫人刘修业先生整理，于1983年在上海古籍出版社出版了《中国善本书提要》，后又在书目文献出版社出版了《中国善本书提要补编》。王先生十分重视刻工，该书共著录刻工五百人左右，出版时特编

---

① 王重民：《中国善本书提要·史部》，74页，上海，上海古籍出版社，1983。
② 王重民：《中国善本书提要·史部》，74页，上海，上海古籍出版社，1983。
③ 张秀民：《中国印刷史》第三章，732页，上海，上海人民出版社，1989。

有《刻工人名索引》，查起来十分方便。

1992 年，上海辞书社出版的《出版词典》亦在附录附有宋、元、明、清历朝刻工举例，按姓氏笔画排列先后，以列表形式，分别有姓名、时代、地区、参与所刻书举要四栏。如南宋刻工牛实，举例便列云：

> （时代）南宋初，（地区）杭州，（参与所刻书举要）：《汉书注》《文粹》《礼记注》《三国志注》《白氏文集》《管子注》《杜工部集》《吴郡图经续记》。[①]

用起来十分方便。明清以后，还有画工、摆印工、排印工等，说明套色和活字印刷在这时已较发达。活字印刷有时排字会出现歪扭或倒置，较容易看得出来，这里就不详叙了。

顺便提及，20 世纪 90 年代初，王肇文先生根据《中国版刻图录》和诸家书目所载刻工，编成了《古籍宋元刊工姓名索引》，共收宋元刻工四千五百人，是这方面一部较为方便的工具书。

(十)序跋与题跋

序和跋作为一种文体，都是叙述一书作意（包括宗旨、目的和写作动因等）的文字。以今人习惯而论，冠于一书之前的称序或叙，也叫序言、题记、弁言、前言、引言等；而置于一书之末的称跋，有时也称后序、后记、跋尾等，如李清照《金石录后序》、文天祥《指南录后序》等，即属此类。

序有作者自序和他人的序两种，跋亦相同。他人的序一般多出自师友或名家，这种序通常冠以作者姓氏，如"赵序""钱序"等，写序的人并在文末署名。

古代的书序位置与今日不同，它不在书前，而是在书后。如《史记》一百三十卷，其最末一卷为《太史公自序》；再如《汉书》一百卷，其最末一卷的《叙传》，即作者班固自序。汉王符著《潜夫论》三十六卷，末卷

---

① 《出版词典》，1087 页，上海，上海辞书出版社，1992。

《叙录》，即其自序。直到齐梁之间，刘勰著《文心雕龙》，其《序志》一篇，仍是殿于全书之末。

在简册时代，书籍大都以单篇流行，就是说那时的书籍都是以一篇为一个装订单位，取阅并不受原著篇卷先后次第的限制，故书序在前抑或在后，对人们阅读并不造成影响。但书籍进入册页装订以后，无论是蝴蝶装、包背装还是线装，篇目的先后次第在装订时已经固定，而这种装订形式又决定了不可能随意抽出一篇来阅读，故读书应该先读的序言置于全书之末，从阅读角度说已显得很不方便。于是人们逐渐变通古例，将序言移到了全书之前。如扬雄的《法言》，"《法言序》旧在卷后，司马公《集注》始置之篇首"①。《四库全书总目》说，司马光注释《法言》的时候，李轨、柳宗元、宋咸、吴秘等人的注本都还存在，并说《法言》之"旧本十三篇之序列于书后，盖自《书》序、《诗》序以来，体例如是。宋咸不知《书》序为伪孔《传》所移，《诗》序为毛公所移，乃谓'子云亲旨，反列卷末，甚非圣贤之旨，今升之章首，取合经义'。其说殊谬。然光本因而不改，今亦仍之焉"。治学严谨的司马光默认了宋咸的做法，这至少在一定程度上反映了北宋时书序已普遍改置书前的事实。至于李清照、文天祥等特冠以"后序"，更可说明，至迟到南宋，书序不再置于书末而改在书前了。

书序是了解一部书的钥匙，因为它是作者本人或作者的亲属、朋友所写，具有最大的权威性和可信性。例如，宋人周煇写有一部《清波杂志》，其书有个简短的自序：

> 煇早侍先生长者，与聆前言往行，有可传者。岁晚遗忘，十不二三，暇日因笔之。非曰著述，长夏无所用心，贤于博弈云尔。时居都下清波门，目为《清波杂志》。绍熙壬子六月，淮海周煇识。②

壬子是绍熙三年（1192年），绍熙壬子六月应是该书成书的年月。其内

---

①　（宋）王应麟：《困学纪闻》卷一〇，（清）翁元圻等注，1199页，上海，上海古籍出版社，2008。

②　（宋）周煇：《清波杂志校注·自序》，刘永翔校注，北京，中华书局，1994。

容则是记其先人所耳闻目见的"前言往行",并说因居住在临安的清波门,故名其书为《清波杂志》。这篇序虽只有数十字,但对我们了解该书的情况,却是字字千金。

该书还有作者周煇的朋友张贵谟写的一篇短序,称作张序,今录于此,以见此类序之一斑:

> 余故人周昭礼,嗜学攻于文,当世名公卿多折节下之。余与昭礼定交,今不翅二十年矣,每一别再见,喜其论议益该洽、文益工,今老矣,而志益壮。一日,示余以所撰《清波杂志》十有二卷,纪前言往行及耳目所接,虽寻常细事,多有益风教,及可补野史所阙遗者。盖昭礼家藏故书几万卷,平时父子自相师友,其学问源委盖不同如此。今寓居中都清波门之南,故因以名其集云。绍熙癸丑春古括张贵谟序。①

绍熙癸丑即壬子的次年,为绍熙四年(1193年)。本序只简要谈及该书的内容及命名,张序不仅说到"今老矣",而且还谈到周煇家富有藏书,且父子之间"自相师友",这对我们了解作者的生平概况,还是很有价值的材料。

对于古籍的新整理本,刊刻时除保留原书的序、跋外,整理者或刊刻者往往要再写一序。这篇序极像今日的出版说明,对了解该书的特点及版本源流具有十分重要的价值。如清代学者阮元《刻山海经笺疏序》,其中说:

> 郭景纯(按:晋人郭璞)注,于训诂、地理未甚精彻,然晋人之言,已为近古。吴氏《广注》(按:清人吴任臣《山海经广注》),征引虽博,而失之芜杂。毕氏(按:清人毕沅)校本,于山川考校甚精,而订正文字尚多疏略。今郝氏(按:该书作者郝懿行)究心是经,加以笺疏,精而不凿,博而不滥,粲然毕著,斐然成章,余览而嘉

---

① (宋)周煇:《清波杂志校注·张序》,刘永翔校注,北京,中华书局,1994。

之，为之刊版以传……嘉庆十四年夏四月扬州阮元序。[①]

这篇序文历述《山海经》的各个注本、校本，评其优劣，要言不烦，一箭中的，甚有参考价值。特别是序文的写作年月，对考察古籍的流传及刊刻情况尤为宝贵。

跋又称后记，即放在书后的序，有的便直称"后序"，实际就是跋。放在书后，可能有尊崇原书作者之意，故不愿将自己的文字冠于书前。

另有一种跋我们专称作题跋，是藏书者或校书者有感而发写于篇端的文字，一般都不太长，或记得书经过，或记版本特长，或记校勘情况等。例如何焯校本《金石录》，就有何氏的三个题跋，分别写在康熙丙戌、己丑和庚寅，即康熙四十五年(1706 年)、康熙四十八年(1709 年)、康熙四十九年(1710 年)。其写道：

> **其一**
>
> 此本真从叶书钞录者，其脱误至少。丙戌冬日，又得陆勑先以钱馨室手钞本校勘者，粗校后二十卷一过，亦以意改正数字，庶乎为善本矣。何焯记。
>
> **其二**
>
> 康熙己丑，叶文庄公元本亦归余家。余之贫俭，虽过于德夫少时，独此书庶无遗憾云。重阳后三日，焯又记。
>
> **其三**
>
> 庚寅夏日无事，偶取第十四卷至二十卷前三碑其说载于《隶释》者互勘，今改正数十字。《隶释》乃盛仲交从吾宗柘湖孔目所传，出吴文定公家，亦为善书，常熟钱楚殷以赠余者也。焯又记。

可以看出，题识大都是有感而发，随手所写，对于了解该书具有第一手材料的性质，价值极高。正因如此，这些题跋常常被单独辑出，如黄丕烈《荛圃藏书题识》、顾千里《思适斋书跋》等，即属此类。

---

① （清）郝懿行：《山海经笺疏·阮序》，台北，艺文印书馆，1974。

(十一)藏章

古今藏书大都在书上施以印章，即所谓藏书章。藏书章真实地勾勒了一部书的流传轨迹，是我们鉴定一书价值，特别是其文物价值的绝好依据。

这些钤在藏书上的印章，就其类型而言，大体可分为四类，即名章、鉴赏章、训诫章、闲章。

名章是钤在藏书上的最重要印章，因为它表示该书的归属。凡是官方藏书机构，如清代的文源阁、文渊阁、文溯阁、文津阁、文汇阁、文宗阁、文澜阁，乃至近现代各类图书馆的藏书印章，均称作公章；属于个人姓名、表字、楼阁、斋、堂的，则统称私章。

宋、元、明的私人藏章都较简单，有的只是一个私人印章，如《天禄琳琅书目后编》卷一所收《御题唐陆宣公集》，有"揭傒斯印"；同书卷四《史记》，有"脱脱"一印，尤其后者不仅曾身居相位，而且还曾是辽、金、宋三史的领衔主编，但其藏章只有"脱脱"二字，很是简单。明人毛晋是有名的藏书家、刻书家，其藏章也较简单，多用"毛晋""毛氏子晋""毛晋之印""毛晋私印""汲古主人""汲古阁""东吴毛氏图书"等，有时亦单用"毛""晋"两个单字连钤。明代另一著名藏书家黄虞稷，也多用"黄虞稷印""俞邰"这一名一字的印章，确都较简单。

到了清代，藏书家则多将郡望、姓名、表字合刻在一起，如季振宜，其一印章即"季振宜字诜兮号沧苇"，徐乾学的一印章为"崑山徐乾学健庵藏书"，而查慎行的一印章则是"海宁查慎行字夏仲又曰悔余"。近现代藏书家也有类似的藏书章，如郑振铎的藏书章就是"长乐郑振铎西谛藏书"。此印章由著名语言学家魏建功先生书写刻制，全印皆为通行的简化汉字，这在一般藏书章中极为少见，它体现了作为语言学家的魏建功先生对推行简化字的不遗余力和身体力行。

私人印章还有单刻官衔的，如季振宜就有"御史之章"。但这种印章必须与其他名章一起使用，人们才知道这官衔究竟所指谁人，否则就几乎失去了意义。如《天禄琳琅书目》卷七的《六经图》，仅钤有"汉阳太守印"，这就很难考究其人究竟为谁了。

值得一提的是，名章中还有一种寓名章。所谓"寓名"，即不直接说出自己的名字，而是用一种隐括的语言来表述。这种做法由来已久，如《越绝书》的作者为东汉人袁康、吴平，却不直言其名，而是说："以去为姓，得衣乃成。厥名有米，覆之以庚。""以口为姓，万事道也。丞之以天，德高明也。屈原同名，意相应也。"①把隐括语刻之图章，并让人能悟出是你的姓名，就是寓名章。当代著名学者、书画家启功先生有一四字印章"功在禹下"。大禹的儿子是启，故"禹下"寓启，而"功"又在其下，这不就是启功先生的大名吗？

名章之外，常见的是鉴赏章。如"项墨林鉴赏章""莫云卿赏识""谨上斋鉴赏章"等，都直云"鉴赏"和"赏识"，一望而知。有些鉴赏章不刻"鉴赏"，如"毛晋秘箧""毛晋秘玩""晋宝"之类，也应属鉴赏章，表示对被赏图籍的珍视。有些鉴赏章直抒鉴赏结果，如"墨妙笔精""天葩云锦""稀世之珍""善本""宋本""元本""甲"等印章，都属此类。

图书上的训诫章，对于官方藏书来说，所刻是对读书者的某些必须遵行的规定。如《天禄琳琅书目》卷一著录的《春秋公羊传解诂》，原是鄂州州学的藏书，上面钤有训诫章云：

鄂泮官书，带去准盗！②

意即带着书离开将和偷盗一样看待！其规定可说极为严厉。而对于私人藏书来说，则主要是对后世子孙永远保存其书的期望，这类印章大都不外是"子孙永保""鬻及借人为不孝"之类。也有文字较多的训诫章，如《天禄琳琅书目》卷四著录的《宋张时举弟子职等五书》，上钤一训诫章，共七行，每行八个字，上刻云：

---

①　(汉)袁康等：《越绝书校释》卷一五《越绝篇叙外传记第十九》，李步嘉校释，385页，北京，中华书局，2013。

②　(清)于敏中等：《天禄琳琅书目 天禄琳琅书目后编》卷一《春秋公羊传解诂》，11页，上海，上海古籍出版社，2007。

赵文敏公书卷末云：

吾家业儒辛勤置书，

以遗子孙其志何如！

后人不读将至于鬻，

颣其家声不如禽犊。

苟归他室当念斯言，

取非其有无宁舍旃！①

最后谈谈闲章。所谓闲章即无关藏书，只是抒发一个人的读书心迹。对于藏书来说，没有实际的意义。如《天禄琳琅书目》卷一著录的《春秋经传集解》，即有一闲章云："美酒饮教微醉后，好花看到半开时。"再如同书卷九，著录的《新编古今事文类聚》，亦有一闲章："对此展玩咀嚼，自谓葛天氏之民。"足见其人何其自得其乐。

这种闲章，就其寓意来说，亦难说不娴雅，但钤在书上，毕竟可有可无。故叶德辉在其所著《藏书十约》中说："余见宋元人收藏书籍、碑帖、字画，多止钤用姓名，或二字别号，三字斋名，此正法也。明季山人墨客，始用闲章，浸淫至于士大夫，相习而不知其俗。"②足见加盖在图书上的闲章并不受人欢迎，甚至被认为是一件粗俗之事。

古人的藏书章，大都盖在该书第一卷第一页的右下方边栏处，一般说，藏书章从下至上，可以看出其书的易主情况。这些印章，尤其是名人印章，有助于对该书版本的考辨，并可大大提高该书的身价，故每有伪造，这是需要特别注意的。

(十二)手泽与批校

鉴定古书，还要注意古书上的名人手泽与批校。

---

① （清）于敏中等：《天禄琳琅书目 天禄琳琅书目后编》卷四《宋张时举弟子职等五书》，104 页，上海，上海古籍出版社，2007。

② 叶德辉：《藏书十约·印记十》，见《书林清话（外二种）》，428 页，北京，北京联合出版公司，2018。

古人读书校书，常常随手在书上记下读校的时间，或记下其他感慨。这种随手写在书上的即兴文字，就其内容来说，不同于一般意义上的题跋，通常称作手识或手泽。这种手泽不仅反映了该书的实际流传情况，而且还提供了不少珍贵史料。如被日人收藏的宋版《周易注疏》十三卷，共十三册，本是南宋爱国大诗人陆游的藏书，每一册的末尾都有陆游的第六子陆子遹的手泽。其第一册写道："其月二十一日，陆子遹三山东窗传标。"其第二册写道："端平改元冬十二月二十三日，陆子遹三山写易东窗标阅。"尤其值得注意的是最末一册，即第十三册，其手识云："端平二年正月十日，镜阳嗣隐陆子遹遵先君手标，以朱点传之。时大雪初晴，谨记。"从这些手泽中我们不难看出：第一，这部《周易》是陆游亲自读过的，他不仅读过，还作了句读。第二，陆子遹所标，系"遵先君手标"，用"朱点"重复了一遍。第三，陆子遹又号"镜阳嗣隐"，他于"三山东窗"读完了这部书，时在端平二年(1235 年)正月。

元朝著名书画家赵孟頫藏有一部宋刊《六臣注文选》，在这部书的卷二三末，他写道：

> 霜月如雪，夜读阮嗣宗《咏怀》诗，九咽皆作清冷气，而是书玉楮银钩，若与灯月相映，助我清吟之兴不浅。至正二年仲冬三日夜，子昂识。①

虽然夜里很冷，但因该书刊刻上乘和纸墨精良，如与灯月交相辉映，大助读兴。《天禄琳琅书目》卷三收有此书，编者加按语说，赵氏的题识"作小行楷书，曲尽二王之妙。其爱是书也，至足以助吟兴，则宋本之佳者，在元时已不可多得矣"。赵孟頫"曲尽二王之妙"的题识，不仅是一件珍贵的艺术品，而且也是这一宋刊《文选》在元代尚存的见证，它对我们考察该书的流传情况，也是不可多得的材料。

---

① （清）于敏中等：《天禄琳琅书目 天禄琳琅书目后编》卷三《六臣注文选》手识，76 页，上海，上海古籍出版社，2007。

(十三)著录

最后，鉴定版本还要从著录入手，这是一个不可忽视的因素。宋尤袤的《遂初堂书目》，开我国书目记载版本的先河。清初钱曾的《读书敏求记》，收书六百种左右，专记版本。诚如清初学者吴焯所说："嗟乎！牧翁以十万金钱购置奇书，而遵王耳闻目见，尽平生之致力，仅载此六百余种，所谓选其精华，观者不当以寻常书录视之也。"①这里说的牧翁即绛云楼主人钱谦益，是钱曾的族祖。该书注重从版刻、字体、纸张、墨色等方面考订刻本的年代，并注重从初印、重印、原版、翻刻等方面品评诸本的优劣，都是带有规律性的方法，对后世有极大影响。

此后，乾隆年间修《天禄琳琅书目》十卷，专门著录宋、元、明版书，其中一至三卷为宋版，计书七十种，附金刻一种；卷四为影宋抄本，计二百零八种；五至六卷为元版，计书八十一种，七至十卷为明版，计书二百五十一种，总计著录宋、元、明版书六百一十一种。每种均有解题，并模录藏书印，对每一藏书者都作了考订，对了解这些书的流传情况十分有益。模拟原形一一著录藏书印，这是这部书目的一大特点。

清邵懿辰撰、邵章续录的《增订四库简明目录标注》，亦专注各书版本，对鉴定古籍版本颇有参考价值。

《藏园订补郘亭知见传本书目》，是莫友芝和傅增湘两位大藏书家所见所闻各书版本的汇录，由傅增湘的孙子傅熹年先生根据手稿整理完成，于1993年由中华书局出版。

《中国古籍善本书目》的编成出版，为今天进行版本鉴定提供了极大方便。这部书目的编撰始于1978年，历时五年，于1983年定稿，并由上海古籍出版社陆续出版。这部书目共收集全国七百八十二个图书馆十三万八千四百七十一种卡片，经过合并重复，共得善本书五万六千七百

---

① （清）钱曾：《读书敏求记校证》，管庭芬、章钰校证，490页，上海，上海古籍出版社，2007。

八十七种，分经、史、子、集和丛书五部著录，规定各书之著录，先书名，次卷数，次编著注释者，次版次，次批校题跋者①，又规定同一书有多种刻本，版本相同者合并著录为一条款目，同一朝代的不同刻本，分别各立条目②。每书皆给一编号，按号可查到收藏其的图书馆，用起来十分方便。如唐颜师古《匡谬正俗》一书，共著录六部：

　　　　刊谬正俗八卷　唐颜师古撰　明刻本　三九八六
　　　　刊谬正俗八卷　唐颜师古撰　明刻本　三九八七
　　　　匡谬正俗八卷　唐颜师古撰　清乾隆二十一年卢见曾刻　雅雨堂丛书本　清吴省兰注　清吴志忠校并跋　三九八八
　　　　匡谬正俗八卷　唐颜师古撰　清抄本　三九八九
　　　　刊谬正俗八卷　唐颜师古撰　清抄本　清惠栋校　三九九〇
　　　　刊谬正俗八卷　唐颜师古撰　清抄本　佚名录清何焯校本　三九九一③

按，该书本作《匡谬正俗》，宋人避太祖赵匡胤讳，遂改"匡"为"刊"。按照书后的编号，我们很容易知道：第一种藏北京图书馆和吉林大学图书馆，第二种藏北京图书馆和南京图书馆。这两种书虽著录相同，但从上引该书编例第十条可以知道，这是同一朝代的不同刻本。

　　以上所讲均是刻本。我国古代除雕版之外，还有活字印刷。这种技术创始于北宋毕昇，中经元王祯改进，至明、清已大为盛行，著名的武英殿聚珍版，"聚珍"就是"活字"的雅称。鉴定一书是否活字印刷，我们在上文虽略有提及，这里还是要再提一下，可注意两点：第一，看行距、字间排列是否齐整；第二，看有无倒字。由于技术原因，活字本都不同程度地存在排列不整，或偶有字倒置失检的情况，为我们鉴定提供

---

　　①　参见中国古籍善本书目委员会编：《中国古籍善本书目·经部》编例第三条，3页，上海，上海古籍出版社，1985。
　　②　参见中国古籍善本书目委员会编：《中国古籍善本书目·经部》编例第十条，3页，上海，上海古籍出版社，1985。
　　③　中国古籍善本书目委员会编：《中国古籍善本书目·经部》卷四《小学类·丛编》，8页，上海，上海古籍出版社，1985。

了依据。

鉴定古籍的版本，我们虽讲了以上诸要素，但在具体鉴别时，却必须综合运用，权衡各种因素，切忌孤证，才能得出比较接近实际的结论来。

三、关于善本和伪本

品评版本优劣是我们鉴定版本的重要内容之一，而所谓"优"，就是指善本。

关于什么是善本，前人已有不少论述，但公认以清末张之洞所说较为概括和全面。他说：

> 善本非纸白板新之谓，谓其为前辈通人用古刻数本精校细勘付刊，不讹不阙之本也……善本之义有三：一足本（无阙卷、未删削）；二精本（精校、精注）；三旧本（旧刻、旧钞）。[①]

这里说的"足本""精本"，主要是指一书的校勘价值（或称文献价值）而言，而所说"旧本"，则主要是指一书的文物价值而言。概括起来，这里大体有三种情况：其一，有校勘价值的善本不一定是旧本，但一定是足本；其二，有文物价值的善本，一定是旧本，但不一定是足本，也不一定有校勘价值；其三，一般来说，不少善本大都既有校勘价值，又有文物价值。

《中国古籍善本书目》，在前人论述的基础上，对善本书有如下论述：

> 版本目录学上关于"善本"的含义，向来是指精加校雠，误字较少的版本或稀见旧刻，名家抄校及前贤手稿之类。《中国古籍善本

---

① （清）张之洞：《輶轩语》第二《语学》，见《书目答问》，238 页，北京，朝华出版社，2017。

书目》所著录的书，就上述范围，概括为凡具有历史文物性、学术资料性、艺术代表性而又流传较少的古籍，均予收录。①

这里除增加了"艺术代表性"外，就"历史文物性"和"学术资料性"而言，与前者强调的是一样的。从历史文献学角度，我们强调善本更偏重在"校勘价值"，即"学术资料性"，而且还强调要不缺卷的足本，以反映历史文献的全貌。

鉴定善本，需要特别注意伪本。所谓伪本，就是为了盈利而假造的善本。造作伪本，由来已久，明代的高濂对此有过较详的剖白。他说：

> 近日作假宋板书者，神妙莫测，将新刻模宋板书，特抄微黄厚实竹纸，或用川中茧纸，或用糊扇方帘绵纸，或用孩儿白鹿纸、筒卷，用槌细细敲过，名之曰刮，以墨浸去臭味印成。或将新刻板中残缺一二要处。或湿霉三五张，破碎重补。或改刻开卷一二序文年号。或贴过今人注刻名氏留空，另刻小印，将宋人姓氏扣填两头角处。或妆茅损，用砂石磨去一角。或作一二缺痕，以灯火燎去纸毛，仍用草烟熏黄，俨状古人伤残旧迹。或置蛀米柜中，令虫蚀作透漏蛀孔。或以铁线烧红锤书本子，委曲成眼，一二转折，种种与新不同。用纸装衬绫锦套壳，入手重实，光腻可观，初非今物，仿佛以惑售者。②

这大抵都是以新造旧的种种手段，包括剜改序文年号、挖去今人名氏、填扣宋人姓名等，不一而足。

还有一种常见的情况是以残充全，即将原已残缺的书一卷析成两卷或多卷，以冒充该书完整的卷数，这都需要细心辨别才能发现。

---

① 中国古籍善本书目委员会编：《中国古籍善本书目·经部》前言，上海，上海古籍出版社，1985。
② （明）高濂：《遵生八笺校注》卷一四《燕闲清赏笺》上卷，赵立勋校注，537页，北京，人民卫生出版社，1993。

第四章　历史文献的校勘

对历史文献进行校勘，是历史文献学的一项重要内容。也是进行研究的基础工作之一。郭沫若说过一段很中肯的话：

> 无论作任何研究，材料的鉴别是最必要的基础阶段。材料不够固然大成问题，而材料的真伪或时代性如未规定清楚，那比缺乏材料还要更加危险。因为材料缺乏，顶多得不出结论而已，而材料不正确便会得出错误的结论。这样的结论比没有更要有害。①

历史上的确有过这种"这样的结论比没有更要有害"的先例。《北史》卷八一《儒林传·徐遵明》记载：

> 遵明见郑玄《论语序》云"书以八寸策"，误作"八十宗"，因曲为之说。②

尽管人们并不知道徐遵明是怎么解说"八十宗"的，但可以肯定他是信口胡说，其结论是错误的。可见信实可靠的材料，确实是作任何科学研究的前提，而对历史文献的校勘，正是保证这一前提的有效方法之一，一直受到学者的高度重视。一般的看法是，校勘是读书，尤其是读古书的先务，这是十分正确的。

---

① 郭沫若：《古代研究的自我批判》，见《十批判书》，1 页，北京，人民出版社，2012。
② 《北史》卷八一《儒林传》，2720 页，北京，中华书局，1974。

一、什么是校勘

校勘的本义应该是考核与审定。《汉书》卷二四《食货志》云：

> 至武帝之初七十年间，国家亡事，非遇水旱，则民人给家足，都鄙廪庾尽满，而府库余财。京师之钱累百巨万，贯朽而不可校。[1]

唐颜师古注释说："累百巨万，谓数百万万也。校，谓计数也。"这"计数"显然就是"核对""考核"之意，即把贯朽散乱的钱核对清楚，但因钱太多，已很难做到这一点了。至于"勘"字，《康熙字典》释此字时引梁顾野王所编《玉篇》，解释为"覆定也"，即再一次核准、审定。根据"校"和"勘"二字的含义，我们大致可给校勘下这样一个定义：通过一书的不同版本（包括唐以前的写本、简册和唐以后的抄本、稿本等）和他书的有关记载，以及一书前后有关文字的核对，发现并尽可能地清除这部书在流传过程中所产生的文字讹误、衍脱、倒置、重文、错简及其他诸类问题，以恢复古籍的本来面目，以及指出有关记载的疑似问题，这就是校勘。从过去的有关记载考察，早在南北朝时，"校"和"勘"二字便作为核对文字的意义连在一起使用了，不过那时不叫"校勘"而称"勘校"。北齐魏收所撰《魏书》卷六七《崔光传》中，就已出现了"勘校"一词。

神龟元年（518 年），崔光曾上表谈论熹平石经的残损情况，认为："皇都始迁，尚可补复，军国务殷，遂不存检……由是经石弥减，文字增缺……今求遣国子博士一人，堪任干事者，专主周视……料阅碑牒所失次第，量厥补缀。"这一表上奏之后，朝廷下诏"便可一依公表"。于是崔光"乃令国子博士李郁与助教韩神固、刘燮等勘校石经，其残缺者，计料石功并字多少，欲补治之"。这里的"勘校"虽重在拾遗补阙，但从

---

[1] 《汉书》卷二四《食货志》第四上，1135 页，北京，中华书局，1962。

其工作性质看，已与我们后来所说的"校勘"基本上一致。宋代的馆阁已增设了"校勘"一职，可见"校勘"一词至迟到宋代就已普遍使用。

就一般情况而言，校勘涉及的主要是文字问题，而实际上它却经常涉及史实，或者说涉及著述本身某些记载的正确与否的问题。清代著名学者段玉裁在《与诸同志书论校书之难》中说：

> 校书之难，非照本改字不讹不漏之难也，定其是非之难。是非有二。曰：底本之是非，曰：立说之是非。必先定其底本之是非，而后可断其立说之是非……何谓底本？著书者之稿本是也。何谓立说？著书者所言之义理是也。①

因此，以校经书为例，段玉裁说：

> 校经之法，必以贾还贾，以孔还孔，以陆还陆，以杜还杜，以郑还郑，各得其底本，而后判其义理之是非，而后经之底本可定，而后经之义理可以徐定。②

这里的贾指贾公彦，孔指孔颖达，陆指陆德明，杜指杜预，郑指郑玄，是唐、隋、晋、汉的经学大家，而所谓"还贾""还孔"等，显然是指恢复各家注本的本来面目。不难看出，段玉裁认为校书既要校文字，又要审核其内容，他甚至明确强调："不先正注、疏、释文之底本，则多诬古人；不断其立说之是非，则多误今人。"③可以认为，校勘的目的一是要恢复古籍的本来面貌，二是要指出该书某些记载的疑似问题，即段玉裁所说的"立说""义理"的是非问题。因此，校勘的范围应包括两个方面：一是对文字正误、衍脱、倒置、错简等的审核，以示版本之真；二是对内容和有关记载是否真实可靠的审核，以求史实之真。这就是校勘求真的二重性。当然，这两个求真要以前者为主，因为那是最基础的工作，也应该是校勘的重点所在，这是毋庸置疑的。

---

① （清）段玉裁：《经韵楼集》卷一二，332～333 页，上海，上海古籍出版社，2008。
② （清）段玉裁：《经韵楼集》卷一二，336 页，上海，上海古籍出版社，2008。
③ （清）段玉裁：《经韵楼集》卷一二，336 页，上海，上海古籍出版社，2008。

应该说明，目前仍有不少学人，认为校勘只是解决文字的正误、衍脱、倒置、错简等问题，而不同意把审核其书的有关内容也归在校勘范围之内，认为这是古人如段玉裁等的不科学之处。

古人是否不科学呢？这还要具体分析。首先，校勘是一项实践性很强的工作，它的工作目的和范围是从实践中不断总结出来的。如果从刘向校书算起，时至今日，校勘已经有了两千多年历史，其校勘成果相当丰富，我们不难从这些成果中发现并概括出校勘工作的范围。其次，文字是表述内容的，因此对任何文字的校勘都不能不涉及该书的内容，所以校勘包括对所校之书内容的审核，不仅是应该的，而且也是顺理成章的。前人强调由学术造诣较深的专家，即所谓"通人"从事校书，也充分说明了这一点。最后，由刘宋裴松之开创的考异法，即"或同说一事而辞有乖杂，或出事本异，疑不能判，并皆抄内以备异闻"①，就是用校勘来审核一书内容的有效方法。这种方法直到今天仍有其生命力。一般校勘记中的"存异"类，就大多（当然不是全部）属于这方面的内容。事实也正是如此，任何校勘，都不可能脱离对其所校书的内容的审核。远的如刘向校书称《晏子》书中有的篇章"文辞颇异""似非晏子言"之类姑且不论，单以晚近点校的二十四史为例，就可说明这个问题。

点校二十四史时，曾明确史实不校（其实，这本身就说明史实是应校的，只是这次硬性规定不校罢了），但翻开点校本二十四史就会发现，仍有大量校订史实的校勘记存在。这样的情况并不是有意违反规定，而是因为不这样校书，就达不到校勘的目的。以《金史》为例，卷二《太祖纪》共出十八条校勘记，其中涉及史实错误的就有六条，占全部校勘记的三分之一。例如："是月（天辅元年十二月），宋使登州防御使马政以国书来。"对于这段史文，写有下列校勘记：

　　按徐梦莘《三朝北盟会编》（以下简称《会编》）卷一及二，宋于政和八年（即天辅二年）四月二十七日遣马政等过海至女真军前议事，

---

① 《三国志》附裴松之《上三国志注表》，1471页，北京，中华书局，1959。

未赍国书。闰九月二十七日马政等至女真所居阿芝川涞流河。此条追记多误，当记于下年闰九月末。①

再如天辅三年六月，"宋使马政及其子宏来聘"。又天辅四年，"十二月，宋复使马政来请西京之地"。对于这两段史文，该书在第一段史文之后出校勘记云：

> 按《会编》卷四，宣和二年（即天辅四年）九月二十日，"习鲁等出国门，差马政持国书及事目，随习鲁等前去报聘，约期夹攻，求山后地，许岁币等事"。"差马扩随父行"。"十一月二十九日，马政至女真，以国书授之，及出事目示之"。本卷天辅四年"十二月，宋复使马政来请西京之地"，当即此事，则此十字为重出。②

"宋使马政及其子宏来聘"十字之所以重出，是因为金不可能在宋于宣和二年（即金天辅四年）九月派出使臣之时，就立即记载此事。只有当马政等到达金国之后，才可能有记载。很显然，在《金史》中，这件史实只能记在天辅四年十二月。因此，校勘记判这十个字为"重出"。这是元人根据宋朝的史料修《金史》时，偶或失误所致。

这种情况，他书也常见。如唐杜佑所撰《通典》，其卷一七一《州郡序目上》记宋武帝疆域，在"彭城、历城、东阳"下有一注说：

> 南废帝景平初，筑虆镇守。后魏攻围，数旬不克。③

按，景平是宋少帝的年号（423—424 年），刘宋有前废帝、后废帝，并无"南废帝"的称谓。考《宋书·索虏传》："少帝景平元年……青州刺史竺虆镇东阳城"，可见这里的所谓"南废帝"当是"宋少帝"之误，而"筑虆"乃"竺虆"之误。

上述例证，尤其是《金史》的两条例证，仅从文字上是看不出毛病

---

① 《金史》卷二《太祖纪》，43 页，北京，中华书局，1975。
② 《金史》卷二《太祖纪》，44 页，北京，中华书局，1975。
③ （唐）杜佑：《通典》卷一七一《州郡序目上》，4462 页，北京，中华书局，1988。

的，甚至《通典》一例，在版本上也未有歧异，必须核对史实才能发现其中的错误。因此，我们以为古人说校勘应包括审核所校书的内容，是合乎校勘实际情况的。

早在南宋，彭叔夏校《文苑英华》，写下了《文苑英华辨证》一书，清代学者顾广圻称其书"乃校雠之模楷"①。其书专设"事误"一类。且看其"事有讹误当是正者"的第一个例证：

> 《骄阳赋》："孙武之失诮，梁君之射鸟。"按《艺文类聚》引《庄子》《太平御览》引《说苑》，并载梁君欲射白雁，行者骇之。君怒，欲射行者。公孙龙止矢曰："昔先公时大旱，卜以人祠，公曰，求雨以为民也！言未卒，大雨。今君以雁杀人乎？"今《庄子》无此文，而刘向《新序》载之，以"龙"为"袭"，以"先公"为"齐景公"，非《说苑》也。据此，"孙武之失"，当作"孙龙止矢"，"鸟"当作"雁"。②

不难看出，彭叔夏所说的"事误"就是史实之误。可见，校勘的范围必须包括审核内容、考核史实，不能仅仅限于文字的讹脱，这正是从长期的校勘实践中总结出来的，是校勘的学术水平之所在。

写到这里，似乎可以给"什么是校勘"画个句号了，但还有两个概念需要澄清，这就是校勘与"校雠"的区别和校勘与"校对"的不同。

关于校雠，本书第一章已经谈及，它是简册时期校书的一个环节，从刘向为其下的定义"一人读书，校其上下，得其谬误为校"看，所谓"校雠"就是今天校勘中的对校，也即版本校。由于那时简册笨重，这一工作通常由两个人来进行，即刘向所说"一人持本，一人读书，若怨家相对"。而今天的校勘至少有对校、本校、他校和理校四种方法，远非"校雠"所能包揽，因此，它不能等同于校勘是显而易见的。

至于校对，它是出版的一个环节，其唯一任务就是保障出版物和原稿绝对一致。因此，校对基本上是一项机械性工作。例如，有时为保障

---

① （清）顾广圻：《思适斋书跋》卷四《集部·文苑英华辨证十卷》，99页，上海，上海古籍出版社，2007。
② （宋）彭叔夏：《文苑英华辨证》卷二《事误一》，9页，北京，中华书局，1985。

出版物和原稿毫无二致，甚至从文章末尾倒着校，使校对者读不成句子，以保证一个字一个标点地与原稿核对。校对虽然也是"对"，也是"核查"，很像"一人持本，一人读书"的校勘，但校对是单向的，它必须绝对忠于原稿，或者说，只允许发现出版物与原稿的不同之处，照原稿改正，却不能对原稿指手画脚、说三道四。因此，它与作为学术工作的校勘是完全不同的。

二、历史文献为什么要进行校勘

本书第一章已经指出，文献在长期流传过程中会产生讹误、衍脱等问题，而且这些问题是与文献流传的时间长短成正比的。为了说明这一问题的严重性，我们在这里集中分析一下历史文献在长期流传过程中所产生的诸问题，以明确对历史文献进行校勘的必要性和重要性。

晋代的葛洪在谈到神符都是神明所传授，但"今人用之少验"时引用故谚："书三写，鱼成鲁，虚成虎。"①这是说历史文献在抄录过程中很容易出错。以葛洪所引这段九个字的谚语为例，唐人马总编《意林》，其卷四也抄了这段谚语，"虚成虎"已写成"帝成虎"了。到了宋人编《太平御览》，其卷六一八学部第一二"正谬误"条也引了这则谚语，却成了"《抱朴子》曰：书三写，以鲁为冑，以帝为虎"了。再如今本《老子》第四十一章有"大器晚成"一句，汉帛书本作"大器免成"，有人在这个"免"字上大做文章，但于湖南郭店出土的战国竹简，此句却作"大器曼成"。我们不想在这里评论谁是谁非，只想指出，历史文献在辗转流传过程中，确实容易出现错讹。

历史文献在流传过程中所产生的错讹，虽然各式各样，五花八门，但归纳起来不外是文字错讹、衍脱、倒置、错简等几个方面。

---

① （晋）葛洪：《抱朴子内篇校释（增订本）》卷一九《遐览》，王明校释，335页，北京，中华书局，1985。

关于文字错讹，从上引葛洪说的那条谚语的不同记载，已经可见一斑。早在刘向奉汉成帝之命校书时，就发现了很多这样的错讹，如《战国策》的"本"字多误脱为"半"字，以"赵"为"肖"，以"齐"为"立"；《晏子》以"夭"为"芳"，又为"备"，"先"为"牛"，"章"为"长"；古文以"见"为"典"，以"陶"为"阴"等，都是这类文字错讹。翻开古书，如"己""已""巳"不分，"日""曰"相混之类，比比皆是。不得不说，这种错讹还是相当严重的。

另一种错讹是"衍"。所谓"衍"，就是文中羼入了不该有的文字。有句成语叫"郢书燕说"，就是由衍文引出的一段故事。这个故事出自《韩非子》一书的《外储说左上》，其文说：

> 郢人有遗燕相国书者，夜书，火不明，因谓持烛者曰"举烛"，而误书"举烛"。举烛，非书意也，燕相国受书而说之，曰："举烛者，尚明也，尚明也者，举贤而任之。"燕相白王，王大悦，国以治。治则治矣，非书意也。今世学者，多似此类。[①]

这"举烛"二字，实际是执笔人因叫持烛者"举烛"而误书入文中的，这种误入文中的多余字，在校勘学上就称作衍文。

从具体情况考察，衍文的种类大体可分为三种：一是缘上文而衍，二是缘下文而衍，三是因习惯而衍。现以《金史》为例，说明如下。

缘上文而衍例：

> 留可，统门、浑蠢水合流之地乌古论部人，忽沙浑勃堇之子。诈都，浑蠢水安春之忽沙浑之子也。[②]

按，留可是忽沙浑之子，诈都是安春之子。由上文有"忽沙浑勃堇之子"，故在"安春之"下，又衍了"忽沙浑之"四字。因确系缘上文而误入，点校本《金史》已将此四字删除。

---

① 《韩非子》卷一一《外储说左上》，新编诸子集成本，279 页，北京，中华书局，1998。
② 参见《金史》卷六七《留可传》，1583 页，北京，中华书局，1975。

缘下文而衍例：

> 特虎，雅挞澜水人。①

但该卷卷目却没有特虎其名，而作"特虎雅"，这"虎"下的"雅"字，纯系涉传文下文而衍。道光四年（1824 年）武英殿本《金史》已删去了此"雅"字，点校本《金史》亦将其字删除。

缘习惯而衍例：

> 〔泰和〕三年三月壬申朔，平章政事张万公致仕。②

按是年三月庚午朔，壬申为初三日。史书本纪例于每月之始书朔，以便推算。但此处本纪径记壬申之事，故史官因习惯在壬申下误书了"朔"字，点校本已将其删除。

与"衍"正相反的讹误是"脱"，即本来是正文中的文字而因各种原因给漏掉了。这个"脱"字，本来是指"脱简"，即简册的编绳磨断以后，有的竹简脱离了原册，致使原册的文字中间丢掉了字句，使文义不能连贯。班固《汉书·艺文志》说：

> 刘向以中古文校欧阳、大小夏侯三家经文，《酒诰》脱简一，《召诰》脱简二。率简二十五字者，脱亦二十五字，简二十二字者，脱亦二十二字，文字异者七百有余，脱字数十。③

这就是脱简，现在我们只是借用这个词的原意，专指抄漏了文字而言。以《靖康稗史》为例，用《己卯丛书》本与南京图书馆藏丁丙善本书室原藏的抄本对照，我们就会发现《己卯丛书》本有许多脱漏。如：

> 《南征录汇》，"天会五年二月初七条"：
> 令内侍指认点验后，〔太上后妃、诸王、帝姬皆乘车轿前进，

---

① 参见《金史》卷一二一《特虎传》，2635 页，北京，中华书局，1975。
② 参见《金史》卷一一《章宗本纪》，260、264 页，北京，中华书局，1975。
③ 《汉书》卷三〇《艺文志》，1706 页，北京，中华书局，1962。

后宫以下，骑卒背负疾驰。①

　　《宋俘记》，"昏德长女"条：

　　　　玉盘入蒲芦虎寨，天眷二年没入宫，〔三年十二月殁。金奴入达赉寨，天眷二年没入宫。〕②

凡是方括号中的文字，都是《己卯丛书》本脱去的文字，而其脱文的规律，往往是已抄的末一个字与脱去的末一个字相同，因而接错了位置。

　　倒置的错误，通常是因为抄手疏忽，偶或把文字抄颠倒了。如《金史》卷五《海陵纪》：

　　　　（贞元元年）四月辛酉，以右宣徽使纥石烈撒合辇等为贺宋生日使。③

这"贺宋"二字，原文倒置为"宋贺"。幸该书有《交聘表》明白记载了贞元元年"四月，以右宣徽使纥石烈撒合辇、广威将军兵部郎中萧简为贺宋生日使"。因此，便可据以乙正。

　　错简的情况比较复杂。所谓"错简"，本指简册的编绳磨断之后，竹简没有"脱"，但却排乱了前后顺次，使文义不能连贯。这里也是借其义，指抄写串了行，搞乱了原书的文字顺序。如《金史》卷三六《礼志》，叙世宗大定七年《受尊号仪》，系根据《大金集礼》卷二《帝号》下《大定七年册礼》编写，但抄到"通事舍人引摄侍中版奏'中严'讫"后，却误接抄了《大金集礼》卷一《帝号》上《天德贞元册礼》的文字，因而上下文义不能衔接，这种情况就是错简。这是修史时把原始材料抄串了，属于修撰出现的问题。

　　还有一种情况，很可能是胥手即所谓手民把原稿抄错了。如《金史》

　　①　赵诒琛、王大隆辑：《靖康稗史·南征录汇》，见《己卯丛书》第 2 册，4 页，1939 年吴县王氏铅印本。

　　②　赵诒琛、王大隆辑：《靖康稗史·宋俘记》，见《己卯丛书》第 2 册，5 页，1939 年吴县王氏铅印本。

　　③　《金史》卷五《海陵纪》，100 页，北京，中华书局，1975。

卷八八《纥石烈良弼传》：

> 薨，年六十……追封金源郡王，命翰林待制移剌履勒铭墓碑，谥诚敏。①

但接着又记："谥武定，十五年图像衍庆宫。"明明上文已说纥石烈良弼谥"诚敏"，这里又冒出个"谥武定"，简直令人莫名其妙。原来，这是把《金史》卷八七《纥石烈志宁传》的文字错移到这里来了。纥石烈志宁死后"谥武定，十五年图像衍庆宫"。因为卷八七与卷八八挨着，而两个传主又同姓纥石烈，故偶然抄混。

除上述情况外，历史文献常见的错误还有正文、注文相混淆的问题。我们知道，古人抄书或刻书都不分段，也没有标点。特别是注文，又大都采取双行小注的形式直接附在相关正文之下的办法，久而久之，由于辗转翻刻，就非常容易把注文或注文的某些部分混入正文之中。这还不是问题的全部，有的书不仅有注文，还有注文的注文，即所谓疏。有人说，古书的结构如盖楼房"叠床架屋"，这是非常形象的。但这样一来，不仅可能造成注文与正文相混，而且也很可能造成注文与疏文相混。如北魏杨衒之的《洛阳伽蓝记》，此书专记北魏都城洛阳佛寺的盛况，也兼记政治、人物、风俗、地理及其他传闻逸事等，既是地理书，又是史书，加之作者文笔隽秀，不失为一部极好的文学著作。已故学者周祖谟先生曾花费近二十年的时间为这部书作校释，确认此书不仅有子注，而且确有很多都混入了正文。他说："根据刘知几《史通》所说，我们知道原书本有正文、子注之分，现在的刻本都连写在一起，不贯通全书文例，很不容易分辨。"②幸好《洛阳伽蓝记》的子注为作者杨衒之自己所作，与正文风格一致，混入正文，仍能保持文章的整体感。若注是他人所作，这一点就很难做到，必然会影响原著的可读性和使用价值。

正文、注文、疏文相混的情况，虽然不一定都能靠校勘来解决，但

---

① 《金史》卷八八《纥石烈良弼传》，1956 页，北京，中华书局，1975。
② （北魏）杨衒之：《洛阳伽蓝记校释·叙》，周祖谟校释，北京，中华书局，1963。

校勘是解决这一问题的重要手段则是不必怀疑的。

前人有云："书不校勘，不如不读。"①这话说得虽不免有点过头，但细想起来，还是有一定道理的。不过，"校书如扫落叶，随扫随生"，因此，校勘也并不是件轻而易举的事，需要花大精力才成。

三、校勘源流及校勘的基本方法

我国对历史文献的校勘源远流长，但其发端却因前人对校雠、校勘的理解不同，因而说法也莫衷一是。

一说是正考父。据《国语》第五《鲁语》下云：

> 昔正考父校商之名颂十二篇于周太师，以《那》为首。②

正考父为宋国的大夫，据说是孔子的七世祖。韦昭的《国语集解》解释这句话说："宋之礼乐虽则散亡，犹有此诗之本，考父恐其舛谬，故就太师校之也。"其校的结果，就是把祭祀成汤的《那》这首颂放在了《商颂》的首篇。但郑玄的《毛诗笺》引《商颂谱》，提出了另一种说法：

> 《那》，祀成汤也。微子至于戴公，其间礼乐废坏，有正考甫者，得《商颂》十二篇于周之太师，以《那》为首。③

按照这一说法，则可认为正考父的《商颂》不是宋国流传下来的，而是得于周朝的太师，它的顺次本来就是以《那》为首，并不是经正考父编次才确定下来的。唐代的孔颖达在给《毛诗》作疏时就发现了此说与《国语》的矛盾。他说：

---

① 叶德辉：《藏书十约·校勘七》，见《书林清话（外二种）》，422 页，北京，北京联合出版公司，2018。

② 《国语》第五《鲁语》下，中国史学基本典籍丛刊，205 页，北京，中华书局，2002。

③ （东汉）郑玄：《毛诗传笺》，见（清）阮元校刻：《十三经注疏》，620 页，北京，中华书局，1980。

《国语》云，校商之名颂十二篇，此云得《商颂》十二篇，谓于周之太师校定其伪，是从太师而得之也。言得之太师，以《那》为首，则太师先以《那》为首矣。且殷之创基，成汤为首。《那》序云："祀成汤。"明知无先《那》者，故知太师以《那》为首也。①

我们已经一再指出，校雠是简册时代校书的一个环节，后来某些人称"校雠"，实际即指校书，即简册时代包括编书、校雠、编目三位一体的工作。按照《国语》的说法，既然正考父重新编订了《商颂》的顺序，以《那》为首，那么说校雠始于正考父还是有一定道理的。可惜又有相反的记载，故此说不能确证。更何况这里说的"校"，主要是指编书，与今天校勘的含义并不相同。

另一说指孔子。如清代学者段玉裁在《经义杂记序》中就清楚地说道："校书何放乎？放自孔子。"考《论语》第九《子罕》篇，孔子确说过这样的话：

子曰：吾自卫返鲁，然后乐正，雅颂各得其所。②

按，孔子于定公十四年（公元前 496 年）去鲁，应聘诸国，哀公十一年（公元前 484 年），自卫返鲁。关于孔子校书，司马迁有较详细的记载：

孔子之时，周室微而礼乐废，《诗》《书》缺。追迹三代之礼，序《书传》，上纪唐虞之际，下至秦缪，编次其事……故《书传》《礼记》自孔氏。

古者诗三千余篇，及至孔子，去其重，取可施于礼义，上采契后稷，中述殷周之盛，至幽厉之缺，始于衽席，故曰"《关雎》之乱以为风始，《鹿鸣》为小雅始，《文王》为大雅始，《清庙》为颂始"。三百五篇，孔子皆弦歌之，以求合《韶》《武》《雅》《颂》之音。礼乐自

---

① （唐）孔颖达：《商颂·那》，见（清）阮元校刻：《十三经注疏》，620 页，北京，中华书局，1980。

② 《论语》，新编诸子集成本，606 页，北京，中华书局，1990。

此可得而述，以备王道，成六艺。①

不可否认，孔子在序《书传》、删《诗》的过程中，肯定做了不少校勘工作，遗憾的是没有记载，而留下记载的皆属编书的工作范围。因此，从现存资料看，把孔子说成是最早从事校勘的人，还缺乏必要的佐证。

那么，从现存资料看，究竟谁是第一个真正合乎我们今天所说做校勘工作的人呢？这个人就是孔子的高足之一卜商，即卜子夏。据《吕氏春秋》载：

> 子夏之晋，过卫，有读史记者曰："晋师三豕涉河（按《意林》'涉河'作'渡河'）。"子夏曰："非也，是己亥也。夫'己'与'三'相近，'豕'与'亥'相似。"至于晋而问之，则曰："晋师己亥涉河也。"②

据许慎《说文解字》，"己"字古文作"亖"，又据北京大学历史系高明教授所编《古文字类编》，春秋时作"己"，而战国作"弓"，皆与三字字形相近；"亥"，古文作"丕"，与"豕"是同一个字。据《古文字类编》，战国时"亥"字的写法虽略有变动，作"丕"，与古文的写法基本一致。而"豕"，战国时则作"彖"或"豕"，亦与"亥"字的字形十分相近。故子夏说"'己'与'三'相近，'豕'与'亥'相似"，指明了造成讹误的原因，即形近而讹，因此可以说这是现存资料中最早的校勘实例。

我们在前面多次提到的西汉末刘向校书，是我国历史上第一次大规模的图书整理，他在书录中列出的"以赵为肖，以齐为立"等，也都是明显的校勘。尤其值得注意的是，刘向在校《晏子》时，把"文辞颇异""似非晏子言"的篇章皆予保留，编成了《晏子》外篇以存疑，这不仅在编纂学上有意义，而且在校勘学上也有意义，它实际上已开后世校勘存疑的先河。

东汉经学大师郑玄，集今古文经学之大成，曾注《周易》《尚书》《毛

---

① 《史记》卷四七《孔子世家》，1935~1937 页，北京，中华书局，1959。
② 《吕氏春秋》下，新编诸子集成本，619 页，北京，中华书局，2009。

诗》《仪礼》《礼记》《论语》《孝经》《中侯》等，共百余万言。郑玄所注，今古兼采，择善而从，并基本上奠定了我国古籍注释的基本模式。

郑玄给诸经作注的特点是与校勘有密切的关系。一般来说，郑玄的注总是先校勘而后解义，也就是说，其注是在勘订错讹之后进行的。由于校勘是郑玄注的一个组成部分，所以他对某些文字的订正，或是对某些字存疑，都是用注的形式记录下来的。这样的注文，可以说就是我国出现较早的校勘记，其中包含了不少具有重要价值的校勘原则和方法。

纵观郑玄的校勘实践，他的校勘方法和原则大致可分下列几种。

一、征引本书的相关记载进行校勘。如《礼记》第二四《祭义》，有这样一段文字："霜露既降，君子履之，必有凄怆之心。非其寒之谓也。春，雨露既濡，君子履之，必有怵惕之心，如将见之。"对于这段文字，郑玄有注说：

> 霜露既降，《礼》说在秋。此无秋字，盖脱尔。①

这里所称"《礼》说在秋"，是指本书的《月令》而言。《月令》云："孟秋之月……凉风至，白露降。"

再如《礼记·郊特牲》载："次路五就。"郑玄注云：

> 《礼器》言"次路七就"，与此乖，字之误也。②

这里所引证的《礼器》，与《郊特牲》一样，都是《礼记》一书的篇名。这是用同一书的相关记载互校，以指出正文的脱漏和讹误。这在今天，就叫本校法，郑玄校勘即多用此法。

二、征引他书的有关记载进行校勘。如《礼记·内则》载："膳、腒、臐、膮、醢、牛炙。"郑玄注云：

> 此上大夫之礼……以《公食大夫礼》馔校之，则"膮""牛炙"间不

---

① 《礼记·祭义》，见(清)阮元校刻：《十三经注疏》，1592页，北京，中华书局，1980。

② 《礼记·郊特牲》，见(清)阮元校刻：《十三经注疏》，1444页，北京，中华书局，1980。

得有"醢"。"醢"，衍字也。①

值得注意的是，《公食大夫礼》是《仪礼》中的一篇，用《仪礼》校《礼记》，是引用他书的相关记载来校勘。这在今天即所谓"他校法"，早在汉代，郑玄已用了此法。

三、运用考辨，明确是非。郑玄的校勘还含有不同程度地考辨成分，具有较强的学术性。例如：《礼记·缁衣》云："《兑命》曰，惟口起羞"，郑玄注云：

> "兑"当为"说"，谓殷高宗之臣傅说也。作书以命高宗，《尚书》篇名也。②

今按"惟口起羞"句，见《尚书》第十三《说命》中。据《伪孔传》："盘庚弟小乙子名武丁，德高可尊，故号高宗。梦得贤相，其名曰说。"所谓"说命"，就是命傅说为相，使摄大政。这里郑玄首先指出了"'兑'当为'说'"，一是因为这是傅说的名字，二是因为这又是《尚书》的篇名。虽然郑玄认为"当为"，但他未改原文，这是因为据《说文解字》："兑，说也。"陆德明《经典释文》亦指出："说，本又作兑。音悦。"故郑玄采取了既指明问题，又保留原状的审慎做法。

这种审慎的做法在郑玄的校勘实践中并非少见。如《礼记·檀弓下》有这样一句："是全要领以从先大夫于九京也"，郑玄注说：

> 全要领者，免于刑诛也。晋卿大夫之墓地在九原，京盖字之误，当为原。③

虽然如此，但郑玄仍未改动原文。清人顾广圻有"不校校之"之说，看来郑玄的校勘已是这样做了。

---

① 《礼记·内则》，见（清）阮元校刻：《十三经注疏》，1463 页，北京，中华书局，1980。
② 《礼记·缁衣》，见（清）阮元校刻：《十三经注疏》，1649 页，北京，中华书局，1980。
③ 《礼记·檀弓下》，见（清）阮元校刻：《十三经注疏》，1315 页，北京，中华书局，1980。

四、为文"不辞",改之不疑。郑玄校勘并非绝对不改,在为文"不辞"的情况下,他还是改的。如《周礼·御史》有这样一句:"掌赞书,凡数从政者。"郑玄注说:

> 自公卿以下至胥徒凡数及其见在空缺者。郑司农读,言掌赞书数书。数者,经礼三百,曲礼三千,法度皆在。玄以为不辞,故改之云。[①]

这就是说,现在的经文"掌赞书,凡数从政者",是郑玄从郑司农的"掌赞书数书,从政"改过来的。贾公彦解释说:"自公卿已下至胥徒在王朝者,皆是'凡数',又是'从政'之人,故云'凡数从政者'也。先郑(按指郑司农)所云,以'掌赞书数'为句读之,玄以为不辞……且书数得为三百、三千,下别言从政者,有何义意乎?故后郑(按指郑玄)以为不辞而改之也。"可见郑玄的校改标准只有一个,即在文义不通的情况下,采取文义通达的一说,除此之外,一般都不改动原文。郑玄这种校勘严谨审慎的态度,体现了我国学者一丝不苟的治学精神,是校勘工作的优良传统之一。

北齐的颜之推虽然没有专门从事过校勘,但他在读书过程中善于发现古籍在流传过程中所产生的各式各样的讹误,并把它们记录下来,教育子孙如何读书。他不仅注意到一书诸本的异同,而且另辟蹊径,更注意到利用出土文物来校订古书。他举了个例证:

> 《史记·始皇本纪》:"二十八年,丞相隗林、丞相王绾等,议于海上。"诸本皆作山林之"林"。开皇二年(582年)五月,长安民掘得秦时铁称权,旁有铜涂镌铭二所。其一所云:"二十六年,皇帝尽并兼天下诸侯,黔首大安,立号为皇帝,乃诏丞相状、绾,法度量则不一嫌疑者,皆明一之。"凡四十字……了了分明。其书兼为古隶。余被敕写读之,与内史令李德林对,见此称权,今在官库;其

---

① 《周礼·御史》,见(清)阮元校刻:《十三经注疏》,822页,北京,中华书局,1980。

"丞相状"字，乃为状貌之"状"，"爿"旁作"犬"，则知俗作"隗林"，非也，当为"隗状"耳。①

唐司马贞为《史记》作索隐，肯定了颜之推的看法，并指出"王劭亦云然，斯远古之证也"②。可惜《索隐》的刊刻者却把司马贞的第一句刊错了，司马贞本是说"隗姓，状名。有本作'林'者非"，刊者则写成了"林名""作'状'者非"。诚如清代学者沈涛所指出："小司马既云作'状'者非，何以又引《颜氏家训》为证？盖《索隐》本本亦作'隗状'，云有本作'林'者非，故引颜、王二家之说以证是'状'非'林'，今本'林''状'二字传写互易，遂矛盾不可通矣。"③文物的价值就在于它是当时的实物，具有绝对的真实可靠性，无法想象当时的人会把当朝丞相的名字写错。因此，颜之推的做法在校勘学上的影响是深远的。

颜之推对校勘的另一贡献是，他力图总结出一套校勘应普遍遵循的法则，如不宜以晚近之字改古字。如"景"字，只是到了晋世葛洪的《字苑》，才将此字写成"影"，因而不应去用这个字改晋以前古书中的"景"字。古书用假借字，如"陈""阵"之类，也不宜乱改等。这实际上已是开创了对校勘理论研究的先河，其意义是不可低估的。

我国古代图书校勘最盛之时当推南宋。南宋绍兴六年（1136 年），南宋馆阁颁布《校雠式》，对校书的具体方法作了一些规定。《校雠式》的主要条目如下：

> 诸字有误者，以雌黄涂讫，别书。或多字，以雌黄圈之；少者，于字侧添入。或字侧不容注者，即用朱圈，仍于本行上下空纸上标写。倒置，于两字间书"乙"字。
>
> 点有差误，却行改正，即以雌黄盖朱点，应黄点处并不为点。

---

① （北齐）颜之推：《颜氏家训》卷六《书证》，夏家善等注释，179 页，天津，天津古籍出版社，1995。
② 《史记》卷六《秦始皇本纪》，247 页，北京，中华书局，1959。
③ （清）沈涛：《铜熨斗斋随笔》卷三，18 页，清光绪会稽章氏刻本。

点校讫，每册末各书"臣某校正"。①

这些规程作为一个官方文件，它至少反映了两方面的情况：一方面，可以说明这一时期的校勘规模已相当可观；另一方面，也说明这一时期的校勘事业正朝着规范化的方向发展。因此，《校雠式》应是我国历史文献学史上一个重要文件，它标志着我国对历史文献的校勘事业已达到了一个新的顶峰。

孝宗淳熙十六年（1189年），方崧卿完成了《韩集举正》。在这部书中，方崧卿使用了四种校勘符号：

字（用红色书写）：误字当刊。

如卷九《曹成王碑》：戌（用红色书写）众万人。（原校文：晁、谢校、阁本、蜀本皆作成）

㊊：衍字当削。

同上，拜左领军卫㊀将军。（原校文：阁、杭、《新史》）

字：脱逸当增。

同上，升秩散骑 常侍 ，（原校文：蜀、谢删）

字字：淆次当乙。

如卷九《息国夫人墓志铭》 甚难 吏治，（原校文：阁、粹同，李、谢校，杭、蜀本皆难甚）②

符号的使用，是校勘专业化的标志。特别是有些符号，如"淆次当乙"的符号，直到今天仍被广泛应用，足见其影响之深远。

方崧卿在校勘中还有一个特别值得注意的特点，那就是处处"尤尊馆阁本"。当时，方崧卿用以校《韩昌黎先生集》（简称《韩集》）的本子，有唐令狐氏本、南唐保大本、秘阁本、祥符杭本、嘉祐蜀本、赵德《昌黎文录》、《文苑英华》、《唐文粹》、谢本、李本等《韩集》的不同刻本和

---

① （宋）陈骙：《南宋馆阁录》卷三，23页，北京，中华书局，1998。
② （宋）方崧卿：《韩集举正汇校》，567页，刘真伦汇校，南京，凤凰出版社，2007。

有关收录韩愈诗文的总集等，但方崧卿在校勘时，"而尤尊馆阁本，虽有谬误，往往曲从，它本虽善，亦弃不录"①。从朱熹对方崧卿的批评看，方氏校勘实际上是采用以馆阁本为底本的校勘，他遵循的校勘原则，正是今天采用底本校勘所应遵守的基本原则。

宁宗嘉泰四年(1204年)，彭叔夏受其师周必大之托校勘《文苑英华》，写成了在校勘学史上颇有影响的《文苑英华辨证》十卷，全书分用字、用韵、事证、事误、事疑、人名、官爵、郡县、年月、名氏、题目、门类、脱文、同异、离合、避讳、异域、鸟兽、草木、杂录凡二十类，从多种角度，揭示了古书致误的原因，并提出了"实事是正，多闻阙疑"的校勘原则②，在校勘示例和校勘学的理论建设方面，作出了较大贡献。

理宗开庆、景定年间，南宋出了一名刻书大家廖莹中(字群玉)，他是有名的奸相贾似道的幕僚，他的书堂叫世彩堂，所刻书世称世彩堂本。据周密《志雅堂丛钞》卷一载：

> 廖群玉诸书则始于《景开福华编》，备载江上之功，虽夸张过实，然文字古雅颇奇可喜……其后开《九经》，凡用十余本对定，各委本经人点对，又圈句读，极其精妙，皆以抚州单钞清江纸，造油烟墨印造……惜其删落经注为可惜耳。③

周密的另一书《癸辛杂识后集》之"贾廖刊书"条，亦有与此大体相同的记载。由于廖莹中以贾似道为靠山，经济实力雄厚，网罗了不少名人学者为其校勘，总结这次刊刻《九经》与《左传》的校勘经验，写成了《九经总例》。元朝初年，相台岳氏翻刻廖氏的《九经》《左传》，并增刻了《公羊传》《穀梁传》，于是将原来的《九经总例》增补成了《刊正九经三传沿革

---

① (宋)朱熹：《昌黎先生集考异》卷一，3页，上海，上海古籍出版社，2001。
② 参见(宋)彭叔夏：《文苑英华辨证·序》，北京，中华书局，1985。
③ (宋)周密：《志雅堂杂钞》卷一，6页，清道光十一年刻本。

例》①。全书分书本、字画、注文、音释、句读、脱简、考异七个方面，以举例的方式，揭示了校刻上述诸经传的"沿"与"革"，即校勘的取舍标准。如果说南宋初年的馆阁《校雠式》还只不过是一个工作规程，为解决一些技术性问题而制定的话，那么《刊正九经三传沿革例》已经主要不是解决技术性问题，而是在探讨校勘的实质性问题——校勘的"改"与"不改"的标准问题，这是一个很复杂的学术性问题。这种情况至少说明，从南宋初年到南宋末年，校勘工作已不满足于仅仅解决一个个具体问题，而是逐步从解决这些具体问题的实践中，总结出带有普遍性、规律性的原则来，或者说已经注意到了对校勘理论的研究，这标志着校勘学作为一门独立的学科正在形成。

入清以后，学者们非常重视校勘，出现了不少校勘大家，他们一生倾心校书、刻书，做出了很大成绩。如何焯，"精于校书，所蓄数万卷；又多见宋元旧本，点勘讹脱，分别丹黄，藏书得何氏校本，以为至宝。所校定两《汉书》、《三国志》，考证尤精核"②。又如卢文弨，"好校书，终身未尝废"③。所校书如《经典释文》《孟子音义》《逸周书》《贾谊新书》《春秋繁露》《方言》《白虎通》《荀子》《吕氏春秋》《韩诗外传》等，皆称善本，为学界所重视。特别是顾广圻，他先后参与孙星衍、胡克家、秦恩复、黄丕烈、张敦仁的校书、刻书工作，先后校过《说文解字》《古文苑》《唐律疏议》《文选》《资治通鉴》《法言》《国语》《战国策》《韩非子》《荀子》《礼记》《仪礼》等。他每校完一部书，都综合其所正订者，在书后写有考异或校勘记。顾广圻通过长期的校勘实践，逐步发现校勘改错的弊病，提出了"不校校之"的校勘方法。他在《礼记考异跋》中说：

> 校书之弊有二：一则性庸识暗，强预此事，本未窥述作大意，

---

① 此书的作者，向称岳珂。但此书的作者不可能是岳珂，而是元初的岳浚。参见崔文印：《相台岳氏〈刊正九经三传沿革例〉及其在校勘学上的价值》，载《史学史研究》，1986(3)。

② 支伟成：《清代朴学大师列传》第一九《校勘目录学家列传》，525页，上海，上海人民出版社，2014。

③ 支伟成：《清代朴学大师列传》第一九《校勘目录学家列传》，527页，上海，上海人民出版社，2014。

道听而途说，下笔不休，徒增芜累；一则才高意广，易言此事，凡遇其所未通，必更张以从我，时时有失，遂成疮痏。二者殊途，至于诬古人、惑来者，同归而已矣。

广圻窃不自量，思救其弊，每言书必以不校校之：毋改易其本来，不校之谓也；能知其是非得失之所以然，校之之谓也。今古余先生重刻宋抚本《礼记》，悉依元书，而别撰考异，以论其是非得失，可云实获我心者也。①

顾广圻所说的"不校校之"，实际上就相当于现在的"出校不改"。这种方法只标出异同，论其是非，而不改动原文，既能给读者以启示，又不会造成新的讹误，在校勘工作中具有重要意义。其他如阮元校刻的《十三经注疏》，"最于学者有益，凡有关校勘处，旁有一圈，依圈检之。精妙全在于此"②。这些都说明，清代学者在校勘方面，确实作出了超越前人的卓越贡献。

关于校勘的具体方法，在清以前，很少有人论及。直到清末民初，著名藏书家叶德辉才在他的《藏书十约》中，首次提到了死校和活校两种方法。他说：

死校者，据此本以校彼本，一行几字，钩乙如其书，一点一画，照录而不改，虽有误字，必存原本，顾千里广圻、黄荛圃丕烈所刻之书是也；

活校者，以群书所引改其误字，补其阙文，又或错举他刻，择善而从，别为丛书，板归一式，卢抱经文弨、孙渊如星衍所刻之书是也。

斯二者，非国朝校勘家刻书之秘传，实两汉经师解经之家法，郑康成注《周礼》，取故书杜子春诸本，录其字而不改其文，此死校也；刘向校录中书，多所更定，许慎撰《五经异义》，自为折衷，此

---

①　(清)顾广圻：《思适斋集》卷一四，清道光二十九年徐渭仁刻本。
②　(清)张之洞：《书目答问》卷一《经部》，1页，上海，商务印书馆，1947。

活校也。①

叶德辉所谓"死校"，就是照录异本，标识异同，这是历代藏书家过录版本的一种方法。而所谓"活校"，则是斟酌诸本异同，择善而从，对原本作适当的校改。

以上二法，都尚嫌浅近和粗略。

1931 年，著名学者陈垣先生在其所著《校勘学释例》一书中，明确提出了校勘四法，这是第一次对我国历史上传统的校勘方法作科学和系统的总结，对校勘工作乃至校勘学的发展具有重要影响。这四法就是对校法、本校法、他校法和理校法。陈垣先生说：

> 一为对校法。即以同书之祖本或别本对读，遇不同之处，则注于其旁。刘向《别录》所谓"一人持本，一人读书，若怨家相对者"，即此法也。此法最简便，最稳当，纯属机械法。其主旨在校异同，不校是非，故其短处在不负责任，虽祖本或别本有讹，亦照式录之；而其长处则在不参己见，得此校本，可知祖本或别本之本来面目。故凡校一书，必须先用对校法，然后再用其他校法。②

这种方法实际就是叶德辉所谓死校法，是一种机械性劳动，只要有异照录就可以了。但这是校勘最基础的工作，没有这一工作，就不能把各本的面貌反映出来，因而也无法进行比校和选择。从这个意义上说，对校法，也就是一书不同版本之间比校，是校勘的第一步工作。

> 二为本校法。本校法者，以本书前后互证，而抉摘其异同，则知其中之谬误。吴缜之《新唐书纠谬》，汪辉祖之《元史本证》，即用此法。此法于未得祖本或别本以前，最宜用之。③

---

① 叶德辉：《藏书十约·校勘七》，见《书林清话（外二种）》，422～423 页，北京，北京联合出版公司，2018。
② 陈垣：《校勘学释例》，144 页，北京，中华书局，1959。
③ 陈垣：《校勘学释例》，145 页，北京，中华书局，1959。

这种校勘方法对于"纪以包举大端，传以委曲细事"①的纪传体史书来说，最为适宜。因为纪传体史书以帝王本纪为纲，粗举一事之大端；而又以大臣列传为目，细述一事之始末。因此我们从纪、传的不同记载中，很容易发现问题。宋代的吴缜就是靠这种方法发现《新唐书》的问题，从而写成《新唐书纠谬》的。如《新唐书》卷九四《刘兰传》记载：贞观"十一年，为夏州都督长史。时突厥携贰，郁射设阿史那摸末率属帐居河南，兰纵反间离之，颉利果疑。摸末惧，来降，颉利急迫，兰逆拒，却其众。"吴缜纠谬说：

> 今案《太宗纪》贞观四年三月甲午，李靖俘突厥颉利可汗以献。又《突厥传》贞观八年，颉利死于京师矣。今《刘兰》乃谓贞观十一年颉利尚存于本国，且又考《突厥》本传，亦无摸末来降而颉利急迫、刘兰拒却之事，此可验其事皆虚也。②

这里很清楚，吴缜首先用《太宗纪》的有关记载，指出《刘兰传》的错误，又证之以该书《突厥传》，最终坐实《刘兰传》的有关记载，纯属子虚乌有。

> 三为他校法。他校法者，以他书校本书。凡其书有采自前人者，可以前人之书校之，有为后人所引用者，可以后人之书校之，其史料有为同时之书所并载者，可以同时之书校之。此等校法，范围较广，用力较劳，而有时非此不能证明其讹误。丁国钧之《晋书校文》，岑刻之《旧唐书校勘记》，皆此法也。③

这里特别值得注意的是，他校法共有三类"他书"可用以供参校的文字。如宋刘攽《东汉刊误》用他校法时，就用到了"采自前人者"第一类他书文字。其书卷一第二八条，校文为："注：母贵则子贵，子以母贵。"此句

---

① （唐）刘知几：《史通通释》卷二，（清）浦起龙通释，21 页，上海，上海古籍出版社，2009。

② （宋）吴缜：《新唐书纠谬》卷一《刘兰却颉利》，6 页，上海，商务印书馆，1936。

③ 陈垣：《校勘学释例》，146 页，北京，中华书局，1959。

见于《后汉书》卷一下《光武帝纪》注，此注原文为："《公羊传》曰：'立嫡以长不以贤，立子以贵不以长。桓公何以贵？母贵也。母贵则子贵？子以母贵，母以子贵。'"刘氏按："《公羊》本文，当云'母贵则子何以贵'，此少'何以'二字。"这是因为《后汉书》李贤注引用了《公羊传》，故可以取所引《公羊传》原文来校勘。而岑建功所刻《旧唐书校勘记》，则有用"后人引用者"的第二类他书文字。如《旧唐书·高祖纪》，有武德三年"二月庚子，幸华阴"的记载，《校勘记》云："《册府》（百十三）作甲子，《通鉴》正作甲子。"这说明，《旧唐书·高祖纪》中的"庚子"，很可能是"甲子"之误。《册府元龟》《资治通鉴》都引用了《旧唐书》这一记载，故可以拿来校勘。最值得注意的是，"其史料有为同时之书所并载者"的他书材料，"可以同时之书校之"。这种方法已不仅仅限于校订文字，而显然已属审核其书内容的正确与否了。如《晋书·惠帝纪》太安二年"三月，李特攻陷益州，荆州刺史宋岱击特，斩之"，对于这段记载，丁国钧《晋书校文》云："特为罗尚军所杀，《尚传》及载记、《华阳国志》、《蜀录》（《御览》卷二三引）所载并同，移属宋岱，误。"[1]《华阳国志》和《蜀录》都与《晋书》同时，同一史料又为各书所采，故可以用来校勘。其实，刘宋时裴松之注《三国志》的考异部分，就属此类。如《魏书·袁术传》有云：

> 太祖与绍合击，大破术军，术以余众奔九江，杀扬州刺史陈温，领其州。[2]

对于这一记载，裴松之又引当时另一书《英雄记》说：

> 陈温字元悌，汝南人。先为扬州刺史，自病死。袁绍遣袁遗领州，败散，奔沛国，为兵所杀。袁术更用陈瑀为扬州。瑀字公玮，下邳人。瑀既领州，而术败于封丘，南向寿春，瑀拒术不纳，术退

---

[1]　（清）丁国钧：《晋书校文》卷一，见《二十四史订补》第6册，514页，北京，书目文献出版社，1996。

[2]　《三国志·魏书》卷六《袁术传》，207页，北京，中华书局，1959。

保阴陵，更合军攻瑀，瑀惧走归下邳。①

裴松之根据这一记载得出结论说："如此，则温不为术所杀，与本传不同。"这种考异，也就是采用他校法的校勘。陈垣先生在其《校勘学释例》一书中，为了证实"木忽""竹忽"必有一讹，既引了《元史》，又引了时人杨瑀《山居新话》，都是运用他书校勘的实例。这是校勘方法中较为体现学术水平的一种，故"用力较劳"。

> 四为理校法。段玉裁曰："校书之难，非照本改字不讹不漏之难，定其是非之难。"所谓理校法也。遇无古本可据，或数本互异，而无所适从之时，则须用此法。此法须通识为之，否则卤莽灭裂，以不误为误，而纠纷愈甚矣。故最高妙者此法，最危险者亦此法。②

理校法的最重要特征在于定是非，而这种定是非，全凭个人学识。如刘攽《东汉刊误》，出校这样一段文字："张步起琅邪。"原注云："郡（名）。有琅邪山，故城（在）今海州朐山县东北。"③刘攽加按云：

> 此文不足。以上下注观之，"郡"下少一"名"字；"城"下少一"在"字。④

经刘氏这样一理校，上引注文就成了这样：

> 郡名，有琅邪山，故城在今海州朐山县东北。

这条注文经刘氏一校改，确实比原来更加文通字顺了。但是，校勘的宗旨是求真。况且，原注文并非"不通"，刘氏校改得虽好，但是否是原注的真实面目，便很难说了。因此，陈垣先生说："若《元典章》之理校法，

---

① 《三国志·魏书》卷六《袁术传》，208 页，北京，中华书局，1959。
② 陈垣：《校勘学释例》，148 页，北京，中华书局，1959。
③ 《后汉书》卷一上《光武帝本纪第一上》，16 页，北京，中华书局，1965。
④ （宋）刘攽：《史籍丛刊》第 3 册，《东汉刊误》卷一，1 页，北京，中华书局，1960。

只敢用之于最显然易见之错误而已，非有确证，不敢借口理校而凭臆见也。"①陈垣先生尚且如此，一般从事校勘工作的人对此就更可想而知，切记不可滥用。

校勘诸方法都不是孤立的，通常必须综合运用才能收到较好的效果。

校勘工作和其他工作一样，有一个大致的工作程序，为广大校勘工作者所遵行。首先要摸清一书的版本情况，再根据该书的版本情况，确定校勘的类别。从实际情况考察，目前主要有两种不同的校勘类别，一种是采用底本的校勘，另一种是不采用底本的校勘。如果一书确有较好的版本，大多采用前者；而一书诸本都不理想，一般即采用后者。

先说采用底本的校勘。这是一种保持版本源流系统的校勘，它的特点是以不损害底本的基本面貌为前提。为了说明采用底本校勘的特点。有必要首先明确底本的概念。

这里所说的底本，既不是宋人所说的底本，也不是清人所说的底本。据宋人宋敏求《春明退朝录》载："凡公家文书之稿，中书谓之'草'，枢密院谓之'底'，三司谓之'检'。"又说："其底，乃底本也。"可见宋人所说的底本，局限性很大，它专指枢密院公文的底稿。清人段玉裁在《与诸同志论校书之难》中也曾明确地说："所谓底本，著书者之稿本是也。"虽然比宋人专指枢密院公文底稿的"底本"宽泛了很多，但仍不是我们所说的校勘底本。我们所说的校勘采用的底本，是被选用一书校勘作为基础的本子，这个本子至少应具备下列特点。第一，它是从一书诸本中所选卷帙最全、文字错讹最少的本子。第二，这个本子的面貌，应原则上就是未来新校定本的面貌，在校勘过程中，它应处处受到尊优，如不是遇到读不通等情况，是绝对不应被改动的。一般来说，凡在一书诸本中的出类拔萃者，应以其为底本。底本一经确定，保存其基本面貌，就成了采用底本校勘的重要原则。

不采用底本的校勘，则是一种不必保持版本文字源流系统的校勘，

---

① 陈垣：《校勘学释例》卷六《校例》，149 页，北京，中华书局，1959。

它的特点是兼采诸本之长，拼成一个既非甲本，又非乙本的新本子。这种校勘的好处是，新拼成的本子可能是一个错漏少，便于使用的本子；其不足是，不明其校改的来龙去脉，难以考究这个本子是否可靠。从实际情况看，一般在一书诸本各有千秋，难分伯仲，或是诸本皆残，难以找出一个完整的本子作底本时，可采用这种校勘。这种类型的校勘，诸本之间无主无从，其版本校可真正做到择善而从，这是与采用底本校勘的主要区别。

在点校本二十四史中，《隋书》采用的是不用底本的校勘，其出版说明说：

> 我们这次校勘，用的本子有以下九种：一、宋刻递修本，现存六十五卷，校记中简称"宋小字本"。二、另一种宋刻本，只存五卷，简称"宋中字本"。三、元大德饶州路刻本，简称"元十行本"（商务印书馆"百衲本"即据此影印）。四、元至顺瑞州路刻明修本，简称"元九行本"。五、明南京国子监本。六、明北京国子监本。七、明汲古阁本。八、清武英殿本。九、清淮南书局本……择善而从。版本校勘，一般不出校记。①

"版本校勘，一般不出校记"，正是诸本互拼的特征所决定的。

采用底本的校勘和不采用底本的校勘，是在长期校勘实践中形成的。本文曾谈及的南宋方崧卿校《韩集》，就"尤尊馆阁本"，这显然是以馆阁本为底本的校勘。而同时的朱熹同样校《韩集》，却标榜"苟是矣，则虽民间近出小本不敢违；有所未安，则虽官本、古本、石本不敢信"②。这无疑是一种不主任何一本的不采用底本的校勘。不过，长期以来，采用底本和不采用底本的校勘概念并未区分得十分清楚，直到1973年，点校二十四史的诸位专家③在讨论《隋书》出版说明时，才较清

---

① 《隋书》出版说明，3～4 页，北京，中华书局，1973。
② （宋）朱熹：《昌黎先生集考异》卷一，3 页，上海，上海古籍出版社，2001。
③ 当时参加讨论的专家有白寿彝、唐长孺、王仲荦、王钟翰、孙毓棠、王毓铨、启功、阴法鲁、赵守俨、张政烺、陈仲安等。

楚地明确了二者的区别。

从实际操作看，不论哪一种类型的校勘，都需要把各种版本的异同移录到一个本子上来，如果是采用底本的校勘，那么这个集中各本异同的本子就应是底本。换句话说，采用底本的校勘，都应把各本的异同集中移录到底本上来，以便做下一步的工作。如果是不采用底本的校勘，这个用作移录各本异同的本子就称作"工作本"。对于"工作本"的选择不必太严，只要能便于移录各本的异同即可。移录诸本异同，就是版本校，也称对校，即叶德辉所谓死校，这是校勘的最基础性工作，其目的在于反映各本的面貌，以便判定是非，决定弃取。

在判定是非时，应充分注意吸收前人的已有校勘成果。如校《金史》，清人施国祁的《金史详校》便不可不参考。他如岑建功刻《旧唐书校勘记》、宋吴缜《新唐书纠谬》等，都是校两《唐书》不可不参阅的书。除校勘专书外，名家的批校本等亦有很多可供吸收的内容。

上述诸项工作完成以后，何以出校，何以不出校，便涉及校勘原则问题，其中采用底本与不采用底本的校勘是不完全一样的。

第一，从总的方面看，不管哪种类型的校勘，其目的只有一个，那就是求真，即扫除古籍在流传过程中所产生的讹误，指出古籍某些记载的疑似，给读者提供一个讹误较少、内容正确的读本。

第二，对于采用底本的校勘来说，凡文字两通而文义有别者，可出版本间的异文校记。如《金史》卷四《熙宗纪》有下列文字：

> 赞曰：熙宗……末年酗酒妄杀，人怀危惧，所谓前有谗而不见，后有贼而不知，驯致其道，非一朝一夕故也。[①]

这里的"驯致其道"，殿本作"驯致其祸"，但两者文义都通。前者是说，熙宗因为酗酒妄杀等行为，才走上了被杀这条绝路。后者是说，因为熙宗那样的行为，才招来了杀身之祸。因二者均通，难判是非，故只能两存之，出异文校记，说明"道"字殿本作"祸"。

---

① 《金史》卷四《熙宗纪》，87页，北京，中华书局，1975。

还有一种情况，就是底本文义虽通，其文字显然不如他本更确切、更好，这类情况，也应出异文校记，并指出他本文义为优。如《金史》卷二〇《天文志》有下列记载：

> 海陵天德二年九月乙亥，太白昼见，至明年正月辛卯后不见。①

这里的"辛卯后不见"，《永乐大典》卷七八五六引此文作"伏不见"。"伏"即"藏匿""隐没"之意，是史书天文志的常用名词，如本卷即有"岁星昼见，在日后，四十有七日伏"。故"伏"字于义为长，但"后"字尽管所指略为含混，然而仍可理解，故仍存其异，以校勘记的形式指出，"后"，《永乐大典》作"伏"，于义为优。

以上所说即所谓"存异校记"。凡采用底本校勘的，只要底本文义可通，尽管他本的异文明显优于底本的文字，也要尊优底本，都采用存异校记的形式。应该强调，这种一书诸本间的存异校记，只能出现在采用底本校勘的类型之中。不采用底本校勘，因诸本之间择善而从，进行杂拼，故不存在这种校记。或者说，诸本间的存异校记是采用底本校勘所独有的。除诸本之间的存异外，一书与他书涉及史实的不同记载，则只可存异，无论在何种情况下，都不可改动底本原文，这是校勘的求真原则所决定的。如本文前面谈及的《金史》与《三朝北盟会编》所记的不同等，就属此类。这种关涉史实的存异又称考异，是一种较能体现校勘者学术水平的传统的优良校勘方法。

第三，已知原文有误，但又没有充分的根据，遇到这种情况，便只好作为疑问，用校勘记的形式表示出来，这就是所谓存疑校记。这是一种比较常见的校勘记。如《金史》卷一四《宣宗纪》：

> 贞祐三年冬十月，召中奉大夫袭封衍圣公孔元措为太常博士。②

---

① 《金史》卷二〇《天文志》，425页，北京，中华书局，1975。
② 《金史》卷一四《宣宗纪上》，314页，北京，中华书局，1975。

而同书卷一〇五《孔元措传》则云：

> 元措字梦得。三年四月诏曰："衍圣公视四品，阶止八品，不
> 称。可超迁中议大夫，永著于令。"①

考《金史》卷五五《百官志》："从三品，上曰正奉大夫，中曰通奉大夫，
下曰中奉大夫。"故本纪中的"中奉大夫"视"阶止八品"的衍圣公来说，似
品阶不合。而"中议大夫"为"正五品"的上阶，似较为合适。但没有充分
的依据，故校勘记只好说：

> 《孔元措传》作"超迁中议大夫"，疑是。②

又如同书卷一五《宣宗纪》：

> （兴定元年五月）甲辰，大元兵下沔城县。③

考《金史·地理志》，金无"沔城县"，故校勘记称："疑有误字。"

有的虽有明显的疏漏，并且有他书的有关记载为证，但因没有版本
根据，又文义可通，不宜校改，亦出存疑类校记。如《金史》卷一〇〇
《宗端修传》：

> 久之，为节度副使，卒官。④

节度使是地方长官，一般情况下官衔之前应冠以地名。《金史》卷一二三
《姬汝作传》称："全州节度副使端脩之侄孙也。"而《中州集》卷八《宗端修
小传》亦云："以全州节度副使卒官。"这两处记载都很明确，但考虑到不
冠地名亦可通，又加之没有版本根据，就是说，当初修史时很可能就没
有写地名，故不宜增补，只在校勘记中指出，"为"下盖脱地名"全州"。

综上所述，若遇这两种情况：一是疑不能判，二是虽能判断但不宜

---

① 《金史》卷一〇五《孔元措传》，2312 页，北京，中华书局，1975。
② 《金史》卷五五《百官志》，1220 页，北京，中华书局，1975。
③ 《金史》卷一五《宣宗纪中》，330 页，北京，中华书局，1975。
④ 《金史》卷一〇〇《宗端修传》，2204 页，北京，中华书局，1975。

校改，则都出这种存疑类校勘记。

那么，在什么样的情况下，校勘可以改动原文呢？有下列三种情况。

一、明显的误字，又有版本根据。如《金史》卷七《世宗纪》：

> 大定十二年五月戊寅，观稼。禁扈从蹂践民田。①

这里的"蹂"，原作"躁"。"蹂"是践踏，"躁"是"急躁""性急"，显然作"蹂"是，故据殿本改。又如同书卷九《章宗纪》：

> （明昌三年十月）赐河南路提刑司所举逸民游总同进士出身，以年老不乐仕进，授登仕郎。②

这里的"授"字，原作"特"，或许原文作"特授"，但殿本作"授"，故据殿本改。

二、明显有误，虽无版本根据，但以情理推之确然无疑，可以改。如《金史》卷一一一《强伸传》：

> 天兴元年八月，中京人推伸为府签事，领所有军二千五百人，伤残老幼半之。甫三日，北兵围之……（伸）率士卒赤身而战，以壮士五十人往来救应。③

这里的"壮士五十人"，原作"壮士五千人"。上文既已明言强伸"领所有军"才"二千五百人"，且"伤残老幼"占了一半，实际能打仗的只有一千人左右，因此，强伸不可能有"壮士五千人"，"千"显系"十"字之误，盖"千"与"十"字形十分相近。故这里虽没有版本根据，却有上文的记载为根据，当属理据坚实，故仍可改。再如《金史》卷一六《宣宗纪》：

> 元光二年，秋七月壬寅朔……因谓宰臣曰……章宗秋猎，闻平

---

① 《金史》卷七《世宗纪》，156页，北京，中华书局，1975。
② 《金史》卷九《章宗纪一》，224页，北京，中华书局，1975。
③ 《金史》卷一一一《强伸传》，2450页，北京，中华书局，1975。

章张万公薨。①

这里的"章宗秋"下原空一格，表示有缺文。考《金史》卷九五《张万公传》"泰和七年薨"，而卷一二《章宗纪》泰和七年秋九月丙戌，又明记其"猎于近郊，壬辰还宫"。张万公之卒恰在此时，知所缺字必是"猎"字无疑。因佐证坚实，故可以补"猎"字。

三、不算错误，但有乖体例。如《金史》卷二四《地理志》：

> 望平(大定二十九年升梁鱼务置。)镇二(梁渔务、山西店。)(按：括号中的字原为注文)②

这里"镇二"之下，原衍一"有"字。这个"有"字虽不碍文义，但却有乖整个地理志的体例，因而当删。

下列几种情况不在校勘之列。

一、古人引书每有省改，只要引文与所引原文文义不悖，即便有文字异同，也不在校勘之列。顾炎武在《日知录》曾举过这类例子，他说：

> 《书·泰誓》："受有亿兆夷人，离心离德；予有乱臣十人，同心同德。"《左传》引之，则曰："《太誓》所谓商兆民离，周十人同者，众也。"
>
> 《淮南子》："舜钓于河滨，期年而渔者争处湍濑，以曲隈深潭相予。"《尔雅》引之，则曰："渔者不争隈。"
> 此皆略其文而用其意也。③

应该注意的是，古人引书大都类此，因而不是错误。

二、对避讳字、某些历史时期的特殊用字，应予保留，以存时代特征。对传刻时的避讳字，可以回改。例如，唐杜佑的《通典》，可保留唐

---

① 《金史》卷一六《宣宗纪下》，366 页，北京，中华书局，1975。
② 《金史》卷二四《地理志》，560 页，北京，中华书局，1975。
③ (清)顾炎武：《日知录》卷二〇《引书用意》，见《顾炎武全集》19，793 页，上海，上海古籍出版社，2007。

讳，其他讳皆可回改。

　　三、古今字、异体字、通假字，都不在校勘之列，如"陈"与"阵"、"常"与"尝"、"正"与"政"、"沿"与"沿"、"粗"与"麤"之类，都在不校之列。为了读起来方便，直接改过来，即所谓"径改"就可以了，不必出校勘记。

　　最后，我们还要谈一下出校的标识和一般校勘记的写法。所谓标识，就是用一种符号表示出哪里有校改。前面已经提及，张之洞在《书目答问》卷一"十三经注疏"条中说：

　　　　阮本最于学者有益，凡有关校勘处，旁有一圈，依圈检之，精妙全在于此。[1]

这是说阮元附校勘记本的出校标识，是在原文出校的地方打一个圈，使用者可以"依圈检之"。

　　中华人民共和国成立以后，由于整理出版《资治通鉴》和二十四史等大宗史书，出校标识和校勘记的写法逐渐趋于统一，呈规范化趋势。

　　1959 年 9 月和 12 月，中华书局分别出版点校本《史记》和《三国志》，这是二十四史中最早出版的两史。由于《史记》采用清张文虎校本为底本，故整理者顾颉刚先生未作校勘记，只是把张文虎写的《校刊史记集解·索引·正义札记》五卷另印单行，以便参考。而陈乃乾先生整理的《三国志》则把各卷校勘记集中到了全书之末，注明了卷数和页数。可喜的是，《三国志》采用了在正文和裴注中用圆括号（　）表示删减、用六角括号〔　〕表示增补的做法，增强了直观性，只要我们遇到这样的标识，就知道这里有校改。毋庸讳言，把校勘记单行或殿在全书之末，查起来都不方便，是其不足，但在正文中用六角括号、圆括号表示增、删则是很可取的。

　　1962 年 6 月和 1965 年 5 月，中华书局又出版了点校本《汉书》和《后汉书》。这两部书不仅保留了在正文中用六角括号、圆括号表示增、删

---

　　[1]　（清）张之洞：《书目答问》卷一，1 页，上海，商务印书馆，1947。

的做法，而且，还把校勘记附在了每卷之末，给读者带来了极大方便。

　　遗憾的是，之后出版的各史，却放弃了在正文中用六角括号、圆括号表示增、删的做法，而改为在句末或文气停顿处标写数码的做法。这种做法的好处是，有了数码排序，方便了与卷末校勘记的核对；其不足是失去了六角括号、圆括号的直观性。如果既采用六角括号、圆括号表示增、删，又采用数码标注，将是较完美的做法。

　　还有一种做法，即既用六角括号、圆括号表示增、删，又将校记随文注出。如《归潜志》卷五"高斯诚"条：

　　　　与余先子〔甚〕（据明抄本何煌校补）善。①

又同卷"马天采"条：

　　　　马天（来）〔采〕（聚珍本作"采"，按其字元章，作"采"是，今据改）。②

这种办法增强了直观性，但不免有割裂原文之嫌。所以若采用这种方法，校勘记一定要简明，以避免影响阅读时的连贯性。

　　至于校勘记的写法，一般来说，一条完整的校勘记应该由三部分文字组成：其一，列出已经校定的文字；其二，指出所改字原作某字，或原脱某字；其三，申述校改或校补的理由。如《金史》卷一《世纪》第七条校勘记如下：

　　　　〔七〕十一年癸巳康宗卒　"癸巳"原作"癸酉"，干支不合。按上文"七年己丑"，则十一年自应是癸巳。本书卷二《太祖纪》，"岁癸巳十月……康宗即世"，正与之合。今据改。③

"十一年癸巳康宗卒"为校勘记的第一部分，"'癸巳'原作'癸酉'"为第二部分，其余则为第三部分。这种校勘记，体现了前人所谓"寓改于校"的

---

　　①　（金）刘祁：《归潜志》卷五，44 页，北京，中华书局，1983。
　　②　（金）刘祁：《归潜志》卷五，46 页，北京，中华书局，1983。
　　③　《金史》卷一《世纪》，18 页，北京，中华书局，1975。

精髓。清人黄廷鉴在评论卢文弨、毕沅的校勘成就时说：

> 近抱经(卢)、经训(毕)两家校刊诸书，皆称善本，实一洗明代
> 庸妄之习。然多据他书以考订一是，未合唐宋以前先儒谨守之法。
> 所善者，在注存旧本，不没其真，犹循朱子《考异》之例，俾学者得
> 以考其得失，则是寓改于校，而非专一于改也。①

而我们上举校勘记的第二部分，就正是"注存旧本"。而在正文中用六角
括号、圆括号表示增、删，也正是这个意思。

前人有言，校书如扫落叶，随扫随生，极言校勘并不是一件轻而易
举的事。当然，从表面上看，拿几本书一对，既机械，又轻松，但这仅
仅是表象而已。诚如段玉裁、陈垣等学者指出，用诸本对校只是校勘工
作的第一步，更重要的是要判明是非，决定弃取，这则要看一个人的功
力和学术水平。段玉裁说：

> 校定之学识不到，则或指瑜为瑕，而疵颣更甚。转不若多存其
> 未校定之本，使学者随其学之浅深，以定其瑜瑕，而瑜瑕之真固
> 在……古书之坏于不校者固多，坏于校者尤多。坏于不校者，以校
> 治之；坏于校者，久且不可治。②

需要指明，段玉裁绝不是反对校勘，他是反对那种马虎从事的校勘。至
于谨慎从事，体现学术水平的校勘，则正是我们所期待的。

---

①　(清)黄廷鉴：《第六弦溪文钞》卷一，37 页，清道光二十年刻本。
②　(清)段玉裁：《经韵楼集》卷八，191 页，上海，上海古籍出版社，2008。

第五章　历史文献的注释

一、注释的萌芽及其种类

注释就是讲解文献。孔子"以《诗》《书》《礼》《乐》教"，对古代文献作了大量讲解。《论语·八佾》记载：

> 子夏问曰："'巧笑倩兮，美目盼兮，素以为绚兮。'何谓也?"子曰："绘事后素。"
> 曰："礼后乎?"子曰："起予者商也！始可与言《诗》已矣。"①

孔子讲解文献，不拘泥于文字音训，而注重挖掘其内在的深刻道理，并希望学生能举一反三，由此及彼。据司马迁说，《周易》之十翼应为孔子所作，对此后人虽有怀疑，但从十翼所引的"子曰"中，可以看出孔子不限于《易》作为筮书的性质，加入了许多自己的新认识，这与他解释《诗》的做法、风格是一脉相承的。

韩非的《解老》《喻老》，出于阐发问题的需要，对《老子》的部分内容做了解释，表现出解释的另一种形式和风格。《解老》与《喻老》在具体做法上也不尽相同，前者重在解，即解释词，而后者重在喻，即以事例证词义。《解老》讲解《老子·德经》第五十八章"祸福之所倚，福祸之所伏"

---

① 《论语·八佾》，新编诸子集成本，157 页，北京，中华书局，1990。

时说：

> 人有祸则心畏恐，心畏恐则行端直。行端直则思虑熟，思虑熟则得事理，行端直则无祸害。无祸害则尽天年，得事理则必成功。尽天年则全而寿；必成功则富与贵；全寿富贵之谓福。而福本于有祸，故曰："祸兮福之所倚。"
>
> 人有福则富贵至，富贵至则衣食美，衣食美则骄心生，骄心生则行邪僻而动弃理，行邪僻则身死夭，动弃理则无成功。夫内有死夭之难，而外无成功之名者，大祸也。而祸本生于有福，故曰："福兮祸之所伏。"①

韩非抓住老子言祸福可以互为转化这一点，讲解了两者为什么可以转化，怎样转化。值得注意的是，韩非解释《老子》，却并不受老子思想的局限，在解释的过程中，也渗透、阐发了自己的思想。老子讲祸福的相互转化，只是被动地反映这一客观现象，韩非则在阐述祸福为什么转化、怎么转化时注意到人的因素，即在祸福的转化中，人可以起重要作用。在解释文献的过程中糅进自己的思想观点，这种做法在我国历史上有相当的影响，而韩非在其中起的作用是不能忽视的。

《喻老》篇对《老子》的解释采用另一种做法。如对《老子·德经》第四十六章中"咎莫惨于欲得"的解释，就更多地用了以事类证词义之法，韩非解释说："虞君欲屈产之乘与垂棘之璧，不听宫之奇，故邦亡身死。故曰咎莫惨于欲得。"这里所说的就是《左传》中的"宫之奇谏假道"一节，虞君在物质的诱惑面前，不能控制自己的欲望，最后招致邦亡身死之祸。韩非用"宫之奇谏假道"的事例解释"咎莫惨于欲得"，二者在本质上有共同之处，只要把事例叙述清楚，要解释的内容也就一目了然了。用事例证词义的方法解释文献有其独到之处，能收到较好的效果。但是，不是所有需要解释的内容都能找到恰当的事例，所以它的使用有一定的局限性，一直未能形成一种主要的注释形式。

---

① 《韩非子》卷六《解老》，新编诸子集成本，135页，北京，中华书局，1998。

秦代焚书坑儒，使历史文献遭到空前浩劫，影响了历史文献的正常发展。汉兴，搜集、整理劫后历史文献，利用文献为其统治寻求理论依据，是统治者维护王朝统治的重要举措。顺应这种需要，注释在汉代得到长足发展，不仅出现了很多有重要影响的注释典籍，而且也形成了众多的注释形式。据《汉书·艺文志》《隋书·经籍志》等书记载，汉代的注释形式大体有传、章句、解故、解诂、间诂、故、说、注、笺、训、音义、音隐、释训、释例、解谊、音、微、难、问、论等，魏晋以后又出现了集解、索隐、子注、正义（疏）等。一般来说，名称不同则特点不同，但也有虽名称不同而实质相同者，如训、说就都是解说。注释名目众多，但常用的种类并不多，有的注释形式只在汉代通行，以后就不再有人使用。也有一些形式，在昌明汉学的清代又重新被起用。如孙诒让注释《墨子》，题名为《墨子间诂》，对此他在序中有个交代，"昔许叔重注淮南王书，题曰《鸿烈间诂》。间者发其疑牾，诂者正其训释。今字义多遵许字，故遂用题署"。又如魏源撰有《诗古微》《公羊古微》。《汉书·艺文志》在《六艺略》中著录了《左氏微》《铎氏微》《张氏微》，颜师古有注，"微谓释其微旨"。魏源正是欲释《诗》《公羊传》之微旨，所以书题名为"微"。钱东垣作《孟子解谊》，《隋书·经籍志》著录东汉服虔的《春秋左氏传解谊》，谊与义乃古今字也，钱东垣以"解谊"题其书名，尊汉的目的很明显。通常可以从注释的书名看出注释的重点，但也不尽然，有的书名只能表现注释的部分特征，甚至只是注释者某一方面需求的反映，所以一定要考察其内容。而能够代表注释的主流，体现其特点的注释形式，则是传、注、章句、笺、集解、正义（疏）、子注等。

二、注释的主要形式之一——传

传是注释的一种重要形式，先秦已开始使用。《春秋左氏传》《春秋公羊传》《春秋穀梁传》，世称《春秋》三传。三传的成书年代和作者一直没有定论，比较可信的说法是《左传》成于战国初年，《公羊传》《穀梁传》

经过一段口耳相传时期，写定于汉初。三传可以说是解释历史文献最早的书。对于传，刘知几有个说法：

> 孔子既著《春秋》，而丘明授经作传。盖"传"者"转"也，转受经旨以授后人。或曰"传"者"传"也（上"传"去声，下"传"平声），所以传示来世。[1]

不论传是读"chuán"，还是作"转"讲，都是将《春秋》的主旨传给后人。桓谭曾以《左传》为例讲过经与传的关系，他说："《左氏传》于经，犹衣之表里相待而成。经而无传，使圣人闭门思之，十年不能知也。"[2]形象地阐明了传对于经的意义。

对比三传，《左传》重史实，兼及义理，而《公羊传》《穀梁传》二传则偏重义理，少及史实，即有所涉，亦较粗疏。著名的殽之战，三传都记述了蹇叔进谏和哭师，然而稍加比较，即明高下。《左传》首先交代了袭郑的起因，然后才讲"穆公访诸蹇叔。蹇叔曰：'劳师以袭远，非所闻也。师劳力竭，远主备之，无乃不可乎？师之所为，郑必知之，勤而无所，必有悖心，且行千里，其谁不知？'公辞焉"。进谏之辞入情入理，竟遭拒绝。《公羊传》《穀梁传》二传则记"百里子与蹇叔子谏曰：'千里而袭人，未有不亡者也。'"为出师远征这样的大事进谏，仅用一句话，显然过于疏漏，而穆公就因为这一句话，便诅咒两位德高望重的老臣"子冢木已拱矣"，也颇失常理。《左传》中也有与此相近的话，秦军即将出征，蹇叔却哭师，触怒了穆公，派人对他说："尔何知！中寿，尔墓之木拱矣。"显然，《左传》的记载不仅翔实，而且合乎逻辑。《公羊传》《穀梁传》则因过于空疏，使文义不够连贯。虽然《公羊传》《穀梁传》在涉及史实方面也有偶胜《左传》者，但就总体而言，《左传》在重史实方面超过《公羊传》《穀梁传》二传则是毋庸置疑的。特别是《左传》记事脉络清晰，

---

① （唐）刘知几：《史通通释》卷一，（清）浦起龙通释，10 页，上海，上海古籍出版社，2009。

② （清）严可均校辑：《全上古三代秦汉三国六朝文·全后汉文》卷一四，546 页，北京，中华书局，1958。

文字流畅，更是远在《公羊传》《穀梁传》二传之上。由于《公羊传》《穀梁传》二传长于义理，在议论、分析问题方面，确有独到之处，也应予以适当的重视。对于"《春秋》何以始乎隐"，《公羊传》简明而令人信服地回答了这个问题，云："祖之所逮闻也，所见异辞，所闻异辞，所传闻异辞。"《公羊传》认为当时前辈所能了解的，就是从隐公开始的。值得注意的是"异辞"的三次出现，这是强调不论是"所见"，还是"所闻""所传闻"，都会因人的地位、见识不同等主观原因而得出不同的结论，提醒人们注意这一客观事实，否则便很难正确认识文献。然而问到《春秋》何以终乎哀公十四年时，则以"王道备矣"云云答之，不免重蹈空谈义理的覆辙，与对"何以始乎隐"的分析就不啻天壤之别了。

《春秋》三传以后，传作为一种注释的形式常有人使用，只是具有特色的代表作鲜矣。而南宋朱熹所注《诗经》，冠以"集传"之名，颇有新意。《诗经》以赋、比、兴为创作方法，文字简洁，富于想象，含蓄深沉，只解释词语、名物典制，显然达不到"传示来世"的目的，而探讨诗作的用意、时间、比喻之所指，则是解诗更重要的环节。朱熹根据诗注的特点，采用以讲解为主的传为其作注，为了使解释翔实丰富又兼采多人有关《诗经》的讲解，故称之为《诗集传》。朱熹作《诗集传》，自作传的比重较大，其传先注音，其次指出创作手法或赋，或比，或兴，再解释词语、名物典章制度，最后串讲诗句的寓意，并采撷他人的解说。然而最能反映《诗集传》特点的则是篇名下的解说，所涉内容远比诗句串讲广泛得多，其内容包括以史证诗，推考诗作的时间，章句改动的说明，批驳旧说，引他人之说阐述诗意，存疑等。朱熹《诗集传》是传的形式，而且以自作传为主，又兼采他人之说，故题书名为"集传"，这是对传这种注释形式的发展。

三、注释的主要形式之二——章句

章句是汉代常见的一种注释形式，清沈钦韩《汉书疏证》称，"章句者，经师指括其文，敷畅其义，以相教授"。王逸《楚辞章句》为"敷畅其义"，以串讲文义为主，虽然也注意对词语、地名、人物的注释，但都紧紧围绕着疏通文义这个中心。《楚辞》用典故多，涉及众多历史人物、历史事件，对此，王逸用原书记载予以说明，使其解释具有不可辩驳的可靠性。王逸注意到《楚辞》有鲜明的楚地色彩，辞中常用楚方言，而楚语与中原语言有较大差别，所以王逸注中指出与楚方言相应的中原语言。如《离骚》"邅吾道夫昆仑兮"，章句云："邅，转也。楚人名转为邅。"从《辞源》以"转"解"邅"中，足见王逸标出楚地、中原语言的差异，对后世所产生的影响。章句通常是不注音的，而《楚辞章句》中有一些注音。从现存典籍注释考察，为典籍注音多见于郑玄所注书。王逸生活在汉安、顺帝年间，早于郑玄等人，他为《楚辞》注音，显然对注音成为注释的一个组成部分有影响。

赵岐《孟子章句》是汉代又一重要注释书。清代阮元以为，赵岐较马、郑、许、服虽逊一筹，但在解释词语、疏通文义上还是符合训诂之旨的。《孟子章句》对词语的解释比较简洁，如"叟不远千里而来"，解释"叟，长老之称，犹父也"①。然而，为阐明文义，则不惜篇幅，所涉内容广泛。指出《孟子》引文出处，如《梁惠王下》"《书》曰：'天降下民，作之君……天下何敢有越厥志'"。《章句》云，"《书》，《尚书》逸篇也"。引用他书解释《孟子》，如用《周礼·载师》"宅不毛者有里布，田不耕者出屋粟"，来解释"廛无夫里之布，则天下之民皆悦，而愿为之氓矣"②。

---

① 《孟子注疏·梁惠王章句上》，见（清）阮元校刻：《十三经注疏》，2665 页，北京，中华书局，1980。

② 《孟子注疏·公孙丑章句上》，见（清）阮元校刻：《十三经注疏》，2690 页，北京，中华书局，1980。

突出了孟子的宽民意识，两相对比，极为深刻。为了阐发孟子对某一说法的完整理解，同时也体现它"令学者可分章寻求于汉传注"①的长处，赵岐的解释通常都在一段文字之后。如《尽心上》"于不可已而已者，无所不已。于所厚者薄，无所不薄也。其进锐者，其退速"。孟子这段话的意思已经很明确了，赵岐不仅详细地作了解释，而且还推论出"所以不可而弃之，使无罪者咸恐惧也"，"不忧见薄者，亦皆自安矣"。这种详尽的阐释和发挥，用心虽好，但却不免有代读者思考之嫌，而且偏离原文。这样的阐发义理，自然会出现"碎义逃难，便辞巧说，破坏形体"②的弊端，这是赵岐章句的不足。章句这种注释形式，首先分章断句，然后解释词语，按照自己的理解串讲文义，总结段义。这种形式在西汉较为流行，东汉渐衰，自郑玄注广泛流行后，章句就几乎销声匿迹了。直到南宋朱熹又以此形式作了两部很有影响的章句，即《大学章句》《中庸章句》。

四、注释的主要形式之三——注

注，是历代注释最常用的形式。刘知几指出传与注的共同点是以训诂为主，他说：

> 降及中古，始名传曰注。盖传者转也，转授于无穷；注者流也，流通而靡绝。进此二名，其归一揆。③

不论是传还是注，都是使对文献的讲解像流水一样源源不断疏通长流。据《隋书·经籍志》载，最早采用注解释典籍的是贾逵。之后是马融和郑

---

① 《孟子注疏校勘记·序》，见（清）阮元校刻：《十三经注疏》，2664 页，北京，中华书局，1980。

② 《汉书》卷三〇《艺文志》，1723 页，北京，中华书局，1964。

③ （唐）刘知几：《史通通释》卷五，（清）浦起龙通释，95～96 页，上海，上海古籍出版社，2009。

玄，而保存至今的最早的注就是郑玄的《三礼》注。郑玄注经，因兼习颇多，能发现诸说异同，可以据此考彼，亦可据彼证此，使其注释更趋于完臻，充分体现出融合今古文之长取得的良好效果。郑玄的注，基本奠定了古籍注释的模式，对后世文献注释有很深远的影响。

先秦典籍遭逢秦火，在流传中又几经周折，脱漏舛误较多，所以郑玄在诠释词语、名物、典制时，也十分重视对原书讹误文字的订正。有时不先订正文字就无法作注释，有时订正了文字也就不必作注释了。由于当时校勘还未形成独立的学科，属于注释中的一部分，所以有的注文实际就是一条校勘记，如《仪礼·丧服》："庶孙之中殇。"郑注云："此当为下殇。言中殇者，字之误尔。"尽管这类订正文字的注文所占比例不大，但它包含了一些具有重要价值的校勘原则，至今在校勘学中尚有生命力。郑玄作注注意采摭众家之长，但不盲从某一家之说，善于独立思考，敢下己意。如《周礼·笾人》"朝事之笾"，郑玄在注中引郑司农说"朝事，谓清朝未食，先进寒具口实之笾"，接着道出自己的不同看法"玄谓以司尊彝之职参之。朝事，谓祭宗庙荐血腥之事"，否定了前说。郑玄考虑到事物的发展，古今的联系，或征古以证今，或以今释古。如以"古者谓钱为泉布，所以通布货财"，解释"子硕欲以赙布之余具祭器"[①]。这样作注往往追溯古今沿革，为后世研究某些情况提供了资料。用音训方法正音释义是郑玄作注的一大特点，于是郑注中出现了一些特定的术语，如"读若""读如""读曰""读为""当为""当读如""当读为"等。段玉裁《周礼汉读考序》对这些不同术语的含义作了精辟的分析。"读如""读若"为一类，"读当如"也基本上属这类，是别其音，但也有释义的作用。如以"辟读辟忌之辟"注"使咸知王之好恶，辟行之"[②]，只是以别音为主而已。"读为""读曰"主要是释义，指出所注经中某字读为某字，然

---

① 《礼记正义·檀弓上》，见（清）阮元校刻：《十三经注疏》，1288 页，北京，中华书局，1980。

② 《周礼注疏·掌交》，见（清）阮元校刻：《十三经注疏》，902 页，北京，中华书局，1980。

后释义时则释所易之字，如以"蚤读为爪，断爪揃须也"注"蚤揃如他日"①。显然，经中某字是假借字，而读为某字则是本字，所以"读为""读曰"是用本字破假借字，破后再稍加解释，其意即了然矣。而"当为"者，是字误或声误，属校勘范围。另外，"读当为"比较复杂，或同"当为"，或同"读为"，须依具体情况而定。郑注广泛运用音训，意识到语言中音与义密切相关，依音求义，把握住音训这一关键，使训诂学、文字学更好地服务于古籍注释，使注释不论在形式上，还是在内容上都达到新水平。

《淮南子》注和《吕氏春秋》注都出自高诱，但两书的做法不尽相同。高诱注《淮南子》有明确的宗旨：

> 乃深思先师之训，参以经传道家之言，比方其事，为之注释，悉载本文，并举音读。②

高诱特别强调"举音读"，这在当时的确不同凡响。郑玄虽重视音读，但没有作为宗旨提出，可见高诱对音读重视的程度。东汉末年尚未使用反切标音，一般用同音字、近音字标读音。高诱除以此法标音外，还教授读法，这在东汉注中并不多见。如"虽欲谨，亡马不发户轥"，注曰："轥，户限也，楚人谓之轥。轥读似邻，急气言乃得之也。"③这反映出当时对注音读提出了更高的要求。《淮南子》注中列两说者，最能体现高诱注的另一重要原则"比方其事"。如"一范人之形而犹喜"，高注曰："范犹遇也，遭也。一说：范，法也。言物一法效人形而犹喜也。"④这样做不仅为读者提供了选择的余地，而且还提供了进一步研究的线索。高诱注地名，很注意古今地理的变化和沿革，凡遇古地名，大都注今地名。对于河流，则依其特点，将注释重点放在其发源地及流经区域上。

---

① 《仪礼注疏·士丧礼》，见（清）阮元校刻：《十三经注疏》，1134页，北京，中华书局，1980。

② （汉）高诱：《淮南子·叙目》，见《淮南子》，新编诸子集成本，北京，中华书局，1998。

③ 《淮南子》卷一七《说林训》，新编诸子集成本，1220页，北京，中华书局，1998。

④ 《淮南子》卷二《俶真训》，新编诸子集成本，97页，北京，中华书局，1998。

这基本确立了注释地理内容的模式。高诱串讲文义，注意忠实原文，较少发挥个人见解。这样的串讲，可以弥补只诠释词汇仍难以理解全文的缺憾。

高诱作《吕氏春秋》注，其目的在于纠正小儒私意改定带来的谬误，还其本真，依先师之训为其作注，贯彻古儒之旨。如"宋王筑为蘖帝，鸱夷血，高悬之，射著甲胄，从下，血坠流地"①，高诱指出"蘖"当作"辙"，"帝"当作"台"，并说明前者是因音同而误，后者因形似而误，然后又依《诗·硕人》顺畅了这段文字，体现了"还其本真"的作注宗旨。另外，高诱还发现《吕氏春秋》在著述时就有失本真。如"故成汤之时，有谷生于庭，昏而生，比旦而大拱"②，高诱根据"亳有桑谷祥，共生于朝"事所罕见，考察此事出于太戊时，因此称"汤之时"就有误，何况汤至太戊之间还有三世君主，可见"汤之时"的错误是明显的。以上两例，前者勘正流传中产生的文字讹误，后者指斥撰述中造成的史实错误，高诱注都作了勘正，显然校勘是其注的重要组成部分，使其内容还其本真。如果文献工作者以还古籍之本真为目的，大概就不会在史实属不属于校勘问题上争论不休了，因为高诱已作了肯定的回答。

南朝刘宋裴松之所作《三国志注》不同于以往的史注，独具一格。裴松之认为陈寿《三国志》"失在于略，时有所脱漏"③，于是收集三国史料凡一百五十余种充实陈寿之书，体现出《三国志注》的重点是补充史实和考订史实。裴注有严格的体例，其要有四：

> 寿所不载，事宜存录者，则罔不毕取以补其阙。
>
> 同说一事，而辞有乖杂，或出事本异，疑不能判，并皆抄内以备异闻。
>
> 纰缪显然，言不附理，则随违矫正以惩其妄。

---

① 《吕氏春秋》卷二三《贵直论·过理》，新编诸子集成本，633页，北京，中华书局，2009。
② 《吕氏春秋》卷六《季夏纪·制乐》，新编诸子集成本，144页，北京，中华书局，2009。
③ 《三国志》附裴松之《上三国志注表》，1471页，北京，中华书局，1959。

其时事当否及寿之小失，颇以愚意有所论辩。①

以上四点，可以归纳为补阙、考异、纠谬、考辨。补阙是裴松之针对《三国志》记事过简的不足，利用注的形式补充了大量的史料，不仅使《三国志》更为翔实，而且使大量史料得以保存。然而，最显裴注特色的是考异和考辨。东晋以后，有关三国的材料陆续被发现，而且其内容与《三国志》常有出入，而又难辨优劣，于是裴松之利用注的特点，将收集到的不同材料一并抄录下来，供读者研究，这种形式称为考异。如"五月己丑，高贵乡公卒，年二十"②，寥寥数语就交代了高贵乡公的死，此事很多史书都有详细记载，裴注依次征引了《汉晋春秋》、《世语》、《晋诸公赞》、干宝《晋纪》、《魏氏春秋》、《魏末传》凡六种。这几种书对这一事的记载基本一致，但细节却有差异，而且难判孰是孰非，裴松之将其全部抄列，并通过排列顺序表明自己的是非倾向。在援引材料之后，注者以按语形式，对其记载的正误、优劣，或判断，或质疑，这种做法即为考辨。如张纮建议孙权"出都秣陵"③，裴注引《江表传》《献帝春秋》，然后对这两种材料有所评论，虽主要是否定《献帝春秋》记载，却还是在注中引了这条材料，体现贯彻其"傍摭遗逸""务在周悉"的作注原则。裴注以考异、考辨的形式作注，弥补了《三国志》因某些原因造成的缺憾，提高了这部史书的文献价值。重要的是，考异、考辨逐渐成为史注的一种程式，使史注不同于其他典籍的注释，确立了史注本身的特点。更值得注意的是，在《三国志》裴注的启发下，还出现了新的史书编纂体裁：史书考异。裴松之以考异、考辨的形式注史，为史注开辟了新途径，对于史书乃至史学多有裨益。纠谬也是裴注的重要组成部分，以足够的事实为根据指出史书某些记载的谬误，令人信服。裴氏的纠谬，使《三国志》"事多审正"的特点更为突出。纵观裴注，其内容远不止此，如批评陈寿撰述失当，勘定地名、辨别文字异同等，尤其是对史事、撰

---

① 《三国志》附裴松之《上三国志注表》，1471页，北京，中华书局，1959。
② 《三国志》卷四《魏书·三少帝纪》，143页，北京，中华书局，1959。
③ 《三国志》卷五三《吴书·张纮传》，1245页，北京，中华书局，1959。

史的评论，已经超出单纯注史的界限，使史注的内容更为深刻。

《世说新语》是刘宋刘义庆采集前代遗闻逸事，错综比类，撰成分十八门的笔记小说。由于《世说新语》所涉多属真人真事，颇具史书性质，因此梁刘孝标为此书作注，与裴注《三国志》有不少共同点。其注不拘于词语的诠释，而是广搜材料，全注引经史杂著四百余种，诗赋杂文七十余种，对原书所述内容，或是加以充实，或是发其含蕴，或是考其当否，或是纠其谬误。由于《世说新语》所涉内容为真人真事，甚至连姓名亦不曾改动，人们不免以实在的人和事去核对《世说新语》的记载是否属实、是否准确。刘孝标作注遇到原书与他书记载有差异，又难分伯仲，就用考异的方法，即列出不同于原书的记载，由读者判其是非。对于有确凿事实根据可证其谬误者，即明确指出其谬。还有一种情况，即找不到说明其谬误的可靠根据，但又发现其有不合理处，就提出疑问。然而《世说新语》毕竟不是史书，所以校释在刘孝标注中仍占有相当的篇幅。由于魏晋南北朝士大夫阶层尚清谈，故《世说新语》所记多雅谑、含蓄，为其作注不仅要包括注音、释词、考镜典制名物等常见内容，而且还要交代人物的身份、言行的背景等，方能发其含蕴，解人难明之惑。这是《世说新语》注释的突出特点。如习凿齿与孙绰（字兴公）在桓公家相识，孙绰曰："'蠢尔蛮荆'，敢与大邦为仇？"习云："'薄伐猃狁'，至于太原。"孙、习皆引《诗经》，其意何在？刘孝标注曰："《小雅》诗也。《毛诗》注曰：'蠢，动也。荆蛮，荆之蛮也。猃狁，北夷也。'习凿齿，襄阳人。孙兴公，太原人。故因《诗》以相戏也。"[①]显然，如果没有刘孝标的注，就难以领略孙、习二人以《诗经》相戏的妙处。就某种意义而言，这类注释内容更为重要，它是由《世说新语》的风格、特点决定的，而能够根据注释对象的情况，决定注释的形式、内容，才能使注释有所创新、有所发展。

北魏郦道元所作《水经注》是第一部突出地理书特色的注释典籍。

---

① （南朝宋）刘义庆：《世说新语笺疏》卷下之下《排调》，（南朝梁）刘孝标注，余嘉锡笺疏，950页，北京，中华书局，2007。

《水经》原文极简，只记述一百三十七条水流，而记每条水流亦寥寥数语而已。于是"辄述《水经》，布广前文"①即成了郦注的主旨。中国河流众多，其自然形态相当复杂，而且随着时间的推移，河流的自然形态、名称等都在不停地变化，其间自然原因固然重要，而人为的原因亦不可忽视。鉴于这种情况，郦道元不仅搜集大量典籍资料，而且对河流进行实地考察验证《水经》等典籍记载的正确与否，并补充了大量内容，所记河流已达一千二百五十二条，篇幅二十倍于《水经》。这样做适应注释对象的特点，使其注释收到良好的效果。郦注"即地存古"，既描述河流的自然形态，又记载河流所经区域的历史变迁，如晋水"东过其县南，又东入于汾水"条，郦注先说明"沼水分为二派"，然后南、北二渎分述。"其南渎于石塘之下伏流，迳旧溪东南出，迳晋阳城南，城在晋水之阳，故曰晋阳矣。《经》书荀吴帅师败狄于大卤。杜预曰：大卤，晋阳县也，为晋之旧都。《春秋》定公十三年，赵鞅以晋阳叛，后乃为赵矣。其水又东南流，入于汾。"②这段记载以自然形态为主，辅以历史事件，而对北渎的记载则用较多的笔墨记述发生的历史事件。赋予自然形态的水流以社会内容，是《水经注》的普遍特点。《水经注》很多章段都可独立成篇，其文多用白描，间施彩笔，不拘一格，成一代文章典范。故郦注对地理书注、文学诸方面都有较大影响。由于郦道元对《水经》所记水流作了实地考察，遇所载与实际情况不符，即可明确地指出《水经》之误，予以勘正。统观《水经注》，郦道元根据《水经》的特点，灵活运用前人经验，吸取裴松之、左氏的长处，使其《水经注》有突出特色。

由于注是一种常用的注释形式，至今仍在普遍使用，所以在使用的过程中，注者往往根据作注的具体情况，或为校注，或为译注，或为笺注等，丰富了注的内容，有的已成为注释中的一个重要支派，如集注(集解)即属此类。

---

① （北魏）郦道元：《水经注校证》卷首《水经注原序》，陈桥驿校证，北京，中华书局，2007。

② （北魏）郦道元：《水经注校证》卷六《晋水》，陈桥驿校证，174～175 页，北京，中华书局，2007。

五、注释形式的发展——集解

东汉末年，郑玄杂糅今古文之说，打破西汉经学注释的门户之见。魏晋的经学家继承这一学风，摒弃墨守一家成规的陋习，注意兼采诸家之长，于是新的注释形式——集解便应运而生了，而且很快就扩展到史书及其他典籍的注释，并且一直沿用到今天。

何晏《论语集解》采孔安国、包咸、周民、马融、郑玄、陈群、王肃、周生烈之说，并间下己意。何晏引他人注释，都标明注者姓名。何晏集解是根据自己的认识，对诸家之说进行筛选，然后选定一家。只有在一家解释不够充分、完善时，才再引另一家之说以作补充。何晏之所以要下己意，是因为他对诸家都不满意。何晏引诸说，一般不再提出异议与补充，只有诸说皆不可意时，才独下己意。这是与他引用他说，基本只引一种的原则是一致的。所以，全书兼采诸家，而每一注又多取一家之言的做法，是《论语集解》的主要特点。

东晋范宁作《春秋穀梁传集解》，因"兼载门生故吏子弟之说，各列其名，故曰集解"[①]，与《论语集解》一样标明所引诸家之说，以与己说相区别，但二书又有明显不同。如前所述，《论语集解》一般的注只列一家之说，而《春秋穀梁传集解》则兼列诸家之说。如庄公六年"王人，卑者也；称名，贵之也"下，便列了何休、郑君、徐乾等人的注释。《春秋穀梁传集解》在一个注中集中了各个重要的注释，这是与何晏《论语集解》最大的区别。范宁也下己意，一是自己作注，但不绝对排斥他人的注；二是以类似按语的形式出现在他人注释之后。可以认为，范宁《春秋穀梁传集解》不论在保存资料方面，还是在拓宽注释广度方面都有所进步。

---

① （清）永瑢等：《四库全书总目》卷二六，211 页，北京，中华书局，1965。

　　唐杜预作《春秋左传集解》，首先改变昔日"夫子之经与丘明之传各异"①的状况，将经、传合起来注释。杜预批评张苍、贾谊、尹咸、刘歆、郑众、贾逵、服虔等的注释，"大体转相祖述，进不成为错综经文以尽其变，退不守丘明之传。有所不通，皆没而不说，而更肤引公羊、穀梁，适足自乱"②。针对这种状况，杜预"专修丘明之传以释经，经之条贯，必出于传"③。既专主《左传》，而对于《左传》不解、《公羊传》《穀梁传》有说者，则取其合《左传》之义者，去其异端。然而，对于先儒注释的去取，杜预并不说明其注释采于哪家，更不标明所引注释的注者，而是把前人的注释融合在自己的注释之中，这是杜预《春秋左传集解》的突出特点，同时也是它的不足。《论语集解》《春秋穀梁传集解》《春秋左传集解》形式不尽相同，但都能集诸家之长，使人们对这三部儒家经典的理解向纵深开拓。集解在思想、学术比较活跃的气氛中产生，而它的出现又促进了思想、学术的进一步发展。

　　南朝裴骃作《史记集解》，据不完全统计，收集了七十余家注释，其中以徐广《史记音义》为主。裴骃以徐广能"研核众本，为作《音义》，具列异同，兼述训解，粗有所发明"，而选其注为主要采摭对象。然而，殊恨徐注省略，则"聊以愚管，增演徐氏"。于是，"采经传百家并先儒之说，豫是有益，悉皆抄内"④。这样就构成《史记集解》中心突出、辅翼丰满的特点。徐广《史记音义》除注意字音字义、古今文字异同等，也注意到注史书的特殊性，所以徐注重视对时间、地点的说明。时间、地点都是记述历史的要素，明确时间、地点，有助于对《史记》记载的了解。对于一事两处记载不同，则明确指出，如《赵世家》"更立襄公曾孙周"，徐广注曰："《年表》云襄公孙也。"列出不同的记载，促人参酌其他

---

　　① 《春秋左传正义》卷二，见（清）阮元校刻：《十三经注疏》，1712 页，北京，中华书局，1980。

　　② 《春秋左氏传序》，见（梁）萧统编：《文选》卷四五，（唐）李善注，640 页，北京，中华书局，1977。

　　③ 《春秋左氏传序》，见（梁）萧统编：《文选》卷四五，（唐）李善注，640 页，北京，中华书局，1977。

　　④ 《史记》附裴骃《史记集解序》，4 页，北京，中华书局，1959。

记载定其是非，客观地对待史书记载。徐注还澄清史实，对《史记》的记载准确与否，提出自己的见解。徐广《史记音义》是裴骃《史记集解》中所收集的重要一家，本身就集采他人之长，如《封禅书》采应劭说，《秦本纪》引《汲冢书》之言等，徐注也颇有集解意味。这透露出集解这一新的注释形式，以其独特的优势，在南北朝已很盛行。裴骃的《史记集解》则更为宽泛、精到。《史记集解》不单单集专为《史记》作的注释，最突出的例子莫过于裴骃在《魏世家》中引荀勖为考定汲冢墓主，根据《汲冢书》及《世本》对《史记》记载提出的异议，有启发人们进行更深探索的功用。《史记集解》收录范围如此不拘一格，不仅可以保存更多的资料，而且使其更富有学术性。裴骃《史记集解》兼采诸家之说，而诸家身份、地位各异，思想、学术诸主张亦不尽相同，裴骃则能"删其游辞，取其要实"，使得七十家之说在《史记集解》中相得益彰，浑然一体。但这并不妨碍不同看法的并存，"或义在可疑，则数家兼列"，如《季布栾布列传》"置广柳车中"，下引服虔、邓展、李奇、臣瓒的解释。有时诸家之说几乎是针锋相对，有时诸家解释都难尽如人意，裴骃依次列出，贯彻了"未详则阙，弗敢臆说"的原则。裴骃《史记集解》在广集众说的同时，自己亦作注，其中一种是以按语的形式出现，其内容除表示阙疑外，多是对诸注的补充。裴骃的按语形式，或是征引诸家之说以补徐注，或是引诸典籍之说以解释徐注，或是引他人之说与己注相结合。前两种形式，突出徐广注的主要地位，而最后一种形式，则是反映裴骃不满意徐注，根据其他记载对所注内容加以考证。这样的按语，集中体现出裴骃的研究成果。还有裴骃的直接注释，第一类是引其他典籍，如"铜鞮伯华、介山子然，孔子皆后之，不并世"[1]，下引《大戴礼》《说苑》《晋太康地记》有关记载予以解释。据不完全统计，裴注引用典籍八十余种，这不仅丰富了《史记集解》的内容，而且保存了大量资料。第二类为裴骃自己作注，包括解文义、考史实、补史实之时间等。从《史记集解》整体考察，不论是诸家之说，还是裴骃之言，均已形成一体，具有集前人注《史记》之大

---

① 《史记》卷六七《仲尼弟子列传》，2186 页，北京，中华书局，1959。

成的性质。

唐代李善为《文选》作注，虽称注，实际上是集解。对此，李善未在序中指明，而是分散于具体的注中。在《两都赋序》中提到，"诸引文证，皆举先以明后，以示作者必有祖述也。他皆类此"①，"诸释义或引后以明前，示臣之任不敢专。他皆类此"②。在《景福殿赋》中说，"然卜、何同时，今引之者，转以相明也。他皆类此"③。李善引诸文为证，不仅引先于原文之文，而且引与原文同时之文和后于原文之文，使其注释能纵贯上下，旁及左右，这充分体现出李善集注的突出特点。李善对于所采用的由个人完成的旧注，除在篇首题其姓名外，一般皆原文照引，而且仅对其乖谬重新解释，并以"臣善"别之。李善注意到《文选》是文章总集的特点，故很重视解题，既解类题亦解篇题，而解释篇题和介绍作者又是李善解题的主要部分。《文选注》注意到《文选》文章内容丰富，其注除了注音、释词、辨古今异字之外，还考释人与史事，考证地名、制度，点破寓意等，各有特点，为注释文学文献提供了可借鉴的模式，丰富了注释手段。李善征引大量文献资料，使其注有不可辩驳的说服力，并使大量文献得以保存。

以上所说诸种集解，下己意之处都颇具特色，但都是以采摭他人注释为主，这也是集解的主要特点；而南宋朱熹所作《论语集注》《孟子集注》则对集解这一主要特点有所弱化。如《论语·子路》五十余处有注解，其中二十四五处引用他人注释，朱熹未注（包括朱熹只注音者）仅有四处。又如《孟子·梁惠王上》有注释五十处左右，而引他人注释之处不足十处。由此不难看出，几乎每处注释都有朱熹自己的注，可以认为朱熹的集注以其本人的注释为主。另外，朱熹所引他人注释以当代人为主，这也体现朱熹集注与前代集解的不同。朱熹的集注，通常是朱熹先作注，然后引他人的注。有时朱熹的注以按语的形式出现在最后。有的按

---

① （梁）萧统编：《文选》卷一，（唐）李善注，21页，北京，中华书局，1977。
② （梁）萧统编：《文选》卷一，（唐）李善注，22页，北京，中华书局，1977。
③ （梁）萧统编：《文选》卷一一，（唐）李善注，175页，北京，中华书局，1977。

语实际是总结段意，与章句的做法相似。尤其是《孟子集注》，虽未沿用赵岐的章句，但是保留了章句的风格，解章释句的情况较多，如《公孙丑上》第五章后有"此章言能行王政，则寇戎为父子；不行王政，则赤子为仇雠"，就属此类。朱熹作集注，但不受其局限，在必要的情况下，还引用章句的做法，这可以说是朱熹在注释上的新尝试，打破了不同注释形式间的界限。

明代的集解以大全的形式面世，撰成《五经大全》一百五十四卷，《四书大全》三十六卷。明成祖曾论及修撰大全的宗旨，他说："五经、四书，唱圣贤粗义要道，其传注之外，诸儒议论，有发明余蕴者，尔等采其切当之言，增附于下。"①大全的编撰者将大全的内容限制在程朱理学的范畴内，五经与四书分别以一部程朱理学派的传注本为基础，而这些传注本又多是集注本，如《书传大全》以蔡沈《书传》为本，而此书即"参合诸儒要说"而成，《诗传大全》以《诗集传》为本。大全以增补传注为主，另外还增加了一些图表、论说等有关资料，力图囊括一切涉及原书内容的资料，使其又具有资料汇编的功能。这些资料配合传注，有助于对原文的理解，可以说这类大全是集解进一步扩充发展的产物。清以后的集解（集注），虽不称大全，但也尽量求全，既为研究者提供了较完整的资料，也有保存文献的功用。

六、说注的注——疏与正义

附说直解

南朝梁皇侃以何晏《论语集解》为本，又参酌江熙所集十三家注，撰成《论语集解义疏》。皇侃称："侃今之讲，先通何集，若江集中诸人有可采者，亦附而申之。其又别有通儒解释，与何集无好者，亦引取为

---

① "中研院"历史语言研究所校印：《明太宗实录》卷一五八，1803 页，上海，上海书店出版社，1984。

说，以示广闻也。"①而皇侃《论语集解义疏》的成就不仅在于所集注释更
为宽泛，而且它既解释原文，又注释前人的注解，标志着典籍注释提高
到一个新的层次。一般来说，皇侃《论语集解义疏》先解篇名，次注正
文，再疏注。解篇名对篇名含义的探讨，以及篇目排列顺序的内在联
系，其中有些探求不免牵强，但皇侃把每一篇都作为《论语》这一整体的
一个重要的、相互联系的部分考虑，这对全面理解《论语》还是有益的。
皇侃注释正文，突出其义疏的特点，首先是明章义，如《为政》"子曰诲
汝知之乎"章，解此章义为"此章抑子路兼人也"。这种类似"章句"的点
明段意，是在寻索所解正文的内涵。再者就是对正文逐句的解释。有一
点值得注意，皇侃在注疏前，先标明其解释的起讫。如"南容三复白圭，
孔子以其兄之子妻之"，〔疏〕"南容至妻之"。这是疏其整章的起讫，分
句解释，亦标明起讫，"云南容三复白圭者"。②标明注释起讫始自皇
侃，唐朝以后的疏，多效此法。然而，重要的是，《论语集解义疏》解释
注，是对典籍注释的一次突破，翻开了注释史上新的一页。皇侃《论语
集解义疏》对注的疏解，除了补前注不足及错误之外，还对注作进一步
发挥。如《述而》"子所雅言"，郑玄注曰："读先王典法，必正言其音，
然后义全，故不可有所讳也。"皇侃疏曰："若读书避讳，则疑误后生，
故《礼》云，教学临文不讳，《诗》《书》不讳是也。"皇侃的疏使其含义更明
白了。皇侃不仅注意实词与内容的解释，而且也不忽视句读和虚词，充
分体现"疏"对古籍作高一层次的解释，把古籍原文的含义更清晰地展现
出来。有时也对注有所评论，如《八佾》"子谓《韶》，尽美矣"，孔安国注
曰："《韶》，舜乐名也，谓以圣德受禅，故曰尽善也。""《武》，武王乐
也，以征伐取天下，故曰未尽善也。"皇侃疏曰："注不释尽美而释尽善
者，释其异也。"这种提示，有益于对孔子原意的理解。又如《为政》"导
之以德"，包氏注曰："德谓道德也。"皇侃疏曰："亦得合郭象解也。"这
说明他赞同郭象的解释，也表示他对包注的肯定。这评论则有指导认识

---

① （南朝梁）皇侃：《论语集解义疏》卷首《论语义疏叙》，6 页，上海，商务印书馆，1937。
② （南朝梁）皇侃：《论语集解义疏》卷六，147 页，上海，商务印书馆，1937。

估价前人诸说的意味。皇侃《义疏》对原文及注，或注释，或补充，或评论，或纠谬等，都充分发挥了义疏这种形式的优越性，提高了注释的学术水平。

唐孔颖达、颜师古等人受诏撰《五经义训》，号《义赞》，凡一百八十卷，其间包括《周易正义》十四卷、《尚书正义》二十卷、《毛诗正义》四十卷、《礼记正义》七十卷、《春秋左传正义》三十六卷。后奉诏改为《五经正义》。《五经正义序》中称参与修撰此书者为"修疏人"，所以正义亦称疏。其一般做法是，选定一种注本，除原注不注的原文，或疏者不同意原注的解释，疏通常不重新解释原文，而以解释原注为主，这成为以后作疏的普遍模式。五经的疏钦定名为《五经正义》，反映出作疏的宗旨在于统一对儒家经典的认识。后世有些疏也称"正义"，虽非敕撰，亦留有统一意味。为注作注、重新作注、补注，是《五经正义》的三种主要形式。其中最能反映正义特点的当然是为注作注。如《春秋左传》下列一段："宋华弱与乐辔少相狎，长相优，又相谤也。"原注云："狎，亲习也。优，调戏也"，《五经正义》用"疏"字将原注与疏文隔开，并标明："注狎亲至戏也。"接着便是正式的疏文：

> 《正义》曰：《论语》云，"虽狎必变"。《曲礼》云，"贤者狎而敬之，狎是相衰慢、相贯习之名也"。二十八年《传》称，庆氏之徒观优至于鱼里，是优为戏名也。①

接着，《五经正义》又进一步称"《晋语》有优施，《史记·滑稽列传》有优孟、优旃，皆善为优，遂以优著名，是优为调戏也"，反复强调优是戏，是调戏，这样，我们对华弱与乐辔"长相优"就很容易理解了。

疏者对原注不满，亦坚守"疏不破注"的原则，重新加以申疏。如《尚书·高宗肜日》有这样一段："高宗肜日，越有雊雉。祖巳曰，惟先格王，正厥事。"伪《孔传》解释说："言至道之王遭变异，正其事，而异

---

① 《春秋左传正义·襄公六年》，见（清）阮元校刻：《十三经注疏》，1937页，北京，中华书局，1980。

自消。"《五经正义》对原文和伪《孔传》都重新作了疏解。对于正文，《五经正义》补充了"高宗既祭成汤，肜祭之日，于是有雊鸣之雉在于鼎耳，此乃怪异之事"，使读者明白了事情的原委。接着又解释了伪《孔传》中的"至道之王"，"谓用心至极，行合于道"，又说"至道之王当无灾异，而云遭变消灾者，天或有谴告"，又说"此劝戒之辞，不可执文以害意也"，对如何理解这段文字，提出了周详的看法。从实际情况看，这种为注作注的做法确实是叠床架屋，不免烦琐；但这种做法对读懂、读通古文献也确实有帮助。故认真评价的话，这两个方面是都不应忽视的。

不难看出，虽然疏也需重新解释原文，但并不是弃原注于不顾，而是紧紧围绕原注，或补充其内容，或疏解其未备，在前人基础上，更向前迈进了一步。

由于时间的推移，原来易懂的内容越来越变得艰涩难懂，只有对前人的诠释再行诠释，才能为后人所理解。所以，疏的出现，也是文献学合乎逻辑发展的必然结果，这是我们需要再三强调的。

对于《五经正义》的优劣，一向众说纷纭，其不足可归纳为两点：第一，选本不统一，失刊定之规，乖统一之义；第二，因出于众手，思想、学识参差，不免有曲循注文之处。但是，《五经正义》对皇侃《论语集解义疏》的做法有所发展，使疏、正义的界定更加分明，体例更趋完善，逐渐成为一种成熟的注释形式。

唐代除《五经正义》外，还有贾公彦《周礼疏》《仪礼疏》，徐彦《春秋公羊传注疏》，杨士勋《春秋穀梁传注疏》。宋代有邢昺《孝经注疏》《论语注疏》《尔雅注疏》，孙奭《孟子注疏》等。

清代焦循作《孟子正义》，他说为《孟子》作疏，其难有十，然而清代文治昌明，通儒遍出，所以其十难，诸君子已得其八九。故以《孟子章句》为本，兼采当代六十余家之说，"推发赵氏之意指，明其句中训诂，自尔文从字顺，条畅明显矣。于赵氏之说或有所疑，不惜驳破以相规正"①。《孟子正义》所涉内容广泛、全面，不仅考证翔实，而且还论及

---

① （清）焦循：《孟子篇叙》，见《孟子正义》卷三〇，1051页，北京，中华书局，1987。

《孟子》的版本，《孟子》的篇名内涵，及它们之间的联系，等等。刘宝楠撰《论语正义》，"病皇（侃）、邢（昺）《疏》芜陋，乃搜辑汉儒旧说，益以宋人长义，及近世诸家，仿焦循《孟子正义》例，先为长编，次乃荟萃而折衷之"[①]。焦、刘二部正义有一个共同的特点，即兼采古今诸说，择取历代精华，皆堪称集大成之作。

　　直解是元代出现的一种注释形式，其目的是更好地推广普及儒家经典。从现存许衡的《大学直解》《中庸直解》考察，他以朱熹《大学章句》《中庸章句》为基础再解释，有为朱熹章句作注的成分，所以就这一点而言，直解有疏的性质，但它又不同于引经据典，以考释为务的疏。直解一般不旁征博引，以明白为度，如解《大学》，只说"是这一部书名"，也不提及作者。解《中庸》，则说："是这一部书的总名，孔子之孙子思所作。"直解的语言浅近，运用口语。如《中庸》第二十章，有云："子曰：'好学近乎知，力行近乎仁，知耻近乎勇。'"朱熹说："'子曰'二字，衍文。"许衡不用"衍文"二字。而是说："这'子曰'两个字，是书中多写了的字。"许衡的《大学直解》《中庸直解》主要是阐发朱熹的解释，但比朱注详细，而且简明。如"大学之道在明明德"，朱熹解"大学之道"为"大人之学也"。许衡直解则云："大学之道，是《大学》教人为学的方法。"许衡的直解以串讲为主，遇到讲不通的地方，即直言"不可解"，这也充分体现直解"直"的特点。疏与直解都是为古籍的注作注，由于读者对象不同，其作注的方法也不同，如果说疏是阳春白雪，那么直解就是下里巴人，而且从某种意义上说，直解对儒家思想的传播更有益。

七、说"笺"

　　东汉郑玄一生注书颇多，据载有《周易》《尚书》《毛诗》《仪礼》《礼记》

---

①　赵尔巽等：《清史稿》卷四八二《刘宝楠传》，13291 页，北京，中华书局，1977。

《论语》《尚书大传》《乾象历》等，大部分书皆称注，而《毛诗》则以笺名之。为何以笺名之？《说文》云："笺，表识书也，从竹，戋声。"宋程大昌说："古无纸，专用简牍，简则以竹为之，牍则以木为之。康成每条，自出己说，别以片竹书之，而列《毛传》之傍。故特名郑氏笺。"①近人余嘉锡说："盖简策之制，字与上下齐，无复余地，故读者欲有所表识，则削竹为小笺，系之于简。"②郑玄在《六艺论》中如是说："注《诗》宗毛为主，毛若隐略，则更表明，如有不同，即下己意。"由于郑玄基本肯定《毛传》，只是对其不足和不妥有补正，所以名己注为笺。如《诗·小星》"抱衾与裯"，《毛传》曰："裯，禅被也。"郑《笺》则曰："裯，床帐也。"又如《诗·雨无正》"凡百君子，莫肯用讯，听言则答，谮言则退"：

> 《毛诗》曰："以言进退人也。"
>
> 郑《笺》曰："讯，告也，众在位者无肯用此相告语，言不忧王之事也。答，犹距也。有可听用之言，则共以辞距而违之；有谮毁之言，则共为排退之。群臣并为不忠，恶直丑正。"③

毛、郑对这段的理解不尽相同，郑玄对毛传作了进一步的阐述。《毛传》认为众在位君子虽知国危，却不肯以此事告于王，而王又加信浅近，任用谗佞，凭谗言进退人。郑《笺》则以为此诗刺讯在位君子"恶直丑正"，有可听之言，他们违拒，遇谮毁之言，他们逃退，令小人得进谮于王。王既暴虐，臣又不忠，是导致王政危机的原因。又如《诗·南山》"析薪如之何，匪斧不克"。《毛诗》曰："克，能也。"郑《笺》曰："此言析薪必待斧乃能也。"以上数例，可见郑《笺》显明《毛诗》、补正《毛诗》之一斑。后世亦有以笺名之己注者，如清王先谦《水经注合笺》、朱骏声《诗传笺》等，基本上都遵循郑玄的做法。近世有以笺证、笺注、笺释、笺疏题名

---

① （宋）程大昌：《演繁露校证》卷五，许逸民校证，371页，北京，中华书局，2018。
② 余嘉锡：《书册制度补考》，见《余嘉锡论学杂著》，542页，北京，中华书局，2007。
③ 《毛诗注疏·雨无正》，见（清）阮元校刻：《十三经注疏》，448页，北京，中华书局，1980。

其注，从具体情况考察，发现大多在注前加"笺"者，都是以辑录众多材料为作注的依据。

八、子注与自注

子注，亦称自注，是魏晋南北朝出现的一种新的注释形式。对此，刘知几有所阐述，"亦有躬为史臣，手自刊补，虽志存该博，而才阙伦叙，除烦则意有所吝，毕载则言有所妨，遂乃定彼榛楛，列为子注。若萧大圜《淮海乱离志》、杨衒之《洛阳伽蓝记》、宋孝王《关东风俗传》、王劭《齐志》之类是也"①。遗憾的是，刘知几所举有子注的书，现仅存《洛阳伽蓝记》，然而翻遍全书，也难得找到几处子注，看来当年的子注多混入正文，不易拣择了。但从仅存几处亦可窥出子注的端倪，如卷五"城北凝圆寺"条：

> 凝圆寺，阉官济州刺史贾璨所立也，在广莫门外一里御道东，所谓永平里也。注：即汉太上王广处。迁京之初创居此里，值母亡，舍以为寺。地形高显，下临城阙，房庑精丽，竹柏成林，实是净行息心之所也。王公卿士来游观为五言者，不可胜数。②

对此注文的长短，历来有歧义，如有人以为"地形高显"以下又是正文。对于正文与注文相混的原因，也多有猜测，但注的内容与正文相得益彰，应该是正文与注文易混的重要原因。《洛阳伽蓝记》以记述寺院的地理位置、外观、建造过程以及周围景物为主，而卷五"凝圆寺"条正文内容与此相仿。其注文则以追述寺院掌故为务，这样的内容显然是正文内容的延伸或补充，若没有标识，确实难与正文分开。而补充说明正文，

①　(唐)刘知几：《史通通释》卷五，(清)浦起龙通释，96 页，上海，上海古籍出版社，2009。

②　(北魏)杨衒之：《洛阳伽蓝记校释》卷五，周祖谟校释，166 页，北京，中华书局，1963。

也就是子注的主要特点。《洛阳伽蓝记》中"注"字以下的内容，是杨衒之的自注，其实"衒之按"也是自注，只是内容有所不同，前者以增广正文为主，后者以考辨、补益为务。《洛阳伽蓝记》的子注多与正文相混，淹没了子注的成就，实在是一件憾事。可喜的是，其成就可以从后世出现的自注中窥其一二，其中最能说明问题的就是唐代杜佑所撰《通典》的自注。

《通典》是一部典章制度专史，记述了自黄帝至唐天宝年间的典章制度的沿革变化。杜佑以"将施有政，有乂邦家"为撰述宗旨，然而要使这宗旨付诸实现，只靠按一定的原则排列史料，显然是不够的，除用论、序的形式直接阐述自己的思想外，使读者正确理解所记载的内容也非常重要。于是，杜佑采用《洛阳伽蓝记》等书使用过的子注形式，自己作注。《通典》自注包括两方面，一是引用前人有注释的史籍，即将注释一并采用；二是征引前人无注释的史籍，或是记唐代史实，则由杜佑作注。杜佑的自注虽不拘于音义的解释，但对于词语、制度、名物的注释也给予一定的重视。不仅史料与其注一并引用，而且对一些该注未注的内容亦予以补注。尤其值得注意的是，杜佑自注还沿袭了裴松之作注的特点，强调史料的考辨；又采用杨衒之的做法，在注中注明材料的取舍。继承《左传》传《春秋》的长处，不受正文记载断限的束缚，补充了天宝以后发生的重大史事，而且不影响正文的体例。凡此种种，都拓宽了注释的范围，扩大了注释的容量，使得《通典》的内容更为充实、具体。自注没有与正文乖戾的揣测，可以和正文相互补充，相得益彰，提高了《通典》的可靠性和价值。杜佑兼采诸注家之长，熔于一炉，使史注更为完备。由于自注与正文的绝妙配合，《通典》达到了"将施有政"的目的，充分地反映了杜佑的思想主张，不论是对当代还是后世，都有巨大影响。《通典》自注与正文一样，是我们认识历代典章制度沿革流变，以及探讨杜佑史学思想的重要材料，同时也不能低估自注对史注以及历史文献学的贡献。

由于自注包容面广，使用灵活，而又不破体例，与正文相辅相成，浑然一体，使全书体例严谨，内容充实、丰满，所以自注作为一种注释形式久用不衰，尤其是在以辑录材料为主的典籍中运用得更为广泛。如《太平御览》《职官分纪》《舆地纪胜》《玉海》《嘉庆重修一统志》等都有自注。有的自注篇幅，甚至超过了正文，如宋吴淑撰《事类赋注》就是典型的一例。

顾名思义，自注乃作者自为，故其注是正文的补充和延伸，与正文具有同等价值。

第六章　历史文献的辨伪

一、文献的造伪与辨伪的萌芽

古籍辨伪是伴随着古籍造伪产生的。战国诸子百家为了阐明自己的观点，有意窜改文献记载，荀子在发难它嚣、魏牟、墨子、田骈等人时就提到"其持之有故，其言之成理"①。他们所持之"故"，就是他们分别从自己的观点出发，改造和歪曲过去的文献而来，然后妄称这是古人所说，这样的"古人云"当然能使"其言之成理"。这是较早指出假造古人言论的现象。韩非也注意到这种状况，他说："孔子、墨子俱道尧、舜，而取舍不同，皆自谓真尧、舜，尧、舜不复生，将谁使定儒、墨之诚乎?"②韩非说到儒、墨对一些文献有曲解而"不诚"，这与荀子的看法基本相同。而值得注意的是，韩非提到"定儒、墨之诚"的问题，这就触及了文献学中的辨伪领域，韩非认为这个问题很重要。他说："殷、周七百余岁，虞、夏二千余岁，而不能定儒、墨之真，今乃欲审尧、舜之道于三千岁之前，意者其不可必乎! 无参验而必之者，愚也; 弗能必而据之者，诬也。"③韩非指出，没有参验文献真伪就加以肯定，

---

① 《荀子》卷三《非十二子》，新编诸子集成本，107 页，北京，中华书局，2013。
② 《韩非子》卷一九《显学》，新编诸子集成本，457 页，北京，中华书局，1998。
③ 《韩非子》卷一九《显学》，新编诸子集成本，457 页，北京，中华书局，1998。

这是愚；不能肯定文献真伪就信以为据，这是诬。显然，韩非已经认识到辨文献真伪的必要性，发出"将谁使定儒、墨之诚乎"的感叹，表达出要求判定文献真伪的愿望。虽然韩非还未提及整部书的真伪与否，但比只对某些问题质疑已经进了一步，这体现出战国时期辨伪已开始萌芽。

秦统一中国，为了维护统治，剪除异己，焚书坑儒，文献遭到空前浩劫。汉兴，经过数十年的休养生息，开始推行文治，广开献书之路，不止一次遣使求天下遗书，于是就有人乘机造伪书上呈。据《汉书·儒林传》载，世传百两篇《尚书》出自东莱张霸，他将《尚书》二十九篇分析合并以为数十篇，又用《左传》《书序》当作首尾，共一百零二篇。数片简牍，即为一篇，文义浅显疏陋。汉成帝征天下能《尚书》者，张霸以其作百两篇《尚书》而奏上，用中书《尚书》校之，其文不相同。张霸作伪书当即被戳穿而下狱。汉代张霸这样的人，大概也不止一个，否则《汉书·艺文志》就不会指出十几种（还包括部分伪者）是依托之作了。如《诸子·道家》著录《文子》九篇，其下注曰："老子弟子，与孔子并时，而称周平王问，似依托者也。"著录《力牧》二十二篇，其下注曰："六国时所作，托之力牧。力牧，黄帝相。"《诸子·杂家》著录孔甲《盘盂》二十六篇，其下注曰："黄帝之史，或曰夏帝孔甲，似皆非。"《诸子·农家》著录《神农》二十篇，其下注曰："六国时，诸子疾时怠于农业，道耕农事，托之神农。"《诸子·小说家》著录《师旷》六篇，其下注曰："见《春秋》，其言浅薄，本与此同，似因托之。"著录《黄帝说》四十篇，其下注曰："迂诞依托。"《兵书·阴阳》著录《封胡》五篇，其下注曰："黄帝臣，依托也。"班固的注文虽然简短，但已涉及依托的主要理由，或是内容浅薄、迂诞，或是知其作者与内容不符，或知书作起因与所托作者不谐，等等。遗憾的是，班固没有说明他是用什么方法得出这样的结论的。这当然是他的不足，但是他能辨出十几种书为伪书，并将其载入目录保存下来，这是他对辨伪乃至历史文献学所作的贡献。据史载，当时多数人对待辨伪还停留在对某一书的具体记载有怀疑上，如孟子张、包周和何休等不相信"《周礼》有五百里以下之国"①。东汉盛行图谶，也有人不以为然，如尹敏曾说"谶书非圣人所作，其中多近鄙别字，颇类世俗之辞，恐疑误后生"②。又如《诗·大雅·凫鹥》"公尸燕饮"句，《疏》引张逸问《尔雅·释天》的一个解释，郑玄回答说："《尔雅》之文杂，非一家之注，不可尽据以难《周礼》。"这说明郑玄对《尔雅》的可靠性有怀疑。到了魏晋南北朝，就有人直指某书为伪。晋朝傅玄明确说，"《国语》非丘明所作"③。南齐陆澄对郑玄注《孝经》质疑，"世有一《孝经》，题为郑玄注，观其用辞，不与注书相类。案玄自序所注众书，亦无《孝经》"④。北齐颜之推在《颜氏家训·书证篇》中提到，《通俗文》世间题云"河南服虔字子慎造"，而服虔是汉代人。此书序中引苏林、张揖，而此二人是魏人。况且郑玄以前没有反切，《通俗文》则用反切。《晋中经簿》《七志》都不著录此书，不知此书为何人所作。另外也说到神农《本草》中有汉地名，左丘明所作《世本》中有汉高祖等。颜之推虽未点明这些书是伪书，但他指出的问题，已经表明或是伪书，或至少是部分有伪，正像颜之推本人所说，"皆由后人所羼，非本文也"⑤。这时期人们注意到有真伪问题的书，范围扩大了，这实际上也是辨伪方面的进步。

二、唐宋时期文献辨伪的进一步发展

唐朝整个社会相对开放，儒、释、道三教并行，意识形态领域比较活跃，对于古人的成法乃至圣人的经典都敢于怀疑、否定，于是在这样的气氛影响下，辨伪也取得显著的成就。唐初孔颖达领衔撰《五经正

---

① 《周礼正义·春官·大宗伯》，见(清)阮元校刻：《十三经注疏》，761页，北京，中华书局，1980。

② 《后汉书》卷七九上《儒林传》，2558页，北京，中华书局，1965。

③ 《春秋左传正义·哀公十三年》，见(清)阮元校刻：《十三经注疏》，2171页，北京，中华书局，1980。

④ 《南齐书》卷三九《陆澄传》，684页，北京，中华书局，1972。

⑤ (北齐)颜之推：《颜氏家训》卷六《书证》，189页，天津，天津古籍出版社，1995。

义》，对很多经、注乃至所涉典籍提出怀疑，如"《世本》，尧是黄帝玄孙，舜是黄帝八代孙，计尧女于舜之曾祖为四从姊妹，以之为妻，于义不可。《世本》之言，未可据信，或者古道质故"①。刘知几撰《史通》时，对一些古籍作过考辨，如对于郑玄注《孝经》的看法与陆澄基本相同，上《孝经注议》②，阐明《孝经》非郑玄所注，用了十二条理由，大致可以归纳为以下五条。一、凡有郑玄注诸书的记载，多无《孝经》。二、《晋中经簿》著录郑玄注的书，皆云郑氏注，名玄。至于《孝经》，则称"郑氏解"，无"名玄"二字。三、郑玄弟子宋均言"玄为《春秋》《孝经》略说"。又言"其《春秋》《孝经》别有评论。略说、评论显然不同于注。四、各家《后汉书》的《郑玄传》，皆不言其曾注《孝经》。五、褒贬郑玄者均不征引《孝经注》。用这无可辩驳的理由判定了郑玄《孝经注》为伪书。

柳宗元、韩愈对辨伪也饶有兴趣，对一些典籍的辨别颇有见地。柳宗元称："余读贾谊《鹏赋》，嘉其词，而学者以为尽出《鹖冠子》。余往来京师，求《鹖冠子》，无所见。至长沙，始得其书，读之，尽鄙浅言也，唯谊所引用为美，余无可者。吾意好事者伪为其书，反用《鹏赋》以文饰之，非谊有所取之，决也。"③柳宗元不仅以《鹖冠子》的内容鄙浅判定它是伪书，而且探寻它作伪的方法。韩愈认为《诗序》不是子夏所为，有三方面的证据："知不及，一也；暴扬中冓之私，《春秋》所不道，二也；诸侯犹世，不敢以云，三也。"④进而分析了作伪的原因："察夫《诗序》，其汉之学者欲显立其传，因藉之子夏，故其序大国详，小国略，斯可见矣。"⑤杜佑撰《通典》，很重视《管子》，故对房玄龄注《管子》八十六篇有所考辨："其书载管仲将没，对桓公之语，疑后人续之。而注颇

---

① 《尚书正义·舜典》，（清）阮元校刻：《十三经注疏》，128 页，北京，中华书局，1980。

② （宋）王溥：《唐会要》卷七七，1663 页，上海，上海古籍出版社，2006。

③ （唐）柳宗元：《辨鹖冠子》，见《增广注释音辩唐柳先生集》卷四，12 页，明正统十三年善敬堂刻本。

④ 张西堂辑：《唐人辨伪集语》十《韩愈》，82 页，上海，朴社，1935。

⑤ 张西堂辑：《唐人辨伪集语》十《韩愈》，82 页，上海，朴社，1935。

浅陋，恐非玄龄，或云尹知章也。"①以上诸例，辨伪者都是根据不同书的具体情况摆出充分的理由而对其真实性提出异议，但是从众多的理由中不难发现，它们有共同之处，大致可以将其分为两类。一类是看其所记与常理是否得当，如《五经正义》所言《世本》；另一类是用不同的证据验证，如刘知几辨《孝经注》，即属此。这实际上就是辨别伪书的两种方法。唐朝人辨伪时分别用了这两种方法，有的人甚至还综合利用了这两种方法，如韩愈辨《诗序》。然而唐人并未对他们使用的方法作出总结，尚未上升到理论高度。

宋朝古籍辨伪兴盛，这与当时出现的大胆怀疑古人注疏的风气不无关系，正如陆游所说："自庆历后，诸儒发明经旨，非前人所及，然排《系辞》，毁《周礼》，疑《孟子》，讥《书》之《胤征》《顾命》，黜《诗》之《序》。不难于议经，况传注乎！"②朱熹作为儒家新学派——理学的重要学者，当然很注意辨伪，而且成绩斐然。朱熹明确地总结了辨伪的两种方法，这是他对辨伪的重要贡献。朱熹曾对袁枢说："熹窃谓生于今世而读古人之书，所以能别其真伪者，一则以其义理之所当否而知之，二则以其左验之异同而质之，未有舍此两途而能直以臆度悬断之者也。"③这两种方法是朱熹通过前人的经验和个人的实践总结出来的，而这两种方法的总结无疑促进了朱熹的辨伪实践。他曾经打算作一部专门辨伪的书，"《孔丛子》亦伪书，而多用《左氏》语者……《孔丛子》叙事至东汉，然其词气甚卑近，亦非东汉人作。所载孔臧兄弟往还书疏，正类《西京杂记》中伪造汉人文章，皆甚可笑。所言不肯为三公等事，以前书考之，亦无其实，而《通鉴》皆误信之。其他此类不一，欲作一书论之而未暇

---

① （宋）晁公武：《郡斋读书志校证》卷一一，孙猛校证，491页，上海，上海古籍出版社，2011。

② （宋）王应麟：《困学纪闻》卷八，（清）翁元圻等注，1095页，上海，上海古籍出版社，2008。

③ （宋）朱熹：《晦庵先生朱文公文集》卷三八《答袁机仲》，见《朱子全书》，1664页，上海，上海古籍出版社，2002。

也"①。尽管这部书最终未能完成，但朱熹仍然考辨了近六十种典籍，其成果相当可观。虽然这些考辨多是以回答弟子、友人提问的形式或是以单篇杂著的形式出现的，但还是能从这些解答中看出所用的辨伪方法。一、以其义理之所当否辨伪。辨《尚书》，"孔壁所出《尚书》，如《禹谟》《五子之歌》《胤征》《泰誓》《武成》《冏命》《微子之命》《蔡仲之命》《君牙》等篇皆平易，伏生所传皆难读。如何伏生偏记得难底，至于易底全记不得？此不可晓。如当时诰命出于史官，属辞须说得平易。若《盘庚》之类再三告戒者，或是方言，或是当时曲折说话，所以难晓"②。孔壁所出是《古文尚书》，其年代久远，其文字本该艰涩难懂，然而却"平易"，比伏生所传还"易晓"。难道伏生偏偏善记难懂的文字，而善忘易懂的文字，就一般情况而言，这于理不通，所以《古文尚书》的真伪问题须认真对待。当有人问《尚书》断自唐、虞是不是孔子的意思时，朱熹回答："也不可知。且如三皇之书言大道，有何不可！便删去。五帝之书言常道，有何不可！便删去。此皆未可晓。"③孔安国《尚书序》中说孔子断《尚书》自唐、虞之下，根据三皇五帝之书的内容，以及孔子尊古的思想，将三皇五帝之书都删去是不符合常理的，这里不仅指出孔子删三皇五帝之书有问题，也说明孔安国《尚书传》的真伪亦有问题。二、以佐验之异同辨伪。如胡瑗所作的《尚书全解》，朱熹说："胡安定《书解》未必是安定所注，《行实》之类不载。但《言行录》上有少许，不多，不见有全部。专破古说，似不是胡平日意。又间东坡说，东坡不及见安定，必是伪书。"④这段话包括三方面的理由，一是记载胡瑗事迹的《行实》不提此事，《言行录》虽有记载但很少，不是全部；二是此《尚书全解》的写作与

---

①　(宋)朱熹：《晦庵先生朱文公文集》卷六六《孝经刊误》，《朱子全书》，3212～3213 页，上海，上海古籍出版社，2002。

②　(宋)黎靖德编：《朱子语类》卷七八《尚书纲领》，1978 页，上海，上海古籍出版社，1986。

③　(宋)黎靖德编：《朱子语类》卷七八《尚书纲领》，1977 页，上海，上海古籍出版社，1986。

④　(宋)黎靖德编：《朱子语类》卷七八《尚书纲领》，1988 页，上海，上海古籍出版社，1986。

胡瑗一贯主张不符；三是胡瑗不太可能引苏轼语，据史书记载，胡瑗卒于嘉祐元年(1056年)，而苏轼生于景祐二年(1035年)，胡瑗死时，苏轼不过是个二十余岁的年轻人，他们未必相识，胡瑗引苏轼语令人怀疑。根据以上三点，朱熹断定《尚书全解》是伪书。又，考辨五代麻衣所撰《麻衣易》，朱熹称，"《麻衣易》，南康戴主簿撰。某亲见其人，甚称此《易》得之隐者，问之，不肯言其人。某适到其家，见有一册杂录，乃戴公自作，其言皆与《麻衣易》说大略相类"①。这个情况很明显，朱熹不仅见到伪书的物证，而且见过作伪的人，《麻衣易》当然是无可辩驳的伪书。朱熹的这些辨伪成果，难免有理由不充分的地方，而且他总结的辨伪二法也不够成熟，但最重要的是，辨伪方法的提出，使辨伪趋于科学，为辨伪成为一门专门学科奠定了基础。

稍晚于朱熹的高似孙，在辨伪方面也取得不小的成就。高似孙选取三十八种子书撰成《子略》四卷，由于子书伪滥最多，所以高似孙对一些书的真伪作了考辨。他注意从记载时间的矛盾中找出问题，辨《孔丛子》时，提到《孔子家语后序》及《孔子世家》皆言子思止于六十二岁，是鲁穆公时人。孔子死于鲁哀公十六年，下距穆公初元七十年，子思不可能与孔子相遇。可是王肃作《孔丛子》则记子思与孔子问答，所以高似孙据《史记》驳斥说："当是时，子思犹未生，则问答之事，安得有之耶？"高似孙这样辨伪是从柳宗元那里得到启发，与此同时，他也继承了柳宗元分析作伪手段以及材料来源的做法，辨《亢桑子》说："今读其篇，往往采诸《列子》《文子》，又采诸《吕氏春秋》《新序》《说苑》，又时采诸《戴氏礼》，源流不一。"指出作伪材料的出处，是证明真伪不可辩驳的理由。这种寻源溯流的方法，是揭露作伪者汇集和缀辑手段的锐利武器，这武器到清代阎若璩等人手中发挥了巨大威力。顾颉刚先生认为高似孙是上承柳宗元，下启宋濂、胡应麟的一个关键人物。

---

① (宋)黎靖德编：《朱子语类》卷六七《易·纲领下》，1680页，上海，上海古籍出版社，1986。

三、《四部正讹》与胡应麟的辨伪成就

明代古籍辨伪又有了突破性发展，其标志就是胡应麟撰成我国历史上第一部辨伪专著——《四部正讹》。从朱熹到胡应麟，其间有不少人因读书涉及辨伪而有所阐述，其中宋濂的《诸子辨》尤为重要，它对胡应麟的辨伪有直接影响。宋濂辨四十种子书的真伪，胡应麟辨四部典籍，其中二十余类、种子书，与宋濂所辨互有参差，从他们对相同典籍的考辨可以看到胡应麟对宋濂辨伪的继承和发展。就对《子华子》的考辨而言，这是胡应麟对宋濂高水准的辨伪进一步的发展，充分表现二者都是不同历史时期对古籍辨伪作出突出贡献的佼佼者。宋濂辨《子华子》曰："《子华子》十卷，程本撰。本字子华，晋人；曰魏人者非也。《艺文志》不录。"①然后考辨《子华子》的内容。首先，考其书中云"秦襄公方启西戎，子华子观政于秦"，而《庄子》所载则云子华子"见韩昭僖侯"。秦襄公卒在春秋前，韩昭僖之事在春秋后，前后相距二百余年，子华子不可能有这么长的寿命。其次，考子华子言"程之宗君受封于周，后十一世国并于温"。程处今陕西咸阳东北，温处今河南洛阳东北，两地远迩不言而喻，岂可并乎？最后，《后序》称子华子为鬼谷子师，鬼谷子乃战国纵横家，但今《子华子》颇类道家，而且其中还多涉浮屠、老子、庄子、孟子、荀子、《黄帝内经》、《春秋外传》以及班、马之书，《子华子》为伪书无疑。宋濂从《子华子》内容中找出确凿的证据，说明此书是伪书，体现出宋濂辨伪的高水平。至于谁是造伪者，宋濂则采纳一般人的说法，也认为是宋人王铚或姚宽。朱熹虽然从此书始出于会稽，疑为王铚、姚宽所造。但又觉无把握，"恐非其所能及"。于是，胡应麟便把考辨的重点放在造伪者为何人这一焦点上。他先总结了前人的成果，"《子华子》全

---

① （明）宋濂：《诸子辨》，见顾颉刚主编：《古籍考辨丛刊》第 1 集，627 页，北京，社会科学文献出版社，2010。

剽百氏成文；至章法起伏唤应，宛然宋世场屋文字；且多用王氏《字说》。故晁公武谓元丰举子所作；周氏《涉笔》又举'人寿几何'等语为绍述时人：皆近之。然姓名、州里绝不可考"①。而胡应麟则要考其姓名、州里。"余尝参酌诸家，意此书必元丰间越中举子姓程名本而不得志场屋者所作。盖版出会稽，则越；文类程式，则举子；义取《字说》，则元丰；辞多拂郁，且依托前人，则困于场屋，思以自见，又虑不能远传，故傅于春秋姓同而字相近者"。胡应麟对《子华子》作者的进一步考订是否正确，姑且不论，但他能在前人已考明此书为伪书的基础上，继续探求谁为造伪者的做法则值得注意，因考出造伪者，即可了解伪书出现的年代，还伪书的本来面貌，使其成为研究某些问题的可信文献。这样做不仅指出某一典籍在一种情况下是伪书，不能征引，还指出其在另一种情况下则不是伪书，可以利用。这就使辨伪在文献学中的作用，不单纯是摒弃伪书，而且也能使一些伪书获得新生，提高文献可利用的质量和数量。

胡应麟《四部正讹》考辨了经、史、子、集七十余类、种典籍的真伪，是他的重要成就。然而，他对历史文献学的重要贡献是他在对古今伪书作了通盘研究考辨的同时，归纳了伪书的种类，并通过丰富的辨伪实践，总结了辨伪的基本方法。胡应麟根据伪书的不同情况，将伪书分为二十类：一、伪作于前代而世率知之者；二、伪作于近代而世反惑之者；三、掇古人之事而伪者；四、挟古人之文而伪者；五、傅古人之名而伪者；六、蹈古书之名而伪者；七、惮于自名而伪者；八、耻于自名而伪者；九、袭取于人而伪者；十、假重于人而伪者；十一、恶其人伪以祸之者；十二、恶其人伪以诬之者；十三、本非伪，人托之而伪者；十四、书本伪，人补之益伪者；十五、伪而非伪者；十六、非伪而实伪者；十七、当时知其伪而后世弗传者；十八、当时记其伪而后人弗悟者；十九、本无撰人，后人因近似而伪托者；二十、本有撰人，后人因

---

① （明）胡应麟：《四部正讹》卷中，见顾颉刚主编：《古籍考辨丛刊》第1集，182页，北京，社会科学文献出版社，2010。

亡逸而伪题者①。这二十类情况，多两两相关，这种相关表现为目的、做法、结果上的相近、相反等，亦可说成是一种情况的两个不同方面。

第一类胡氏所举之《握奇》，相传是黄帝时风后撰，而《汉书·艺文志》载"《风后》十三篇"，班固注云"图二卷，黄帝臣，依托也"，并无《握奇》之名，而又无证据说明《风后》即《握奇》，何况《风后》本身就是伪书。《宋史·艺文志》载"《风后握机》一卷"，朱熹云："《握奇经》等文字恐非黄帝作，唐李筌为之。圣贤言语自平正，却无许多峣崎。"②又举《素问》，这是一部古医书，以岐伯与黄帝问答形式写成，但不见于《汉书·艺文志》，始见于《隋书·经籍志》。司马光说："谓《素问》为真黄帝之书，则恐未可。黄帝亦治天下，岂可终日坐明堂，但与岐伯论医学针灸耶？此周、汉间医者依托以取重耳。"③这类伪书托名较古，容易识别，故胡氏以此为"伪作于前代而世率知之者"。第二类与其相反者，即"伪作于近代而世反惑之者"，所举毛渐《连山》最能说明问题。毛渐其人未详，但知《连山》是《易》的一种，《文献通考·经籍考》有载，马端临按曰："《连山》《归藏》乃夏、商之《易》，本在《周易》之前。然《归藏》，《汉志》无之；《连山》，《隋志》无之，盖二书至晋、隋始出。而《连山》出于刘炫之伪作，《北史》明言之，度《归藏》之为书，亦此类耳。夹漈（郑樵）好奇，独尊信此二书与古三坟书，且咎世人以其晚出而疑之。"④《连山》伪作于北朝，相对于汉而言可谓近代，而精于典籍目录的郑樵却为其所惑，不能辨其真伪。

第三类所举《尹喜》，指的是题为老君与尹喜合解的《道德节解》。五代的杜光庭在《道德真经广圣义序》中称，《道德经》诠疏、笺注六十余家，首列《道德节解》上下，注曰："老君与尹喜解。"其实，这部书在《隋

① （明）胡应麟：《四部正讹》卷上，见顾颉刚主编：《古籍考辨丛刊》第1集，160~161页，北京，社会科学文献出版社，2010。

② 《朱熹辨伪书语》，见顾颉刚主编：《古籍考辨丛刊》第1集，138页，北京，社会科学文献出版社，2010。

③ （宋）司马光：《传家集》卷六二《与范景仁第四书》，见《四库全书荟要》，长春，吉林出版集团有限责任公司，2005年。

④ （宋）马端临：《文献通考》卷一七五，5226页，北京，中华书局，2011。

志》《旧唐志》《新唐志》中皆有著录，但并无撰人。而杜光庭忽言"老君与尹喜解"，这毫无根据。况且老子自著书，没有必要联络他人来"解"，这是显而易见的道理。所以胡氏称之为"掇古人之事而伪者"。与此有相通之处者，即第四类"挟古人之文而伪者"，以《越绝书》为例。宋《崇文总目》载，《越绝书》十五卷，"子贡撰，或曰子胥"。此书虽多载吴越事，下及秦、汉，直至建武二十八年，显然其作者既非子贡，亦非子胥。陈振孙以为"盖战国后人所为，而汉人又附益之耳"①。胡应麟考"伍子胥两见《汉志》：一杂家八篇，一兵家十篇"，以为此书"东汉人据二书润饰为此"②。对于杨用修据《后序》"以'去'为姓，得'衣'乃成"等语，谓《越绝书》为东汉人袁康所作之说，信之不诬。

《相经》属第五类，相传为周宁戚撰。晁公武曰："宁戚传之百里奚，汉世河西薛公得其书以相牛，千百不失其一。至魏世高堂生又传晋宣帝，其后秘之。"③邹阳《狱中上梁王书》有云："宁戚饭牛车下，而桓公任之以国。"应劭注云："齐桓公夜出迎客，而宁戚疾击其牛角商歌曰：'南山矸，白石烂，生不遭尧与舜禅。短布单衣适至骭，从昏饭牛薄夜半，长夜曼曼何时旦？'公召与语，说之，以为大夫。"④这个故事，《吕氏春秋》《淮南子》都有记载，就因为宁戚与牛有关，故《相牛经》托之其人，即胡氏所谓"傅古人之名而伪之者"。此种是用古人之名而伪，第六类则是用古书之名而伪。如《楚梼杌》，胡应麟曰："元人有伪作《晋史乘》《楚梼杌》者，吾衍子行序谓一日并得之。其书乃杂取《左传》《国语》《新序》《说苑》中论文、庄二伯事节约成篇。宋景濂、王子充谓即衍撰。"《孟子·离娄下》曾提到《梼杌》，"王者之迹熄而《诗》亡，《诗》亡然后《春秋》作。晋之《乘》、楚之《梼杌》、鲁之《春秋》，一也。其事则齐桓、晋

---

① （宋）陈振孙：《直斋书录解题》卷五《杂史类》，142 页，上海，上海古籍出版社，2015。

② （清）姚际恒：《古今伪书考》，见顾颉刚主编《古籍考辨丛刊》第 1 集，238 页，北京，社会科学文献出版社，2010。

③ （宋）晁公武：《郡斋读书志校证》卷一五，孙猛校证，701 页，上海，上海古籍出版社，2011。

④ 《史记》卷八三《鲁仲连邹阳列传》，2473～2474 页，北京，中华书局，1959。

文，其文则史"。显然，吾衍是以古书之名为己书之名。以上六类伪书，有一共同之处，即都是在古人、古事上打主意、作手脚，了解历史源流就不难识别其伎俩。

胡应麟以魏泰《东轩笔录》为第七类"惮于自名而伪者"，则大谬不然。魏泰好作伪书，宋人已有定论，而《东轩笔录》一书乃自名，不曾伪托他人，《文献通考·经籍考》第四三著录《东轩笔录》，引王铚《跋范仲尹墓志》："魏泰者场屋不得志，喜伪作他人著书，如《志怪集》《括异集》《倦游录》，尽假名武人张师正。又不能自抑，出其姓名作《东轩笔录》，皆用私喜怒诬蔑前人。最后作《碧云騢》，假作梅尧臣，毁及范仲淹，而天下骇然不服矣。"钱谦益《绛云楼书目》提及此书亦云："多撰伪书，此书独自出其名。"足见《东轩笔录》并非伪书。若"惮于自名而伪者"必举魏泰，举其《碧云騢》则近之。与"惮于自名而伪者"相反的是第八类"耻于自名而伪者"，胡氏举了和凝的《香奁集》。《新唐书·艺文志》《宋史·艺文志》都著录了《香奁集》，皆称韩偓撰。沈括说："和鲁公凝有艳词一编，名《香奁集》，凝后贵，乃嫁其名为韩偓，今世传韩偓《香奁集》乃凝所为也。凝生平著述分为《演纶》《游艺》《孝悌》《疑狱》《香奁》《篡金》六集，自为《游艺集序》云：'予有《香奁》《篡金》二集，不行于世。'凝在政府，避议论，讳其名，又欲后人知，故于《游艺集序》实之，此凝之意也。"①沈括在和悍处见和凝旧物，末有印记甚完，足见其言可信。

第九、第十两类为"袭取于人"和"假重于人而伪者"，前者举何法盛《晋书》，后者举苏轼《杜解》。据《南史·徐广传》载，"郗绍亦作《晋中兴书》，数以示何法盛，法盛有意图之，谓绍曰：'卿名位贵达，不复俟此延誉。我寒士无闻于时……宜以为惠。'绍不与……法盛诣绍，绍不在，直入窃书。绍还失之，无复兼本，于是遂行何书"。何法盛窃得郗绍的书，假自己之名以行，故曰"袭取于人而伪者"。《杜解》即《杜诗故事》，陈振孙说："世有称东坡《杜诗故事》者，随事造文，一一牵合，而皆不言其所自出，且其辞气首末若出一口，盖妄人依托以欺乱流俗者。书坊

---

① （宋）沈括：《梦溪笔谈》卷一六《艺文三》，123 页，北京，中华书局，2017。

辄剿入《集注》中，殊败人意。"①这是因苏轼名倾一时，好托之以行。

第十一、第十二两类为恶其人而作伪书或祸之或诬之者，前者举牛僧孺《行纪》，后者举梅尧臣(字圣俞)《碧云騢》。《行纪》即《周秦行纪》，晁公武云："贾黄中以为韦瓘所撰。瓘，李德裕门人，以此诬僧孺。"②至于《碧云騢》，叶梦得说："世传《碧云騢》一卷，为梅圣俞作……后闻之乃襄阳魏泰所为，嫁之圣俞也。此岂特累诸公，又将以诬圣俞。"③张邦基提及魏泰"又有一书，讥评巨公伟人缺失，目曰《碧云騢》……嫁其名曰'都员外郎梅尧臣撰'。实非圣俞所著，乃泰作也"④。以上六类情况亦可视为一大类，即出于不同的目的，或自著而假托他人之名，或窃他人之书以自名。

"本非伪，人托之而伪"，胡氏列为第十三类，以《阴符》为例。对于《阴符》，历来看法不一，而胡应麟以为"《阴符》已见《国策》，苏秦读之以说诸侯、取相印，其文固非秦、汉以后……至李筌始赝托轩后以欺人"⑤。依胡说，《阴符》本秦汉以前古书，未署撰人，因唐李筌托黄帝撰，而变为伪书。第十四类为"本伪，人补之而益伪"，以《乾坤凿度》为例，《郡斋读书志》卷一作"《易乾凿度》二卷""《坤凿度》二卷"，谈及前者时说唐《四库书目》无此书："自符坚之后，其学殆绝。使其尚存，犹不足保，况此又非真也。"语及后者则曰："按《隋》《唐志》及《崇文总目》皆无之，至元祐《田氏书目》始载焉，当是国朝人依托为之。"这类书本不可靠，后人不察，又加增补，实是伪上加伪。

第十五类为"伪而非伪者"，第十六类与其相对，为"非伪而实伪"者。胡氏举《西京杂记》证之："《西京杂记》本葛稚川所传，而以伪刘歆之类是也。"而陈振孙的看法则不同，他引葛洪所撰此书卷末语："洪家

---

① (宋)陈振孙：《直斋书录解题》卷一九，559页，上海，上海古籍出版社，2015。
② (宋)晁公武：《郡斋读书志校证》卷一三，孙猛校证，552页，上海，上海古籍出版社，2011。
③ (宋)叶梦得：《避暑录话》卷二，125页，上海，上海古籍出版社，2012。
④ (宋)张邦基：《墨庄漫录》卷二，64页，北京，中华书局，2002。
⑤ (明)胡应麟：《少室山房笔丛》卷五，55页，上海，上海书店出版社，2009。

有刘子骏书百卷，先父传之。歆欲撰汉书，杂录汉事，未及而亡。试以此记考校班固所作，殆是全取刘书，少有异同耳。固所不取不过二万余言，今抄出为二卷，以裨《汉书》之阙。"①这里明确地交代了《西京杂记》是葛洪将班固所不取的刘书部分抄出以补《汉书》之缺。另外，陈振孙提到"洪博闻深学，江左绝伦，所著书几五百卷，本传具载其目，不闻有此书"。显然为葛洪作传的人也了解《西京杂记》不为其所撰，所以陈振孙认为，"殆有可疑者，岂惟非向、歆所传，亦未必洪之作也"②。鉴于陈说，胡氏以此书证"伪而非伪"，即有不妥之嫌。第十六类以所举郭象《庄子注》最为典型。据刘义庆《世说新语·文学篇》载，"向秀于《庄子》旧注外为解义，妙析奇致，大畅玄风"，唯《秋水》《至乐》二篇未竟而秀卒。郭象"为人薄行，有俊才，见秀义不传于世，遂窃以为己注。乃自注《秋水》《至乐》二篇，又易《马蹄》一篇，其余众篇，或点定文句而已"。这种情况与"袭取于人而伪者"颇为相像，然而也不尽相同，前者如何法盛窃得郗绍之《晋书》，仅窃以署名而已。而郭象则不然，他不是简单地换以己名，而是补其未作，加以"点定"，将其改为己作。因此，胡氏称此类为"非伪而实伪者"，再恰当不过了。

刘炫的《鲁史记》，属"当时知其伪而后世弗传"的实例。据《北史·刘炫传》载，牛弘奏购求天下遗逸之书，"炫遂伪造出百余卷，题为《连山易》《鲁史记》等，录上奏官，取赏而去。后有人讼之，经赦免死，坐除名"。他所造伪书，后世当然不传。但司马光的《潜虚》则与此相反。此书为司马光未竟之书，而泉州季思侍郎所刻乃首尾完具。朱熹说："此赝本也！人问何以知之？予曰：本书所有句皆协韵，如《易》《彖》《文》《象》《玄》《首》《赞》《测》。其今有而昔无者，《行》《变》尚协，而《解》独不韵。此盖不知'也'字处末，则止字为韵之例尔。此人好作伪书，而尚不知其体制，固为可笑。"③尽管朱熹说得很清楚，终因司马光名气太

① （宋）陈振孙：《直斋书录解题》卷七《传记类》，195页，上海，上海古籍出版社，2015。
② （宋）陈振孙：《直斋书录解题》卷七《传记类》，195～196页，上海，上海古籍出版社，2015。
③ 《朱熹辨伪书语》，见顾颉刚主编：《古籍考辨丛刊》第1集，139页，北京，社会科学文献出版社，2010。

大，后人多不信其伪。故胡氏称之为"当时记其伪而后人弗悟者。"

最后两类，一是"本无撰人，后人因近似而伪托"，如《山海经》题为大禹撰，即属此类。二是"本有撰人，后人因亡逸而伪题者"，如《正训》题为陆机所作，即属此类。这最后八类，基本上也可视为一类，即因嫁名与盗名而造成的伪滥。

胡应麟所列伪书的不同情况，平心而论并不科学，主要是标准不一。有的以流传效果为标准，如"伪作于近代而世反惑之者"；有的以作伪手段为标准，如"袭取于人而伪者"；有的以作伪目的为标准，如"恶其人伪以祸之者"等。这样常有不能揭示伪书之本质的情况。也正是因为标准不一，所列不免繁复，如"伪作于前代而世率知之者"与"当时知其伪而后世弗传者"，"袭取于人而伪者"与"非伪而实伪者"之类，虽有细微差别，但似同一类，则不辨自明。尽管如此，这伪书的二十类不同情况，终究是胡应麟对伪书整体研究的成果，是前人所未论及的。胡应麟身后论述伪书状况者不乏其人，而且多比胡应麟高明，但他们都或多或少地受到胡氏的影响，不言而喻，胡应麟的首创之功不可埋没。

胡应麟在分析古今伪书情况的基础上，总结了八种辨伪的方法，这八种方法不是彼此孤立的，而是有机地联系在一起，辨伪时必须综合运用方能奏效。同时，视不同情况，这八种方法各有侧重，相互配合、相互佐证。

第一种方法称"核之《七略》以观其源"。刘向父子所编《七略》是我国最早的书目，虽早已亡佚，但班固以《七略》为基础改编成《汉书·艺文志》。《汉书·艺文志》记汉一代藏书之盛，对典籍著录除书名、卷数外，还对作者、作意，及该书的真伪等作出说明和评判。由于《汉志》是后人所见最早的书目，可以称其记载为"源"。自汉以来，所编书目不少，但大多亡佚，而史志目录则多因史书得以保存，加之史志目录（《明史·艺文志》除外）又都是记一代藏书之盛的，能比较容易探其"流""绪"。所以，第二种方法是核其群志以观其绪。有一点需要说明，胡应麟的辨伪方法，主要用来辨先秦、两汉的典籍，故以《七略》为源，以后继之群志核其"流""绪"。辨汉代以后的典籍，不妨参酌此原则有所推演，即视其书撰成时代，检阅当代书目以观其"源"，再核之以后之书目以察其"绪"或"流"，以体现胡氏通过书目著录探其源的普遍意义。

第三种方法"核之并世之言以观其称"，及第四种方法"核之异世之言以观其述"，则是考察同代及后代人对某一书的评议。通常一书的好坏、真伪等，同代或后代都会有记载和评论，而且比书目的著录来得详备，更有参考价值。如对《李卫公问对》，就不仅有著录，也有议论。陈师道说："世传王氏《元经》、薛氏《传》、关子明《易传》、《李卫公对问》，皆阮逸所著。逸以草示苏明允，而子瞻言之。"①而吴曾则持另一种意见："李靖兵法世无全书，略见于《通典》。今《对问》出于阮逸家，或云逸因杜佑附益之也。然予家有《李靖六军心镜》数卷，其文浅近，岂伪书耶？"②宋代两部有名的私人书目对这部书都有记载，晁公武说："《李卫公对问》三卷，唐李靖对太宗问兵事。史臣谓李靖《兵法》，世无完书，略见于《通典》。今《对问》出阮逸家，或云逸因杜氏附益之。"③而陈振孙则直言其"亦假托也"④。以上诸说，或出自北宋，或出自南宋，但还是可称之为一个朝代的评说。辨别伪书，后代的记载亦不可忽视，虽说它不如同代人的评说可信、亲切，但因时间距离长，评说会更为客观。另外也可能发现当时没有的材料，而使评说更近事实。胡应麟认为《李卫公问对》是伪书，而且对此有进一步的探索。他说："此书不特非卫公，亦非阮逸；当是唐末宋初俚儒村学缀拾贞观君臣遗事、杜佑《通典》原文，付以闾阎耳口。武人不知书，悦其肤近，故多读之。"⑤而清俞正燮则认为"《卫公问答》，语极审详，真大将言也"，不过他也认为"不得谓卫公自著耳"⑥。上述同代与异代的这些记载，对考辨典籍真伪有重要

---

①　(宋)陈师道：《后山先生集》卷二二，7页，明弘治十二年刻本。
②　(宋)吴曾：《能改斋漫录》卷一四，364页，北京，中华书局，1985。
③　(宋)晁公武：《郡斋读书志校证》卷一四，孙猛校证，639～640页，上海，上海古籍出版社，2011。
④　(宋)陈振孙：《直斋书录解题》卷一二《兵书类》，360页，上海，上海古籍出版社，2015。
⑤　(明)胡应麟：《四部正讹》卷中，见顾颉刚主编：《古籍考辨丛刊》第1集，182页，北京，社会科学文献出版社，2010。
⑥　(清)俞正燮：《癸巳存稿》卷一二，347页，北京，中华书局，1985。

价值，应予充分重视。

"核之文以观其体"与"核之事以观其时"，是辨伪的又两种方法，综合而言，就是考察典籍的体裁和内容是否与所标时代相符。文字、语言、文体等都有其发展过程，因此"体"是考辨典籍真伪的重要因素。然而从所述内容考察典籍真伪尤为重要，因为内容本身是考辨典籍真伪的决定性因素。但这个问题又比较复杂，因为既然是造假，就会千方百计掩盖其假象，往往是真假驳杂，而辨伪要一一考清则绝非易事。从汉代到清代，为辨伪书而考辨其事实者不乏其人，但有成就者寥寥无几。

辨伪八法中的最后两种，是考察伪书的真正作者，一是"核之撰者以观其托"，二是"核之传者以观其人"。通常情况，造伪者都要想方设法隐匿其真实作者，所以查出伪书的真正作者相当困难。汉代张霸伪造《尚书》百两篇，北朝刘炫伪造《连山》《鲁史记》等，由于很快被时人戳穿，故史家皆有记录在案，这种情况即可用"核之撰者以观其托"之法。然而大多数情况是只能知道托名，却不知为何人所托。还有一种情况，有些伪书虽然缺乏指证谁是真正作者的材料，但有何人为伪书传人的记载，如梅赜传《尚书》、王肃传《孔子家语》，用"核之传者以观其人"法，怀疑这些伪书即出自这些传人之手。

胡应麟辨伪八法就其性质而言，大致可以归纳为两类：一是着重伪书之来源，包括上述第一、第二、第七、第八；二是着重伪书本身，包括上述第三、第四、第五、第六。然而，这两类也难泾渭分明，如第三之"并世之言"，第四之"异世之言"，虽然以评说伪书本身为主，但也不免有论其来源的因素。

上述方法，是胡应麟对古今辨伪经验以及自己辨伪实践的总结，有些方法他自己也未能充分利用，这说明这八法与古今伪书二十类情况一样，还存在许多须斟酌、商榷之处。但他的总结、归纳，显然已使辨伪摆脱了零散的、烦琐考证的窠臼，向理论化的方向迈出可喜的一步，奠定了辨伪作为一门独立学科的雏形。

四、清代文献辨伪说略

清代文献辨伪有了长足发展，表现在两个方面：一是辨伪范围进一步扩大，以姚际恒《古今伪书考》为代表；二是辨伪内容全面深入，以阎若璩《尚书古文疏证》为代表。

《古今伪书考》由清初大学者姚际恒撰成。这实际是一本随手札记，所以体例不甚完备，所辨之典籍，分经类十九种，史类十三种，子类三十八种。除此之外，又按伪书状况分类，其中"有真书杂以为伪"类八种，"有本非伪书而后人妄托其人之名者"类六种，"有两人共此一书名今传者不知为何人作者"类一种，"有书非伪而书名伪者"类两种，"有未足定其著书之人者"类四种。全书共辨典籍九十一种，比《四部正讹》所辨多出二十余种。最为可贵的是，姚际恒提出一个古今伪书的名目，而且敢于把人们不敢怀疑的经书，如《孝经》《周礼》《大戴礼记》等，都列为伪书，正是因为他有这样的勇气，所以遭到四库馆臣的反对，他的不少著作都散佚了。《四库全书总目》的《存目》中著录了姚际恒的一本笔记《庸言录》。后鲍廷博从《庸言录》中摘编成《古今伪书考》，刻入《知不足斋丛书》，方得以流传。

怀疑经书体现了姚际恒的勇气，而考辨经书则反映出姚际恒的学识功力。他考辨《孝经》，首先根据《汉志》《隋志》所言《孝经》的师承流传，得出"是书来历出于汉儒，不惟非孔子作，并非周、秦之言也"[①]。然后，指出《孝经》的《三才章》《圣治章》中一些内容袭自《左传》，只有个别字有改动，而《左传》又是因"张禹所传后始渐行于世"，所以《孝经》大概就是那个时代的人所作。另外，姚际恒还从《孝经》称"经"加以考辨，非常精彩，很有说服力。"诸经古不系以'经'字，惟曰《易》、曰《诗》、曰

[①]　(清)姚际恒：《古今伪书考》，见顾颉刚主编：《古籍考辨丛刊》第1集，217页，北京，社会科学文献出版社，2010。

《书》，其'经'字乃俗所加也。此名《孝经》，自可知非古。若去'经'字，又非如《易》《诗》《书》之可以一字名者矣。"对班固所说"夫孝，天之经，地之义，民之行也。举大者言，故曰《孝经》"，姚际恒予以反对，称"安有取'天之经''经'字，配'孝'字以名书，而遗去'天'字，且遗去'地之义'诸句之字者乎?"姚际恒还注意到内容有矛盾处:"今《谏争章》云，'父有争子……故当不义……子不可不争于父……从父之令，焉得为孝!'又何其径直而且伤于激也? 其言绝不伦类。孟子曰:'父子之间不责善'，此深合天理人情之言。使此为孔子言，孟子岂与之相异如是耶!"以上诸方面的论证，足以说明《孝经》为伪书。顾颉刚对姚际恒考辨《孝经》颇为赞赏，"昔人笔记谓君抨击《孝经》，殆过激。予谓此考中最精之言莫《孝经》条若"①。另外，姚际恒对《古文尚书》的考辨也很精到，阎若璩称之"多超人意见"。但是，因《古今伪书考》是从其笔记《庸言录》析出，比较随意，体例疏散，故对《古文尚书》的考辨，仅言"《古文尚书》二十五篇，并《孔安国传》出于东晋，梅赜上之朝，伪称古壁所出，安国为传。予别有《通论》十卷，兹不更详"。遗憾的是，《尚书通论》已亡，所幸这部书靠阎若璩《古文尚书疏证》的征引，能有一部分保存下来，既能看到姚际恒对《古文尚书》卓有成效的考辨，也能窥见当时学界对《古文尚书》研究的概貌。

由于《古今伪书考》出于笔记《庸言录》，不免为例不纯，先以经、史、子分类，后以伪书状况分类。归类标准不明，以《忠经》入经部，以《天禄阁外史》入史部等。对于前人已考辨过的典籍多依原成果，鲜有新意，甚至还沿袭前人的弊病，如以文辞的工拙与否定其真伪等。尽管如此，姚际恒敢于怀疑众多经书，对于迷信经书的时代，确实是一个不小的震动，而且对后世也有深远影响，这就是《古今伪书考》的主要价值所在。

阎若璩比姚际恒年长十一岁，他潜心钻研三十余年，完成了《尚书

---

① 顾颉刚:《古今伪书考跋》，见顾颉刚主编:《古籍考辨丛刊》第1集，北京，社会科学文献出版社，2010。

古文疏证》，用确凿无误的证据，判定《古文尚书》为伪书，而且是不能翻案的定案。《尚书古文疏证》以一个问题为一论，全书共立论一百二十八条，其间缺28～30、33～48、108～110、122～129，共三十条。《四库全书总目》称此诸条"有录无书，编次先后亦未归条理，盖犹草创之本"①。阎若璩借鉴高似孙采用的寻源溯流的做法，运用梅鹫研究《尚书》所开创的搜集证据的方法，从文献的证据和历史事实的证据两方面考定《古文尚书》为伪书。《尚书古文疏证》卷一第五条"言古文《武成》见刘歆《三统历》者今异"，记"古文《武成篇》建武之际亡。当建武以前刘向、刘歆父子校理秘书，其篇固具在也"。刘歆作《三统历》引《武成篇》共八十二字，以《汉书·律历志》所载《三统历》中引《武成篇》之八十二字质之今《孔安国传》，则完全不同。阎若璩认为《武成篇》"已亡而复出相距三百年，中间儒者如班固、郑康成皆未之见，而直至梅赜始得而献之，可疑之甚"。这一条以文献为证据，说明梅赜所传古文《武成篇》不是建武之际所亡之古文《武成篇》。而《尚书古文疏证》卷六上第八十七条"言金城郡乃昭帝置，《安国传》突有"，则是以历史事实为证据说明《孔安国传》之伪。此条针对《孔安国传》出现于金城郡，"因考《汉昭帝纪》，始元六年庚子秋，以边塞阔远，置金城郡"。而"孔安国为武帝时博士，计其卒当于元鼎末、元封初，享年不满四十，故太史公谓其蚤卒。何前始元庚子三十载辄知有金城郡名"。孔安国在武帝时就死了，不可能在传中提到昭帝所置金城郡名，所以说所谓《孔安国传》是伪书，是有充分根据的。

《尚书古文疏证》全书都是认真地发现问题，周详地广征博引，原原本本，一环套一环地反复考辨，将伪古文作伪之处都揭露出来，铁证如山，不容翻案。故《四库全书总目》云："至若璩乃引经据古，一一陈其矛盾之故，古文之伪乃大明。"②当然，阎若璩亦有不足之处，对此《四库全书总目》亦有评论："若璩误以郑逸者即为所注之逸篇，不免千虑之

① （清）永瑢等：《四库全书总目》卷一二，101页，北京，中华书局，1965。
② （清）永瑢等：《四库全书总目》卷一二，101页，北京，中华书局，1965。

一失……其他诸条之后，往往衍及旁文，动盈卷帙，盖虑所著《潜邱札记》或不传，故附见于此，究为支蔓。"①然而，最后还是赞誉阎若璩："反复厘剔，以祛千古之大疑，考证之学，则固未之或先矣。"②中肯地道出了阎若璩考证取得的辨伪成就。

章学诚是公认的史学家，其在目录学方面的成就也得到学界广泛的赞誉，然而对于他在辨伪方面的贡献则往往被忽略。顾颉刚先生将章学诚有关辨伪书的论述归纳为七类：一曰师说，由于一些典籍长期以口传为主，虽不能定其著书之人，但终不当与虚造者同等看待。二曰后记，古代书无私著，大多出自后学的缀辑，不免杂入后人之说，如《晏子》《管子》，不可谓之伪。三曰挟持，或蹈偶睹之名，或袭散见之语。于是，因倚相而有《三坟》，因《老传》而有《关尹》，这种作伪是托古人。四曰假重，《杜解》托名苏轼，《潜虚》托名司马光，这种作伪是托近世名人。五曰好事，或哗众取宠，或诬陷嫁祸，托牛僧孺《行纪》、托梅圣俞《碧云騢》这样的伪书就问世了。六曰攘夺，这是窃人之言以为己有，如谭峭窃《化书》于齐丘，郭象窃《庄子》注于向秀。这类在诸书中品最为卑下。七曰误会，本非伪书，后人迷不能辨，遂沿传为伪作。③ 这七类有一个共同点，都是有关作伪方法的探讨，这对于考辨典籍的真伪有帮助，可以事半功倍。

20 世纪初的著名学者梁启超所撰《古书真伪及其年代》，指出辨伪书的重要性，叙述了伪书的种类和来历，以及辨伪学的历史，并提出了辨别伪书的十三种方法，在一定程度上对以前的辨伪学作了总结。

---

① （清）永瑢等：《四库全书总目》卷一二，102 页，北京，中华书局，1965。
② （清）永瑢等：《四库全书总目》卷一二，102 页，北京，中华书局，1965。
③ 顾颉刚：《古今伪书考跋》，见顾颉刚主编：《古籍考辨丛刊》第 1 集，245 页，北京，社会科学文献出版社，2010。

第七章　历史文献的辑佚

　　我国历史悠久，文献典籍异常丰富，这在历代典籍目录中有充分的反映。然而对比这些目录与现存典籍，可发现它们之间有很大的差异，说明文献典籍经历了聚集、散佚的过程。文献典籍聚集的过程同时也是它散佚的过程，这似乎很矛盾，但客观事实就是如此。

一、典籍散亡的原因

　　一提到文献典籍的散亡，很自然地想到秦始皇焚书，这无疑是对文献典籍的一次洗劫，但这绝不是唯一的一次洗劫，类似的洗劫，历史上还有多次。隋代牛弘谈过文献典籍的"五厄"，其中除秦始皇焚书之外，还有王莽时宫室图书被焚毁；东汉末年，献帝移都，典籍丢失殆尽；西晋秘阁藏书，毁于八王之乱；梁毁于侯景，秘省经籍丧于兵火，后周入郢，萧绎将文德殿典籍付之一炬。明代胡应麟继牛弘之后又记载了隋唐以后典籍的几次灾难：隋代典籍毁于炀帝；唐开元藏书灭于安史之乱，肃宗、代宗苦心经营的典籍，亦于唐末战乱中化为灰烬；北宋典籍，毁于金兵之手，南宋典籍也随着王朝的覆灭而匿迹了。牛、胡所言合起来可称历代文献典籍之"十厄"。这十厄多指战乱兵燹对文献典籍的戕害，造成大量典籍的亡佚。这种短时间内的大规模毁坏，很容易引起人们的重视，但典籍散亡途径不仅于此，还有一种不被人们注意的途径，这就是缓慢的散亡。这种散亡也是难以避免的，例如典籍本身的优胜劣汰、老化、污损乃至毁坏等，由于这些行为过程迟缓，且一时造成的损失较小，故往往被人忽略，其实很多典籍都是通过这一途径散亡的。

历史文献中除金文、石鼓文、碑文是镌刻在金石上的外，大部分历史文献则是书写在竹简、木牍或帛、纸上的。简、牍、帛、纸都是易燃物，怕火，并且怕虫蛀，纸还怕水，而水、火、虫这三害又是很难完全杜绝的，尤其是在科学技术尚不发达的古代，更是如此。所以，虽然古人很早就注意到水、火、虫对典籍的危害，在修建藏书楼时考虑防水、防火，对纸张进行一些技术处理以防虫，然而历史上典籍毁于水火的情况仍屡见不鲜。至于为虫蛀毁，随着时间流逝而老化、腐朽的典籍也不在少数。但是，对此文字记载不多，实际上这样散亡的典籍数量也是相当可观的，只是不被人们注意罢了。

文献典籍是记录反映人类社会发展变化的，因此记录的优劣是否能顺应某一趋势的需要，也就成了文献典籍能否流传的一个原因。例如自东汉以来，撰后汉史作者颇多，据《隋书·经籍志》《旧唐书·经籍志》《新唐书·艺文志》所载，先后有刘珍《东观汉记》、谢承《后汉书》、薛莹《后汉记》、司马彪《续汉书》、刘义庆《后汉书》、华峤《后汉书》、谢沈《后汉书》、张莹《后汉南记》、袁山松《后汉书》、范晔《后汉书》、萧子显《后汉书》、袁宏《后汉纪》、张璠《后汉纪》，共十三家。而其中只有范晔的纪传体《后汉书》、袁宏的编年体《后汉纪》，以及司马彪《续汉书》志得以流传至今，其他诸家都陆续散佚了。考察这十三家后汉史的存亡，并未见朝廷或其他势力的抑扬行为，可以认为，范、袁二书能保存下来，主要是因为它们与其他的后汉史相比，在史料采择、编排，史家对史事的态度，以致文字水平方面都略胜一筹，于是被社会接受而得以传世。

还有一些典籍被社会承认，得以流传，是得到了外力的辅助。如现存《晋书》是由唐代房玄龄领衔，集众人之手而成。其实唐以前已出现了二十余家晋史，除谢沈《晋书》、郑忠《晋书》、沈约《晋书》、庾铣《东晋新书》亡于唐以前，唐时尚有王隐《晋书》、虞预《晋书》、朱凤《晋书》、何法盛《晋中兴书》、谢灵运《晋书》、臧荣绪《晋书》、萧子云《晋书》、萧子显《晋史草》、陆机《晋纪》、干宝《晋纪》、曹嘉之《晋记》、习凿齿《汉晋春秋》、邓粲《晋纪》、孙盛《晋阳秋》、刘谦之《晋纪》、王韶之《晋纪》、徐广《晋纪》、檀道鸾《续晋阳秋》、郭季产《续晋纪》十余家。对唐以前所撰诸晋史，唐群臣曾有过评论，贞观二十年闰三月，有诏曰："（晋史）十有八家，虽存记注，而才非良史，事亏实录，绪烦而寡要，思劳而少功，叔宁课虚，滋味同于画饼；子云学海，涓滴埋于涸流。处叔不预于中兴，法盛莫通于创业。泊乎干、陆、曹、邓，略纪帝王；鸾、盛、广、松，才编载记；其文既野，其事罕传。"①于是命房玄龄等主修《晋书》，以臧荣绪《晋书》为蓝本，参酌诸家，所以史事详洽，又邀李淳风修天文、律历等志，使此《晋书》更富有科学性。还有一点值得注意，宣、武二帝及陆机、王羲之四篇纪传的论赞是唐太宗所作，于是《晋书》即号称御撰，因此这部《晋书》便身价百倍，它在社会上的地位也就可想而知了。而这种优势，则是唐以前诸家晋史无法比拟的，加之它能集众家之长，所以唐修《晋书》逐渐取代唐以前诸家晋史，便不难理解了。

统治阶级的思想深刻影响士人的追求，自然也波及文献典籍的消长、存佚。西汉初，战国百家争鸣余风尚存，学术活跃，典籍众多。汉武帝即位后，为了进一步巩固专制主义中央集权的统治，在意识形态领域提出"罢黜百家，独尊儒术"的口号，于是儒家经典《易》《诗》《书》《礼》《春秋》就成了士人必修的经典，而且还以立五经博士的形式进一步树立其权威。据《史记》载，"言《诗》于鲁则申培公，于齐则辕固生，于燕则韩太傅。言《尚书》自济南伏生。言《礼》自鲁高堂生。言《易》自菑川田生。言《春秋》于齐鲁自胡毋生，于赵自董仲舒"②。以上诸家均属今文经学派，有极严的门户，它们几乎垄断了西汉的学术界、思想界，而处于这几家之外的儒学各派则受到冷落。儒家尚且如此，那么区别于儒家的道家、墨家、农家等，就更少有人顾及了，有关它们的典籍明显减

---

① （宋）宋敏求编：《唐大诏令集》卷八一《修晋书诏》，467页，北京，商务印书馆，1959。

② 《史记》卷一二一《儒林列传》，3118页，北京，中华书局，1959。

少，譬如研究墨子的著作自汉以降微乎其微，直至清朝才重新得到士人青睐。

西汉统治者偏重今文经，尽管武帝末年，鲁共王坏孔子宅，欲以广其宫，而得《古文尚书》及《礼记》《论语》《孝经》凡数十篇，而且这些典籍皆有传人，实际上也形成了一个学派——古文经学派，但长期得不到官方的认可。王莽篡权，刘歆为国师，力倡古文经，遂立古文经博士。然而好景不长，光武中兴，又废古文经，直到东汉末年，古文经得力于马融、贾逵、郑玄的提倡，方才大兴。自此之后，历朝统治者以古文经为其统治的理论根据，于是古文经的典籍连绵流传，而不少今文经的典籍则销声匿迹了。例如，今文经的齐、鲁、韩三家《诗》在汉朝颇为盛行，只因郑玄为《毛诗》作笺，《毛诗》得以盛传，三家《诗》则逐渐被人遗忘，其典籍也慢慢散佚了。时隔千年，宋代王应麟方从各类典籍中辑出三家《诗》的佚文。儒家与百家、今文经与古文经的典籍消长、存亡，足以说明统治阶级的统治意向对文献典籍消长、存亡的影响。

但是，统治阶级根据统治的需要提倡某些典籍，使其兴盛，以致广泛流传；而那些不被提倡的典籍则被冷落，以致渐渐散亡，这可谓是一种温和的做法。而有的统治者为了尽快剪灭与统治阶级思想相悖的思想，或是大规模地焚毁典籍，或是打着尊崇文化，"稽古右文""采访遗书"的幌子，对从民间献上、购来的典籍进行彻底清查，凡有违碍当朝统治者的内容、词句，不论是什么典籍，均在查禁、抽毁之列。所以，它也是强制性地毁书，但有一定的欺骗性罢了，清乾隆年间修《四库全书》即属此类。乾隆皇帝为了粉饰歌舞升平的盛世，聚集了大批学者，建立了四库全书馆，修撰《四库全书》。据王重民统计，《四库全书总目》凡著录图书 10231 种（其中《四库全书》实收 3448 种，《存目》著录 6783 种）[①]。《四库全书》中的 3448 种典籍多数都是经过删削、改窜、重编、清洗的，而《存目》所著录的六千余种，也都是经过审查认为无碍才发还原主的。另外还有三千余种（不完全统计）既不入《四库全书》，也未入

---

① 王重民：《中国目录学史论丛》，227 页，北京，中华书局，1984。

《存目》，它们是所谓"禁书"，其结局是被焚毁。这是乾隆帝亲自下令办理的，"诋触本朝之语，及此一番查办，尽行销毁，杜遏邪言，以正人心而厚风俗，断不能置之不办"①。如此众多的典籍遭火刑，无疑是典籍的又一次大劫难。

二、辑佚的产生与发展

历史文献典籍的散佚难以避免，而典籍散佚给学术发展、历史研究造成的损失又是不可忽视的客观事实。这种情况，很早就引起有识之士的注意。为了弥补这一缺憾，他们开始探寻散佚典籍的遗存，于是就出现了辑佚。

辑佚始于何时何人，尚有分歧。章学诚以为，"昔王应麟以《易》学独传王弼，《尚书》止存伪《孔传》，乃采郑玄《易》注《书》注之见于群书者为郑氏《周易》、郑氏《尚书注》；又以四家之《诗》独《毛传》不亡，乃采三家《诗》说之见于群书者为《三家诗考》。嗣后好古之士踵其成法，往往缀辑逸文，搜罗略遍"②。很明显，章学诚将创辑佚之功归于南宋王应麟。而叶德辉反对辑佚起于王应麟之说，他认为："古书散佚，复从他书所引搜辑成书，世皆以为自宋末王应麟辑《三家诗》始，不知其前即已有之。宋黄伯思《东观余论》中有《跋慎汉公所藏相鹤经后》云：'按《隋·经籍志》《唐书·艺文志》，《相鹤经》皆一卷，今完书逸矣。特马总《意林》及李善《文选注》、鲍照《舞鹤赋》钞出大略，今真静陈尊师所书即此也。而流俗误录著故相国舒王集中，且多舛午。今此本即精善，又笔势婉雅，有昔贤风概，殊可珍也。'据此，则辑佚之书，当以此经为鼻祖。"③黄伯思为北宋哲宗至徽宗年间人，与王应麟相距一百多年，如果能证明

---

①　转引自郭伯恭：《四库全书纂修考》第二章，20 页，长沙，岳麓书社，2010。

②　(清)章学诚：《校雠通义通解》，王重民通解，33～34 页，上海，上海古籍出版社，1987。

③　叶德辉：《书林清话(外二种)》卷八，271 页，北京，北京联合出版公司，2018。

《相鹤经》是最早的辑佚书，就可以将辑佚的出现向前推一百多年；但是《相鹤经》现已不存，仅据黄伯思的跋就说此书为最早的辑佚书，理由不够充分。王应麟《周易郑康成注》一卷、《诗考》一卷则是现存最早的辑佚书。况且从大时代计算，章学诚与叶德辉所言最早的辑佚书皆出于宋代，所以辑佚始于宋朝是毫无疑义的。

宋人开始辑佚，是因为他们看到某些古籍的散佚会在人们知识的海洋中留下缺憾，为了满足自己和他人的求知欲望，有些人便在浩如烟海的典籍中苦苦搜寻，力图使这些佚书重现于世。宋人的努力确实收到了一些成效，故郑樵得出这样的结论："书有亡者，有虽亡而不亡者，有不可以不求者，有不可求者。《文言》略例虽亡，而《周易》具在。汉、魏、吴、晋鼓吹曲虽亡，而乐府具在。《三礼目录》虽亡，可取诸《三礼》。《十三代史目录》虽亡，可取诸十三代史……凡此之类，名虽亡而实不亡者也。"①郑樵所言大体不错，增强了人们找寻亡佚典籍的信心，但事实并非如此简单。章学诚的说法更为妥帖，"郑樵论《书有名亡实不亡》，其见甚卓。然亦有发言太易者，如云郑玄《三礼目录》虽亡，可取诸《三礼》，则今按以《三礼正义》，其援引《郑氏目录》多与刘向篇次不同，是当日必有说矣，而今不得见也，岂可曰取之《三礼》乎？又曰《十三代史目》虽亡，可取诸《十三代史》，考《艺文》所载《十三代史目》，有唐宗谏及殷仲茂两家，宗谏之书凡十卷，仲茂之书止三卷，详略如此不同，其中亦必有说，岂可曰取之《十三代史》而已乎！其余所论，多不出此。若求之于古而不得，无可如何，而旁求于今有之书，则可矣。如云古书虽亡而实不亡，谈何容易耶？"②章学诚不否认亡书可以找到，即承认辑佚大有可为，但也强调并不是所有的佚书都可以找到，而且即便找到也未必是原来面貌，所以说辑佚不是一件容易的事。从事辑佚不仅要有锲而不舍的毅力，还须有渊博的学识、明晰的判断力，否则辑佚工作是难以完成的。自宋以来，有不少人沿着宋人开创的途径从事辑佚工

---

① （宋）郑樵：《通志》卷七一《校雠略》，832 页，北京，中华书局，1987。
② （清）章学诚：《校雠通义通解》，王重民通解，33 页，上海，上海古籍出版社，1987。

作，如明代孙瑴即从群书中辑录出纬书的佚文编辑成《古微书》，不过此书体例尚不完备，内容也偏窄。只是到了清代，辑佚才有长足进展，成绩斐然。

清乾隆年间，朱筠上条陈："臣在翰林，常翻阅前明《永乐大典》，其书编次少伦，或分割诸书以从其类。然古书之全而世不恒觏者，辄具在焉。臣请敕择其中古书完者若干部，分别缮写各自为书，以备著录。书亡复存，艺林幸甚。"①乾隆帝采纳了这一建议，并利用四库馆的力量，派人从《永乐大典》中辑出典籍多种收入《四库全书》，其中收入者三百八十五种，存目者一百二十七种。《四库全书总目》中，凡标明《永乐大典》本者，均是从《永乐大典》中辑出的佚书，其中有不少是价值很高而久已失传的名著，如李焘《续资治通鉴长编》（五百二十卷）、薛居正《五代史》（一百五十卷）、郝经《续后汉书》（九十卷），这些鸿篇巨制，在文献典籍中都占有重要地位。除此之外，还有一些虽篇帙不大，所记述的内容却非常广泛，上至朝廷典章，下及士大夫事迹，乃至文辞、诗话、诙谐嘲笑之属，总而言之，包罗万象。如《唐语林》后四卷、《高斋漫录》一卷等，这些典籍似乎不如李、薛之书在历史研究中作用大，但它们所载内容也是研究历史必须了解的一个侧面。从《永乐大典》中辑出如此众多的佚书，可谓古籍辑佚史上光辉的一页。

然而，四库馆从《永乐大典》中辑录佚书，不过是有清全部辑佚工作的一部分，清代有很多人从事辑佚，有人甚至一生致力于辑佚，所以造成清代辑佚的空前繁荣。其中成绩尤为显著者，有马国翰《玉函山房辑佚丛书》辑书五百八十余种，王谟《汉魏遗书钞》辑书四百余种，黄奭《汉学堂丛书》辑书二百五十余种。这些书辑采丰富，遍及四部，刊行于世，为他人研究提供了宝贵的资料。马、王、黄所辑之书都能传世，足以证明他们都是当之无愧的辑佚大家。然而，并不是所有的人都能这么幸运，如章宗源大半生从事辑佚，但生活贫困，因受妖僧案牵连而仕途无望，所辑之书生前就分散多处，有的亡佚，有的成了他人的成果，而标

①　转引自郭伯恭：《四库全书纂修考》第一章，8页，长沙，岳麓书社，2010。

明章宗源所辑录的书就只有寥寥几部了。尽管他保存下来的辑佚书不多，但他在辑佚事业中的贡献和地位还是应该肯定的。严可均《全上古三代秦汉三国六朝文》虽只限于辑录文章，但因所涉时间长，并与《全唐文》《宋文鉴》等相衔接，它的出现填补了六朝以前的文章尚未收集成编之缺。此书以人序文，检阅容易，使用方便，它的应用比马、王、黄之书更为广泛。虽然清人已完成了这么多的辑佚工作，但这并不意味着亡佚之书都已辑出，而尚未辑出的亡书不仅仍有相当数量，而且辑佚难度更大，还待有志者去探寻。

三、辑佚的渊薮

四库馆从《永乐大典》中辑出四百余种佚书，这说明《永乐大典》这种类书保存了不少佚书、佚文。但它不是唯一可供辑佚的书，从现存辑佚书的情况考察，可供辑佚的古籍很多，不仅包括类书及其与类书有相同特点的分类典籍，而且还有经史等诸书及其注疏、小学书等，这些都是辑佚亡书佚文的重要来源。

(一)类书

类书是把历史文献中的各种资料，分类汇集在一起，故其具有资料汇编的性质。类书汇编的资料一般都不是单一的，其"区分胪列，靡所不载"①，"凡在六合之内，巨细毕举"②，囊括自然界和人类社会的大部分内容，所以类书又具有百科全书的性质。类书大多以征事和征事兼采诗文为编辑形式，在辑录资料时，绝大多数情况下是引用原材料，并且标明出处，虽然引用时不免有省改，基本上还是忠实原文的。因而可以说，类书是文献资料的渊薮，其中包括了不少佚书、佚文，而且

---

① （宋）王应麟：《玉海》卷首李桓《序》，台北，大化书局，1977。
② 陈梦雷：《上诚亲王汇编启》，见《松鹤山房石诗文集》卷二，清康熙铜活字木。

这些佚书、佚文基本保持了原貌，自然是辑佚者搜寻的重要目标。

对于类书这方面的功用，有识之士早有认识。宋代洪迈曾说："国初承五季乱离之后，所在书籍印板至少。宜其焚炀荡析，了无孑遗。然太平兴国中编次《御览》，引用一千六百九十种，其纲目并载于首卷，而杂书古诗、赋又不及具录。以今考之，无传者十之七八矣。"①洪迈说，时至南宋，《太平御览》征引过的典籍"无传者十之七八"，但他忽略了《太平御览》中的一些内容是根据《修文殿御览》《艺文类聚》《文思博要》等转录来的。明代胡应麟以自身的经验谈及此事，"《太平御览》盖因袭唐诸类书《文思博要》《三教珠英》等，仍其前引书目，非必宋初尽存也，亦有宋世不存而近世往往迭出者，又以钞拾类书得之。此皆余所自验，故知之最真"②。这不仅进一步说明《太平御览》的材料来源，而且指明作为类书，不论是《太平御览》，还是《修文殿御览》《文思博要》等，都保存着大量的佚书、佚文。胡应麟《甲乙剩言》记载，姚叔祥"见余家藏书目中有干宝《搜神记》，大骇曰：'果有是书乎?'余应之曰：'此不过从《法苑》《御览》《艺文》《初学》《书钞》诸书中录出耳，岂从金函玉匮、幽岩土窟掘得耶。'大抵后出异书，皆此类也"。此话确实有理，散佚之书并没有多少是从地下出土的。从现存的辑佚书考察，由类书辑出的散佚文献资料的比例还是相当大的，以《汉魏遗书钞·经翼钞》前几卷为例，此部内容从《艺文类聚》《初学记》《北堂书钞》《太平御览》辑出的条目仅次于《经典释文》《诗正义》《周易集解》等。

类书的重要特点是分类摘抄原始资料，故有些典籍也因分类编辑资料而被视为类书。如姓氏书，是"专考一事，如《同姓名录》之类者，别无可附，旧皆入之类书，今亦仍其例"③。除此之外，还有不少"专考一事"的典籍，诸如专记花卉草木的《全芳备祖》，兼记鸟兽的《花木鸟兽集类》。另外，《通典》《会要》通常被称为政书，但因其分类辑集史料，有

---

① （宋）洪迈：《容斋五笔》卷七，200~201 页，北京，商务印书馆，2019。
② （明）胡应麟：《少室山房笔丛》卷四，46 页，上海，上海书店出版社，2009。
③ （清）永瑢等：《四库全书总目》卷一三五，1141 页，北京，中华书局，1965。

时也被视为类书之属。还有的人混淆纪事本末体的记事件始末与类书以征事为主的编录体裁，把纪事本末也算作类书，甚至把摘抄完一书、再摘抄一书，仍按每种书排列的书抄体书(类似丛书)也看作是类书。尽管这些书严格地说不属于类书，因为它们的分类与类书分类有本质的不同，但这些书又都与类书具备一个共同的特点，即以辑录资料见长，所以从辑佚的角度说，确与类书有同样的功能。如严可均在编《全上古三代秦汉三国六朝文》时，即从《通典》中辑出了近九百条佚文，足见这类典籍在辑佚方面的作用确实不小。

(二)诸书注疏及小学书

一般来说，从类书或类似类书中辑录亡佚典籍还是比较容易的，因为类书按一定宗旨编排资料，资料很集中而且标明出处，何况有的类书是几乎收录整部的典籍，只要了解类书中的某些内容世上已无传本即可辑出。然而亡佚的典籍不仅仅保存在类书中，它还散见于其他的文献典籍中，散见于经、史、子、集的注疏中，散见于小学书中，等等。这些典籍的撰述者为阐明问题的原委或更有说服力，不免征引前人论著，若所引前人之作已佚，那么这些征引的文字就成了这些书的宝贵佚文，因此，辑佚者绝不能忽视这一领域。事实上，辑佚者从浩繁的典籍中确实辑出了不少佚书的章节、段落。如从《庄子·让王篇》《吕氏春秋·审为篇》《说苑·敬慎篇》辑出《公子》《牟子》，从瞿昙达《开元占经》辑出《神农书》，从《齐民要术》辑出《养鱼经》《养羊经》，等等，就是实例。从辑佚的实际情况看，从诸书注疏或小学书中辑录出来的内容也相当可观。所以出现这种情况，是与注疏、小学书的特点紧密相关的。下面我们便结合这两种书的特点，略作一下分析。

所谓诸书注疏，这里泛指古人的各类典籍的注释，这是我国传统的一种著述方式，由来已久，名目繁多，如注、疏、笺、传、章句、故、训、说、微、正义等都是。然而，不论用什么名称，都不外乎疏通文义，对所注内容作进一步探求，表达注家的思想和主张。在诸书注疏中首先要谈的是有关经的注疏。经即指经过孔子整理的《尚书》《周易》《诗经《礼记》《春秋》。自汉武帝把儒家思想作为维护封建专制统治的指导思想后，作为儒家经典的五经得到统治者的特别重视，朝廷立五经博士，传授五经之义。他们不只疏通文义，还要阐发经文的微言大义，在阐发过程中涉及一些事件、名物、制度，就必须加以解释说明。从经学发展史上看，自汉代就分成两大派，一派注重义理，一派注重训诂，特别是后者，其注释越来越注重诠释词语、名物制度等。为了解释明晰准确，就不得不征引大量资料，如《诗经·硕人》"美目盼兮"下注："盼，白黑分。笺云，此章说庄姜容貌之美，所宜亲幸。盼，敷莫反，又肤谏反。《韩诗》云，黑色也。《字林》云，美目也，匹间反，匹苋反。"《韩诗》盛于西汉，后《毛诗》兴，《韩诗》亡，由于《毛诗正义》引用了《韩诗》，故《韩诗》的断章片字得以保存。又如《仪礼注疏·士丧礼》下疏曰："郑《目录》云，士丧其父母自始死至于既殡之礼，丧于五礼属凶。《大戴》第四，《小戴》第八，《别录》第十二。"郑玄《三礼目录》已亡，而从《仪礼注疏》的征引中可以看到郑玄《三礼目录》之点滴，以及它与刘向《别录》等的区别。又，《论语注疏·阳货》"新谷既升，钻燧改火，期可已矣"，何晏《集解》曰："马曰，《周书·月令》有更火之文，春取榆柳之火，夏取枣杏之火，季夏取桑柘之火，秋取柞楢之火，冬取槐檀之火。一年之中，钻火各异木，故曰改火也。"马当指马融，东汉著名的经学家，对儒家经典诠释颇有造诣，但他的经注却没能完整地流传下来，只有在后人的注疏中略见踪迹，尽管都是星星点点的内容，但确是研究马融经学的宝贵材料。所以说，诸经注疏的特点使其保存了很多文献典籍的内容，是辑佚者挖掘亡佚之书的宝库。

古人注书不止局限于经书，也注史书、子书、文集。这些书的注多数都具有广征博引的特点，它们有意无意地保存了很多文献典籍的章节、片段。《三国志》裴松之注即以征引史料丰富冠史注之首，如《三国志·武帝纪》卷一"遣刘岱、王忠击之"，下有注曰：

> 《献帝春秋》曰："备谓岱等曰：'使汝百人来，其无如我何，曹公自来，未可知耳！'"

  《魏武故事》曰:"岱字公山,沛国人。以司空长史从征伐有功,
封列侯。"

  《魏略》曰:"王忠,扶风人,少为亭长。三辅乱,忠饥乏啖人,
随辈南向武关。值娄子伯为荆州,遣迎北方客人,忠不欲去,因率
等件逆击之,夺其兵,聚众千余人以归公。拜忠中郎将,从征讨。
五官将知忠尝啖人,因从驾出行,令俳取冢间髑髅系著忠马鞍,以
为欢笑。"①

此注所引《献帝春秋》《魏武故事》《魏略》弥补了《三国志》对刘岱、王忠记
载的简略,有助于对史事的了解,但这三种书均已散佚,此注正是其宝
贵佚文。除此之外,裴注中多次提到的《英雄记》、谢承《后汉书》、习凿
齿《汉晋春秋》、《魏氏春秋》、《献帝起居注》、《九州春秋》、《典略》、
《三辅决录》、《零陵先贤传》、《魏名臣奏》、《益都耆旧传》等,也大多已
亡佚,而《三国志》裴注所引这些书的内容,客观上保存了这些典籍的佚
文。又如《后汉书·孝和帝纪》载,"而郡国举吏,不加简择,故先帝明
敕在所,令试之以职,乃得充选",下注曰:

  《汉官仪》曰:"建初八年十二月己未,诏书辟士四科:一曰德
行高妙,志节清白;二曰经明行修,能任博士;三曰明晓法律,足
以决疑,能案章覆问,文任御史;四曰刚毅多略,遭事不惑,明足
照奸,勇足决断,才任三辅令。皆存孝悌清公之行。自今已后,审
四科辟召,及刺史、二千石察举茂才尤异孝廉吏,务实校试以职。
有非其人,不习曹事,正举者故不以实法。"②

据《四库全书总目》载:"案《永乐大典》载《汉宫旧仪》一卷,不著撰人名
氏。考梁刘昭注《续汉书·百官志》引用《汉宫仪》则曰应劭,引用《汉旧
仪》则不著其名。《隋书·经籍志》《唐书·艺文志》作四卷,《宋史·艺文
志》作三卷,《书录解题》始作《汉宫旧仪》……考前后《汉书》纪、志注中,

  ① 《三国志·魏书》卷一《武帝纪》,18页,北京,中华书局,1959。
  ② 《后汉书》卷四《孝和帝纪》,176页,北京,中华书局,1965。

别有征引《旧仪》数条，并属郊天、祫祭、耕籍、饮酎诸大典。此卷俱未采入。盖流传既久，脱佚者多。"①故四库馆臣将前后《汉书》中所引"搜择甄录，别为一篇，附诸卷尾"，以补《永乐大典》本《汉官旧仪》之未备。从上列《三国志》《后汉书》的注中，不难看出，史注引证史料丰富，保存了大量宝贵的资料，反映了史书注释的重要特点。值得注意的是，史注不限于正史，诸如《水经》《洛阳伽蓝记》《通典》等也是史书，它们的注也都具备与正史注释同样的特点，其中包含着很多翔实的史料，对于史书是一种重要的补充，在这样的史注中能够寻觅到不少佚书的踪迹。

子书有注者亦为数不少，如《孟子》《淮南子》《吕氏春秋》等都有注。而以史料丰富著名的子书注，当推刘孝标《世说新语》注。刘义庆《世说新语》是记录人物逸闻琐事的小说，但因其采真人真事，故为其作注，除诠释词语、名物制度外，还须补充大量事实，否则便不能使读者明了所记内容的始末缘由。如《德行》篇："谢太傅绝重褚公，常称：'褚季野虽不言，而四时之气亦备。'"下有注曰：

> 《文字志》曰："谢安字安石，奕弟也。世有学行，安弘粹通远，温雅融畅。桓彝见其四岁时，称之曰：'此儿风神秀彻，当继踪王东海。'善行书。累迁太保、录尚书事。赠太傅。"
>
> 《晋阳秋》曰："褚裒字季野，河南阳翟人。祖䂮，安东将军。父洽，武昌太守。裒少有简贵之风，冲默之称。累迁江、兖二州刺史。赠侍中、太傅。"②

此注介绍了此节出现的两个人物的家世及个人简历，实际道出了谢安出此言的原因。又如《轻诋》篇所记桓温与诸僚属登平乘楼，眺瞩中原，慨然曰："遂使神州陆沉，百年丘墟，王夷甫诸人，不得不任其责。"下有注曰：

---

① （清）永瑢等：《四库全书总目》卷八二，701页，北京，中华书局，1965。
② （南朝宋）刘义庆：《世说新语笺疏》卷上之上《德行》，（南朝梁）刘孝标注，余嘉锡笺疏，42页，北京，中华书局，2007。

《八王故事》曰："夷甫虽居台司，不以事物自婴，当世化之，羞言名教。自台郎以下，皆雅崇拱默，以遗事为高。四海尚宁，而识者知其将乱。"

《晋阳秋》曰："夷甫将为石勒所杀，谓人曰：'吾等若不祖尚浮虚，不至于此。'"①

《八王故事》客观记载了王夷甫当政的失误，《晋阳秋》记王夷甫对往事的追悔，二者从不同角度说明桓温的指责是有道理的。刘孝标的《世说新语》注不仅能帮助读者读懂《世说新语》，而且还保存了很多典籍的章节、片段，如上举两处注中提及的《文字志》《八王故事》《晋阳秋》皆已亡佚，对它们的了解也只能凭借刘孝标的注了，何况刘孝标注中引用的很多书都与《文字志》《八王故事》等类似，多已亡佚，当然也靠刘孝标注之征引而存其一鳞片爪了。

集部书中最有名的注，当属《文选》注。《文选》有唐李善注，稍后又有吕延祚、刘良、张铣、吕向、李周翰等五臣注。李善注本与五臣注本曾一度被书贾合而为一，后又分开，难免有二者混淆之处，但这并不影响《文选》注征引材料丰富、诠释透辟的特点。如卷五《吴都赋》"亦犹棘林萤耀，而与夫柟木龙烛也……同年而议丰确乎"，下有注曰：

崔寔《政论》云："使贤不肖相去如日月之与萤火。虽顽嚚之人犹察。"

《山海经》曰："柟木长千里。"又曰："钟山之神，名曰烛龙，视为昼，暝为夜。"

《庄子》曰："老子死，秦失吊之，三号而出。弟子曰，非子之交耶？曰，然。然吊若是，可乎？曰，始也，吾以其人也，而今非也。适为，夫子时也；适去，夫子顺也。安时而处顺，忧乐不能入

---

① （南朝宋）刘义庆：《世说新语笺疏》卷下之下《轻诋》，（南朝梁）刘孝标注，余嘉锡笺疏，979 页，北京，中华书局，2007。

也……"①

注中所引崔寔《政论》，据清人严可均言，此书业已亡佚，现存《政论》是后人从《群书治要》辑出七篇，崔寔本传及《通典·食货典》各辑出一篇编缀而成。《文选》注中提及的《政论》语句，即可作《政论》辑本的补充和参证。又如卷一三《风赋》"侵淫溪谷，盛怒于土囊之口"，下有注曰：

> 《春秋元命苞》曰："阴阳怒而为风。"
> 《荆州记》曰："宜都很山县有山，山有穴，口大数尺，为风井。"②

注中提到的《春秋元命苞》属纬书，此类书东汉时颇为盛行，随着时间的流逝，渐渐衰落，尤其是隋代焚纬以后，纬书几乎绝迹了。然而《文选》注保存了这类书的只字片言，试图辑录纬书的人，当然不能对《文选》注弃之不顾。盛弘之的《荆州记》今亦不见传本，《文选》注的征引，使后人有幸得知其一二。

以上所举寥寥数例，只是经、史、子、集注保存佚书佚文之一斑。虽然注中所引佚文较为零散，但它仍是辑佚不可忽略的宝藏。

(三)小学书

传统目录中小学类所列典籍，就其性质而言，多类今天之辞书、字书，也包括韵书，如《尔雅》《说文解字》《广雅》《玉篇》等。但也有的典籍则因解释词汇限制在一定的范围内，就被排斥于小学类之外，如唐陆德明所撰《经典释文》，其以儒家经典为注释对象，《四库全书总目》即将其列入五经总义类，其实它并不阐明经典之义理，而主要为经文注音释义。又如唐玄应《大唐众经音义》(又名《一切经音义》)，此书从《华严经》

---

① (梁)萧统编：《文选》卷五《吴都赋》，(唐)李善注，234 页，上海，上海古籍出版社，1986。
② (梁)萧统编：《文选》卷一三《风赋》，(唐)李善注，582 页，上海，上海古籍出版社，1986。

167

以至共四百五十四部大小乘经律论中选取词语加以注释，所选内容除梵文音译的佛教专门词语之难懂者外，还收一般的文字音义和较冷僻的词语，实际上兼有佛学词典和普通词典的作用，而《新唐书·艺文志》则将其列在子部释家类。尽管这些典籍作为辞书、字书的性质易被忽略，但它诠释词语、征引材料丰富的特点仍客观存在，已被人们所公认，杨守敬即称其"诚小学之渊薮，艺林之鸿宝"①。这句赞语对于《说文解字》《玉篇》这类无争议的字书也是恰当的。

东汉许慎编撰的《说文解字》，是我国第一部字典。一般来说，此书对所收的字，都先列篆文，然后加以解释，若有的字有古文或籀文，就将古文、籀文的不同于小篆的形体列在下面。汉代流传的古文经即用古文写成，许慎作为著名的古文经学者，引用的古文、籀文当然很多都出自古文经，其著作无疑会保存不少古文经的有关片段，马国翰辑《古文尚书》即多取于《说文解字》。许慎虽是古文经学者，但他并不死守门户，故《说文解字》亦间或引用其他书，如秘书即其一，如目部"瞋"下面有一个"眓"字，解释曰："秘书瞋从戌。"《说文解字》所引秘书即是依托经书，谈符箓瑞应之事的纬书，这类书东汉以后渐渐销声匿迹了，但在《说文解字》中却不难觅得些残篇断简，从而见其一斑。另外，许慎亦广征先秦诸子及汉儒的著述，如鸟部"鹔"字下面有一"鹴"字，解释说："司马相如说鹔从赤。"又如解释"用"字说："可施行也。从卜，从中。卫宏说。"这些通人的说法，虽然谈不上是古籍部分的保留，按"文，典籍也；献，贤者也"的解释，这些说法都是贤者之言，但是作为司马相如和卫宏等贤者的主张、观点，这些佚文亦不无参考价值。

南朝顾野王撰《玉篇》，基本采用《说文解字》的部首，但多出二部，对部首的排列也作了些改动，一般认为它是《说文解字》的增写本。今本《玉篇》对文字的解释，大部分都很简单，但它引证了不少古籍内容，因此也保存了一些失传的古籍残文。如"琳"字注曰："《埤苍》云，垂琳，

---

① （清）杨守敬：《日本访书志》卷四，见谢承仁编：《杨守敬集》第8册，109页，武汉，湖北人民出版社，1988。

地名，出美玉。""韼"字注曰："胡觥切，《字书》藤属，以织也。"《埤苍》
《字书》已亡佚，辑佚者却可以在《玉篇》中有所收获。

今本《玉篇》这样简略，与顾野王序中所言"总会众篇，校雠群籍，
以成一家之制"的宗旨不符。比较清代黎庶昌在日本所得《玉篇》零卷，
可知今本《玉篇》在流传中曾被人删节过。现择二本言部对"谦"的解释予
以说明：

> 谦　苦嫌反。轻也，让也，敬也。（今本）
> 谦　去兼反。《周易》，谦，轻也。天道亏盈而益谦；地道变盈
> 而流谦；鬼神害盈而福谦；人道恶盈而好谦。谦，尊而光，卑而不
> 可逾。野王案：谦，犹冲让也。《尚书》"满招损，谦受益"是也。
> 《国语》："谦谦之德。"贾逵曰："谦谦，犹小小也。"《说文》："谦，
> 敬也。"《仓颉篇》："谦，虚也。"（日本《玉篇》零卷）

二本详略如此悬殊，孰臧孰否？黎庶昌、杨守敬、李慈铭都认为《玉篇》
零卷属顾野王《玉篇》原本，即便不是原本，也是比较接近原本的。可惜
的是，这本《玉篇》所存太少，不过是原书的十分之一二。然而，零卷尚
且能保存诸多典籍段落，那么全书所保存的古籍佚文该有多么可观就可
想而知了。

《经典释文》是隋唐经学统一趋势下的产物，它企图从对经文词义的
解释达到对经的一致认识，为了词语的诠释明晓透辟，也广泛征引典籍
文献。如卷三《尚书音义》上"彭蠡"下注曰："下音礼，张勃《吴录》云，
今名洞庭湖。今在九江郡界。"又卷五《毛诗正义》上"烦挐"下注曰："诸
诠之音而专反，何胤、沈重皆而纯反。阮孝绪《字略》云，烦挐犹挼莎
也。挼音奴禾反，莎音素禾反。"张勃《吴录》是记载孙吴史事的重要典
籍，可惜早亡；阮孝绪《字略》今已失传。阮孝绪学识渊博，《字略》自有
精辟独到之处，后人不能睹其全貌，而从《经典释文》中则可窥其点滴。

玄应《一切经音义》卷一《大方广佛莘华严经》第五十卷音义"船舶"下
解释曰："音白。《埤苍》：舶，大船也。《通俗文》：吴船曰艑，晋船曰
舶。长二十丈，载六七百人者是也。艑音蒲殄反。"又卷二《大般涅槃经》

第二十卷音义"奎星"下解释曰:"口携反。《尔雅》降娄,奎娄也。李巡曰:降娄,白虎宿也。经文有作金星、太白星,宜从字读。"以上两例言及张揖《埤苍》、服虔《通俗文》、李巡《尔雅注》,均已亡佚。除此之外,《一切经音义》还征引郑玄《尚书注》《论语注》,贾逵、服虔的《春秋左氏传》注,以及《三家诗》《苍颉》《声类》《字林》等,这些都是久已失传的古代典籍,而这些典籍靠玄应《一切经音义》的征引,得以保存一部分佚文。以上只提到了几种字书、辞书,已表明其保存不少佚书之佚文,那么全部小学书所保存的佚文就不言而喻了。

指出类书、诸书注疏,小学书,以及一些重要典籍都是辑佚古籍佚文的渊薮,这只是揭示了问题的一个方面,能不能从中辑出珍贵的佚书佚文,则有待于有志者的锲而不舍的毅力和渊博的学识。

四、重要的辑佚书及辑佚之失

辑佚始于宋,兴于明,而盛于清。清四库馆臣从《永乐大典》中辑出不少整本的佚书,章宗源也曾在广袤的典籍中寻觅某一部书的佚文,然后编辑成一书,如《尸子》二卷、《燕丹子》三卷等。这些典籍的辑出,使一些久佚之书重见天日,在文献学史上当然是一大幸事。但是很多佚书所保存下来的佚文不足以成书,于是就出现了将这些佚文按照一定体例编纂在一起的辑佚丛书,这种丛书可以容纳更多的佚书佚文,尽管它们所辑内容比较零散,但在文献学史上的意义并不亚于辑成单本的典籍,而且就辑佚书而言,这种辑佚丛书更能体现辑佚的特点。因此有必要对几部重要的辑佚丛书做些介绍。

(一)《古微书》(明孙瑴辑,三十六卷)

《古微书》辑散佚的纬书。《四库全书总目》说:

> 考刘向《七略》,不著纬书。然民间私相传习,则自秦以来有

之。非惟卢生所上，见《史记·秦本纪》，即吕不韦《十二月纪》，称某令失则某灾至，伏生《洪范五行传》称某事失则某征见，皆谶纬之说也。《汉书·儒林传》称孟喜得《易》家候阴阳灾变书，尤其明证。荀爽谓起自哀、平，据其盛行之日言之耳。《隋志》著录八十一篇，燔烧之后湮灭者多。至今仅有传本者，朱彝尊《经义考》称《易乾凿度》《乾坤凿度》《礼含文嘉》犹存。顾炎武《日知录》又称见《孝经援神契》。然《含文嘉》乃宋张师禹所撰，非其旧文。《援神契》则自宋以来不著于录，殆炎武一时笔误，实无此书。则传于世者，仅《乾凿度》《乾坤凿度》二书耳。[①]

纬书于清初仅存二部，可见《古微书》所辑纬书内容之重要。《古微书》不仅辑录纬书的内容，而且在每篇辑文前都有题解，对所辑内容的源流作了一定程度的探讨。如在《诗推度灾》前有贲居子(孙瑴)曰：

> 汉儒穷经多主灾异，故《尚书》则有《五行传》，董仲舒、刘向、京房部而汇之。及刘歆作《三统历》，以《易》与《春秋》天人之道。其说曰，经元一以统始，易太极之首也；春秋二以目岁，易两仪之中也；于春每月书王，易三极之统也；于四时虽无事，必书日月，易四象之节也。时月以建分，至启闭之分，易八卦之位也。而独无及于《诗》者，逮翼奉受《齐诗》，始得五际六情之说以行灾异，而其术竟无传矣。《汉》志《艺文》亦不存其目，纬书所列《推度灾》，则或《齐诗》授受之遗，惜其不著耳。[②]

孙瑴的题解继承了《汉书·艺文志》小序的传统，阐明所辑古籍佚文的来龙去脉，颇有"辨章学术，考镜源流"之功，即便有的论述并不确凿，但仍给人以启发。

《古微书》辑的是纬书，纬书虽也包括一些天文历法的知识，但大多

---

① （清）永瑢等：《四库全书总目》卷三三，280 页，北京，中华书局，1965。

② （明）孙瑴辑：《古微书》卷二四，见《丛书集成新编》第 24 册，212 页，台北，新文丰出版社，1985。

是荒诞不经的内容，文字也多玄妙深奥，而辑录又往往有文义不完之弊，这样便使辑文更难以理解。为了解决这个问题，孙氏加了不少很有功力的按语，对所辑佚的文字作了疏通或考辨。如卷一九所辑内容有云："王者乘火而王，其政升平，则祥风至。人君乘土而王，其政太平，则甘露降。人君乘水而王，其政和平，则景云见也。景，明也，言云气光明也。"其后有按语曰：

> 《风俗通》猛风曰飚，凉风曰飀，微风曰飔，小风曰飕。又《述异记》东方朔尝过吴明之墟，是长安东过扶桑七万里有及云山，山顶有井，云起井中。若土德王，黄云出；火德王，赤云出；水德王，黑云出；金德王，白云出；木德王，青云出。《瑞应图》云，景云见者，太平之应也。一曰庆云，非气非烟，五色细缊，谓之庆云。①

这段按语很像注文，对了解所辑佚的这段文字大有帮助。全书按语与所辑文字浑然一体，体现了较高的学术性，是了解古代纬书的集大成之作。

(二)《玉函山房辑佚书》(清马国翰辑，六百卷)

匡源《玉函山房辑佚书序》说："先生悯今世学者不见古籍，乃偏校唐以前诸儒撰述，其名氏篇第列于史志及他书可考者，广引博征，自群经注疏音义，旁及史传、类书，片辞只字，罔弗搜辑，分经史诸子为三编，又各因所得多少为卷，作序录以冠于篇。六百卷内惟经编为稍全，史编则所得仅八卷，子编自儒家、农家外俱无目，颠倒舛错，漫无条理，盖当时随编随刊，书未成而先生卒，故其体例未能划一也。"《玉函山房辑佚书》确实有不少缺点，尽管如此，它仍以搜罗宏富，卷帙浩繁而列于辑佚书之冠。

---

① (明)孙毂辑：《古微书》卷一九，见《丛书集成新编》第24册，203页，台北，新文丰出版社，1985。

　　《玉函山房辑佚书》的体例特点是"作序录以冠于篇"，此序录除介绍撰者事迹外，还叙述此书的流传、亡佚经过，以及分散保存在哪些典籍中，有时也论此书内容的长短，对读者了解所辑内容颇为有益，现举几例，聊以为证。

　　《汲冢书钞》序：《汲冢书钞》一卷，晋束皙撰。皙字广微，阳平元城人，汉太子太傅疏广后。王莽末，广曾孙孟达避难，自东海徙沙鹿，去疏足改姓束氏。皙博学多闻，官至尚书郎，事迹具《晋书》本传。太康二年，汲郡人不准盗发魏襄王墓，或言安釐王冢，得竹书数十车，皆科斗字。皙随疑分释，皆有义证，传载其事，此所谓《汲冢书钞》也。隋、唐《志》不著录，佚已久，《初学记》引一节，《尚书正义》《史记索隐》引束皙汲冢古文或引《纪年》，而今本《纪年》无之，及有之而文句异，又诸书引《汲冢书》皆此书之佚文，本传纪篇目甚详，当据本书录之合辑一帙，以贻世之妮古者。

　　《读书记》序：《读书记》一卷，隋王劭撰。劭字君懋，太原晋阳人，为齐太子舍人，入隋，官至秘书少监。《北史》本传于所撰《隋书》八十卷，讥其词义繁杂，于所撰《齐志》二十卷，《齐书纪传》一百卷，讥其文词鄙野，而独称此书，云指摘经史谬误为《读书记》三十卷，时人服其精博。《唐志》儒家有王劭《读书记》三十二卷，今佚。从《礼记正义》《春秋正义》《史记索隐》辑录一帙。其书尚考据，与《颜氏家训》相似。史称在齐待诏文林馆，祖孝征、魏收、阳休之等尝论古事，有所遗忘，访阅不能得，问劭，劭具论所出，淹博擅长于此见一斑尔。

　　《志林新书》序：《志林新书》一卷，晋虞喜撰。喜有《论语赞注》已著录经编。此书《隋志》载三十卷，《唐志》二十卷，今佚。明陶宗仪辑十三节入《说郛》，兹据校订，更采《三国志注》《文选注》《史记索隐》《正义》《太平御览》等书补录三十七节，合为一卷。书多杂记故事，长于考据，如齐爷之齐当为斋，谓师出斋戒，入庙受爷，牺樽作牺牛形之类，可订经注。诸书引并作《志林》，加题"新书"，依

《隋》《唐志》目也。①

通过这几篇序录可以推想，《玉函山房辑佚书》的序录，若单独成书，即是一部叙录体的古佚书目录，是研究古佚书的重要资料。所以《玉函山房辑佚书》不仅为人提供了佚书佚文，而且还奉献了研究古佚书的其他成果，为人们继续探索提供了便利。

(三)《汉学堂丛书》(又名《黄氏逸书考》，清黄奭辑，二百八十五种)

《汉学堂丛书》于1925年加以修补，易名为《黄氏逸书考》，抗日战争前由朱长圻重印，前有叶仲经、朱长圻、王鉴三篇序。叶序回顾了辑佚的历史，特别谈到辑佚之难，同时指出《玉函山房辑佚书》的一些失误，这与《汉学堂丛书》的体例不同于《玉函山房辑佚书》有关。《汉学堂丛书》于所辑书篇首无序，但在辑录内容后常有按语，这些按语往往是对所辑内容的考证。如张璠《易集解》有按语：

> 案李富孙《易解剩义蒙象》曰"山下出泉"，引张璠曰"险而止山也，险而动泉也"，下注《太平御览》。检《太平御览》三十八，此二句是杨义《易卦序论》，不是张璠。孙氏《集解》作扬义不误。案《御览》杨义，义当作乂，李氏盖因《经义考》而误。②

又赵岐《三辅决录》"接子昕著书十篇"条下按语：

> 愚案《汉志》注似非一家之言，守节采众训释作《正义》，所见《汉书》注云齐人者当是旧说，若便合下四字，守节不得截取之，以证《史记》矣。其以为武帝时说者，或是师古依《决录》之说另有此注，但宜有"师古曰"三字别之，不知何时脱去，遂附合为一欤。林宝《姓纂》捷姓，引《汉志》"捷子三篇"，云齐人，无下四字，似宝作书亦止见旧说也。接姓更引《三辅决录》"接子书十篇"，又与《汉志》

---

① (清)马国翰辑：《玉函山房辑佚书·史编》，2464、2637、2622页，扬州，广陵书社，2005。

② (清)黄奭辑：《张璠易集解》，见《黄氏逸书考》第9册，1934年朱长圻补刻本。

篇数不符，接子昕未审何时人，今因有武帝时说，姑识于此。^①

以上所举按语附于所辑条目之下，用双行小注的形式。然而《汉学堂丛书》的按语并不止此一种，还有关于某一部书或某书某一部分的按语，内容多是考辨，关系取舍，附录参证等。如王隐《晋书地道记》后按语：

> 《郡国志》河南尹雒阳，周时号成周。刘昭补引《元康地道记》曰：城内南北九里七十步，东西六里十步，为地三百顷一十二亩有三十六步。城东北隅周威烈王冢。案此引《元康地道记》，虽有地道二字，不能定为王隐书，附录于此。
>
> 《续汉书百官志三》注引《晋太康地道记》曰：后汉固始、铜阳、公安、细阳四县卫士习此曲，于阙下歌之，今鸡鸣是也。案此引虽有"地道记"三字，而冠太康于上，亦不能定为王隐书也，姑附录之。
>
> 王本引《水经注》，"惠帝使校尉陈总仲元诣洛阳山请雨，总尽除小祀，惟存大石而祈之，七日大雨"。案所引见伊水注，又引见《初学记》五、《事类赋》七、《书钞》一百六十陈禹谟补，并引王隐《晋书》，非《地道记》也。盖诸书所引有引王隐曰，有引王隐《晋书》即是《地道记》者，有非《地道记》而为王隐《晋书》者，须分别观之。^②

这些按语不仅指出哪些是王隐《地道记》，哪些不是，对识别王隐《地道记》颇有意义，而且揭示了古籍中往往有名称相同而内容不同，或名称不同而内容相同之事，提醒人们了解古籍不能肤浅地以名称定是非，要认真地考察其内容，否则将得出错误的结论。这些都显然超出了对个别书的论述，而成了辑佚的普遍性法则。

(四)《汉魏遗书钞》(清王谟辑，经翼一百零八种)

王谟所辑《汉魏遗书钞》分经、史、子、集四部，而刻成流行者仅经

---

① （清）黄奭辑：《赵岐三辅决录》，见《黄氏逸书考》第 86 册，1934 年朱长圻补刻本。
② （清）黄奭辑：《王隐晋书地道记》，见《黄氏逸书考》第 73 册，1934 年朱长圻补刻本。

翼一部。王谟在此书序中简述了辑佚的原因和可能，并着重介绍了辑佚的来源和方法。他说："按隋唐二《志》门类，分别搜讨，经部则以孔氏、贾氏《正义》，陆氏《释文》为主；史部则以裴氏《集解》，颜监、刘昭、章怀各注为主。不足则参之四大类书，又不足则求之汉魏以来各古书注，及宋元以来诸说部书。有引用某氏经者，即以还某经；引用某氏史者，即以还某史；引用某子传记者，即以还某子某传记。"这反映王谟辑书的宗旨，它对认识《汉魏遗书钞》的价值有一定作用。然而更重要的是，它总结了具有普遍意义的辑佚途径和方法。

《汉魏遗书钞》分四部，每部之首皆有序，所辑每种佚书前又有序录。序和序录的主旨基本一致，都说明古佚书的源流，散亡的原因，以及辑佚来源，二者内容上的区别仅限前者偏于概括，后者更为具体。但二者在形式上则有明显不同：序录先引隋、唐二《志》著录的情况，然后引前人著述，最后是撰者的按语，而序则以撰者论述为主。如《经翼钞序》：

> 经翼钞者，钞录汉魏以来说经诸书，以拾注疏之遗而补其阙也。当日注疏原奉诏刊定，折衷群言，至当归一，以正天下学术，而昭一代同风之治。于是《易》主王弼，《书》主孔安国，《诗》主毛、郑，《春秋左传》主杜预，《三礼》同主郑康成，以及《公羊》《穀梁》《孝经》《论语》《孟子》《尔雅》各主一家注解，又因其章句以为之疏，谓之正义。外此，虽有大师讲授专门名家之学，非其说与注合，不得采入正义，故虽有其书而以非功令所遵，科举所尚，往往束之高阁，倚席不讲。毋托乎汉魏以来说经诸书，日就散佚，以至于磨灭。虽有好学深思之士欲从而参互考订，而坠绪茫茫，要不过寻什一于千百而已。①

此序部分阐明了所辑对象，诸经主要派系，以及其他派系未能流传而散佚的原因。而每种佚书的序录则以前人的叙述为主，胪列该书的源流及

---

① （清）王谟辑：《汉魏遗书钞·经翼钞序》，京都，中文出版社，1981。

流传、亡佚之始末。如《九家易解序录》中有以下诸条：

> 《隋志》"《周易荀爽九家注》十卷"。
>
> 《唐志》"《荀氏九家集解》十卷"。
>
> 《三国志》"虞翻奏曰：经之大者，莫过于《易》。自汉初以来，海内英才其读《易》者，解之率少。至孝、灵之际，颖川荀谞号为知《易》。荀谞，荀爽之别名也"。
>
> 《经典序录》"《荀爽九家集注》十卷，不知何人所集，称荀爽者，以为主故也。其序有荀爽、京房、马融、郑玄、宋衷、虞翻、陆绩、姚信、翟子元。子元不详何人，为《易义注》，内有张氏、朱氏，并不详何人"。
>
> 《文献通考》"陈氏曰：九家者，汉淮南王所聘明《易》者九人，荀爽尝为之集解。陆氏《释文》所载《说卦》《逸象》本于《九家易》"。
>
> 案：李鼎祚《周易集解》凡三十余家，而于京房、马融、荀爽、郑康成、虞翻、陆绩、姚信、宋衷、翟子元九家外，又有《九家易》。若如陆氏《释文》云，即京房等九家，以荀爽为主，则李氏《集解》不当于诸家外又列《九家易》也。此《九家易》恐当如陈氏说，汉淮南王所聘明《易》者九人，文中子所谓九师兴而《易》道微者也。然本书久亡，无与为质，姑仍旧目，从《集解》钞出一百二十九条，又《释文》十五条，又附录《九师道训》三条。①

王谟的按语对历史上所记载的两种《九家易》进行了考辨，认为这两种《九家易》应当同时并存，至少在唐李鼎祚《周易集解》时，还都存在，故李氏在京、荀九家之外，又列一"九家"。但诚如王谟所说，"本书久亡，无与为质"。因此，从李氏《周易集解》中辑出的《九家易》佚文，便很难还分彼此了。这是由于记载简略，又难以质证所造成的。对于为何要附录《九师道训》的三条佚文，王谟亦申述了理由：

---

① （清）王谟辑：《汉魏遗书钞·九家易解序录》，京都，中文出版社，1981。

> 案：《经义考》言，陆氏《释文》于需、蛊、遁、损诸卦其所引称师者，当即九师本，而《鸿烈解》引《易》曰"剥之不可遂尽也，故受之以复"，此则《道训》之《序卦》传文矣。而于《后汉书》注、《文选》所引《九师道训》，《释文》俱阙不载，似属遗漏，今特采补。①

不论是序录的按语，还是附录的按语，都体现了王谟在辑佚实践中严谨、审慎的学风。他充分占有材料，罗列了不少前人的叙述。而重要的是，王谟对前人论述都有所考辨，并提出自己的意见，纵然这些看法不尽正确，但也能引人去思考、探索。

《古微书》《玉函山房辑佚书》《汉学堂丛书》《汉魏遗书钞》四部辑佚书各有千秋，但它们作为辑佚书又有共同之处，即它们都在一定程度上揭示了古佚书的面貌，具有重大意义。特别值得一提的是，辑佚者所撰的序与按语等，亦不同程度地有其自身的学术价值。辑佚书的序主要阐述所辑古籍的流传情况、亡佚原因以及此书在哪些现存古籍中有残留。若把这些序缀联起来，便是一部具有"辨章学术，考镜源流"性质的古佚书目录，这无疑是对现存古籍目录的重要补充。辑佚书中的按语，多是对佚书内容加以解释、补充，并探讨考辨佚文与佚书的关系及真伪，以及不同版本的差异，间或也提及前人辑佚的失误等，这显然已是从具体的论述，发展到了对一般辑佚理论的探索。同时，由于这些按语涉及所辑内容本身，它的论述范围即不能不涉及注释、补阙、考异、版本、辑佚等，从这个意义上说，这些论述对这些学科的研究发展亦无疑是有益的。所以说，辑佚书中的序、按语和所辑内容一样重要，只是侧重不同罢了。

历来的辑佚书当然不只这四种，比较著名的还有洪颐煊辑《经典集林》三十种，严可均《全上古三代秦汉三国六朝文》七百四十六卷，王仁俊《玉函山房辑佚书续编》《玉函山房辑佚书补编》《经籍佚文》辑书共五百二十三种，等等，然而仍然未能将宋以前的古佚书辑录完备。辑佚工作

---

① （清）王谟辑：《汉魏遗书钞·九家易解附录》，京都，中文出版社，1981。

一直在继续，鲁迅《古小说钩沉》三十六种，余嘉锡与其女淑宜合辑《殷芸小说辑证》，范行准辑《全汉三国六朝唐宋医方》八百卷等，都是近现代人的辑佚成果。事实上，宋以后仍有不少佚文可辑，如赵万里《校辑宋金元人词》七十三卷，唐圭璋《全宋词》，隋树森《金元散曲》等，都包含很多辑佚成果。尽管如此，犹有众多可辑之书待后生继之，足见辑佚大有可为，是今日古籍整理不可忽视的领域。

　　然而，在这不可忽视的领域中，还有一个不可忽视的问题，即辑佚的难度。实践证明，辑佚工作稍有疏忽，就可能出现辑错、漏辑、重辑等问题，辑佚大家也难以避免。叶仲经就曾指出马国翰有多处失误，他说："顾辑书匪难，而求免脱误诸病尤难。如马氏以《史记索隐》鲁连子下云'共，今卫州共城县'乃司马贞之按语，遂误连本文。《艺文类聚》称《别录》引《尹都尉书》有《种葱篇》，下云'曹公既与先主云云'明系别引一书，乃作尹说，此误之甚者也。颜延之《庭诰》不录本传，释智匠《古今乐录》于《乐府诗集》半取半未取，此漏之甚者也。或见《汉书·律历志》引《易传》有'辰有五子'之语，即以当'古五子'。《天文志》载'十八妖五残'，即录其文当'五残变星书'。甚至《孝经邢疏》所云，旧说与诸家记原无主名时代，悉当安昌侯说。而《鲁诗》悉归故，则安知其无说，《齐诗》悉归传，则安知其无故，《韩诗》则除标明传者，其余更凭臆断。此类皆马氏之失，再以马而例诸家，恐其亦复不免。"[①]

　　叶序所指马氏之误大致可分为两类，一是漏辑，如经编小学类所收颜延之《庭诰》一卷，由"富则盛""善施者""喜怒者""观书贵要""荀爽云"四段组成，分别从《艺文类聚》《初学记》《太平御览》辑出，然而却忽略了《宋书·颜延之传》，传中收了《庭诰》，并且比马氏所辑篇幅长。《宋书》早于《艺文类聚》等三种类书，还有可能是这三种类书的根据，所以忽略颜延之本传是一大失误，漏辑当然不能避免。还有一点应该指出，即"荀爽云"段，马氏注明出自《太平御览》卷八七一，查阅此卷确有一段颜延之《庭诰》的文字，但不是"荀爽云"这段，不知是标错出处，还是编错

---

① （清）黄奭辑：《黄氏逸书考·序》，1934 年朱长圻刻本。

书种。二是误辑，除叶序所举之外，马氏还将《水经》"河水又东过砥柱间"的郦道元注中所引"刘向叙《晏子春秋》称古冶子曰：'吾当济于河，鼋衔左骖，以入砥柱之流，当是时也，从而杀之，视之乃鼋也。'"这一段辑为刘向《别录》的佚文，而今存《晏子春秋》卷二《景公养勇士三人无君臣之义晏子谏》就有与这段文字几乎相同的内容，这显然是《晏子春秋》的正文。何况考察现存的几篇刘向《别录》佚文，亦无引述介绍典籍原文的实例，马氏将"叙"误解为"叙录"的简称，忽略了"叙"犹有陈述之意，所以将不是佚文的《晏子春秋》中的内容，当作刘向《别录》的佚文，进行了错误的辑录。

其实，漏辑、误辑也不仅限于《玉函山房辑佚书》等这类书，编纂一代某一体裁的全集，遗漏几乎是不可避免的，于是补遗在所难免。而这样的补遗亦具有辑佚的性质，也有类似的弊病，但又不完全相同，如漏辑就不像辑佚亡书那样容易发现，而误辑则多表现为，实际已入编又作补遗；或是已编在某人名下，又补在他人名下；或是全文已入编，又将其一部分补在他人名下等。现以《全唐诗续补遗》为例加以说明①。如卷七在权德舆名下补《送人》句："晚色寒芜远，秋声候雁多。"这是权氏的五律《送秀才贡举》中的第五、第六两句，全诗已收入《全唐诗》卷三二四。又如卷八孟郊名下补《过龙泉寺精舍》一首，而《全唐诗》卷一五九孟浩然卷内，有一首题作《疾愈过龙泉寺精舍呈易业二公》的诗，除第一句"亭午闻山钟"的"亭"作"停"，第四句"谷转松翠密"的"谷转"作"转谷"，第十一句"傍崖探蜂蜜"的"探"作"采"外，别无不同，显然二者是同一首诗。从孟浩然的经历交游看，这首诗应为孟浩然所作，补作孟郊的诗似不妥。又如卷一〇杜牧名下补七律诗《九华山》一首，而此诗的后四句已于卷九补作张祜《九华山》诗，这是不该出现的疏漏，从《九华山》的形式、内容考查，这首七律应是杜牧的遗诗，截取后四句补作张祜，是不合适的。又如卷一一补李忱(唐宣宗)《四面寺瀑布》诗："穿山度石不辞劳，到底还他地步高。溪涧岂能留得住，终归大海作波涛。"诗后有注：

---

① 所举诸例参见曹汛：《〈全唐诗续补遗〉订补剩稿》(上篇)，载《文史》第 33 辑，1979。

"《全唐诗》以前二句为黄檗禅师联句。"此诗收在《全唐诗》卷四李忱名下，并注明前两句为黄檗句，后两句为李忱句。而这两句又出现在陈述编纂的《全辽文》中，题名为《投潭中偈》，作者郑定光乃辽末僧人。此偈出自《古今图书集成·神异典》百七四。

从这些例子不难看出，辑佚不仅需要有渊博的学识，还要有严谨、认真的态度，既要了解亡书佚文，又要对此有所考辨，否则辑佚不但不能抢救部分古籍，为科学研究提供方便，反而造成古籍的混乱，给研究工作带来麻烦。

第八章　类书、总集及丛书

东汉已开始以纸为书写材料，到魏晋时，纸逐渐取代简册成为典籍的主要载体，促进了典籍的发展和流传，典籍的数量和种类迅速增加。面对日益浩繁的典籍文献，为了研究、检阅，人们对文献重新分类、组合，从而出现了类书、总集、丛书。

一、类书的出现及其发展

以文献内容性质为分类原则编纂而成的类书，出现于魏晋之时。据载，魏文帝下诏，"又使诸儒撰集经传，随类相从，凡千余篇，号曰《皇览》"[1]。此书完成于黄初三年（222 年），据《魏略》载，《皇览》"合四十余部，部有数十篇，通合八百余万字"[2]。《隋志》有载，仅存一百二十卷，两《唐书》皆不载，此书约全佚于隋末唐初。但从其佚文可知《皇览》"包络今古，原本始终，类聚胪列之，而百世可知也"[3]，因此仿效者源源不绝，并尊其为类书之祖。类书以纂集知识为务，而且它的篇、部名称能反映所载知识的性质、范围，故类书具有检索功能，有工具书的性

---

① 《三国志》卷二《魏书·文帝纪》，88 页，北京，中华书局，1959。
② 《三国志》卷二三《魏书·杨俊传》，664 页，北京，中华书局，1959。
③ （明）焦竑：《国史经籍志（附录）》卷四下，237 页，北京，中华书局，1985。

质。另外，类书把已有的文献按所属知识类别重新分类、组合，并以材料丰富，各类知识齐备见长，是一种全新的部类文献形式。

(一)官修类书

魏文帝令人所撰《皇览》创类书体例，而两晋几乎没有类书面世。南北朝则是每朝都仿效曹魏编纂类书，南北竞美。南朝有《寿光书苑》《类苑》《华林遍略》递相出现，北朝有《帝王集要》《修文殿御览》继踵推出。遗憾的是，这些类书皆亡佚，只能凭其他典籍的记载了解一二。其中影响较大的类书当推《华林遍略》与《修文殿御览》。据载，北齐后主高纬于武平三年(572年)二月，敕撰《玄洲苑御览》，取《华林遍略》，加《十六国春秋》《六经拾遗录》等书，八月撰成。后改名为《经寿堂御览》，最后改为《修文殿御览》。此书仿天地数分部，按乾坤策定编，撰例较为严谨。宋代修《太平御览》仍以此书为蓝本，足见此书对后世之影响。

隋统一中国，享国时短，但在不长的时间中却编了不少类书。其重要者：诏命编修的《长洲玉镜》，杜公瞻奉敕编的《编珠》，虞世南在秘书省时私辑的《北堂书钞》，诸葛颖辑的《玄门宝海》。唐朝有国日长，自太祖至玄宗，除了短命的中宗、睿宗两代之外，诸代都以朝廷的力量编纂了一批大规模的类书：高祖时的《艺文类聚》一百卷；太宗时的《文思博要》一千二百卷、目十五卷；高宗时的《瑶山玉彩》五百卷及《累璧》四百卷、目录四卷；武后时有《玄览》一百卷，《三教珠美》一千三百卷，目十三卷；玄宗时有《玄宗事类》一百三十卷，《初学记》三十卷。另外，不少文人学士也自编类书，用来储备撰文赋诗的资料，如陆贽《备举文言》、白居易《白氏经史事类》(又名《白氏六帖》)、皮日休《鹿门家钞》等。隋唐两代编撰众多类书，大部分都已亡佚，只有《北堂书钞》《艺文类聚》《初学记》《白氏六帖》基本完整地保存至今。另外，《编珠》残存二卷。

《北堂书钞》撰者虞世南，生于陈，经隋入唐。他在隋朝参加过《长洲玉镜》的编撰，不仅积累了材料，而且熟悉了类书编纂体例，有益于私撰《北堂书钞》。对于《北堂书钞》卷数、分类，历代目录众说不一。今本《北堂书钞》一百六十卷、十九部、八百五十一类。《北堂书钞》的体例，一般来说，是在每一类目内，将典籍中有关的材料汇集在一起，每一事摘一句，然后以小注的形式说明文句的出处，上下文以及有关的解释，注文中间或有虞世南的按语。有时也根据具体情况，其形式有所变通。《北堂书钞》广征群书，据孔广陶统计，除集部之外，有八百余种。对于《北堂书钞》引书的断限，严可均说："所钞之书，皆三代、汉魏，迄于宋、齐。最晚沈约《宋书》、萧方等《三十国春秋》、崔鸿《十六国春秋》、魏收《后魏书》，其诗、赋、颂则颜、谢、鲍为最晚，陈、隋只字不钞。"①《北堂书钞》所引多隋以前典籍，然而这些典籍，"今世亡其本十盖八九，其存者，亦流俗写变，残阙误讹，不为典要"②。《北堂书钞》保存了大量今已亡佚的隋前旧文献，对后世了解这些文献，勘定现存部分典籍，确为至宝，而虞世南对文献分类、整理的功绩也是不言而喻的。

《艺文类聚》一百卷，分四十六部，部下有子目，共七百二十五个。《艺文类聚》部类比《北堂书钞》多，增加了不少反映自然存在与现象的部，如山、水、果、木、虫豸等，同时也增加了记载人类社会生活内容的部，如产业、居处、人等。从设部与《北堂书钞》的差异，可以看出《艺文类聚》能及时地认识到发展、变化了的社会生活，并能较客观地反映出来。

欧阳询撰《艺文类聚》时，以为《皇览》那样的类书"文义既殊，寻检难一"，要改变体例，撰成以"文"为主的类书，提出"金箱玉印，比类相从"，"其有事出于文者，便不破之为事，故事居其前，文列于后"③。而且在言某条事时，所引典籍文献不分体裁，至于列其文，则按不同体裁分别征引，表现出《艺文类聚》以文为主要撰集对象的特点。欧阳询把"事"与"文"并入类书，其目的只在"俾夫览者易为功，作者资其用"，事实上对于后世，其意义远不止此。《艺文类聚》所引古籍，据统计有一千

① （清）严可均：《铁桥漫稿》卷八，9页，台北，世界书局，1984。
② （清）严可均：《铁桥漫稿》卷八，9页，台北，世界书局，1984。
③ （唐）欧阳询：《艺文类聚·序》，汪绍楹校，27页，上海，上海古籍出版社，1965。

四百三十一种，而其中现存者已不足百分之十。因此，它成为辑佚的渊薮，加上《艺文类聚》征引全文或片段，文义完整，便于参考使用。《艺文类聚》辑存文献的方法，使其文献价值更为突出，时至今日，仍在搜辑散佚、学术研究方面发挥着重要作用。

《初学记》三十卷，是唐徐坚、张说奉唐玄宗之诏而撰。玄宗要求此书"撰集要事并要文，以类相从，务取省便，令儿子等易见成就也"①。《初学记》全书分二十三部，三百一十三类，对以前的类书的类目作了调整。《初学记》的体例分叙事、事对、诗文。所列正文简洁、明快，而类书的资料性则由双行小注体现，注中所引材料，标明出处，兼容并蓄，并对一些材料有所辨正。值得注意的是，《初学记》对于叙事中所引的材料进行了科学的加工，使其排列反映出事物的内在关系，读者不必多费斟酌即可得到比较系统、全面的认识。所以《初学记》既有很强的资料性，又富有知识性。《初学记》不仅给人以知识，而且为整理、研究古籍提供资料和方法，因此为历代学人称道，《四库全书总目》称其"在唐人类书中，博不及《艺文类聚》，而精则胜之"②。

宋太宗于太平兴国二年下诏："以前代《修文御览》《艺文类聚》《文思博要》及诸书参详条次，分定门目。"③这就是初名《太平总类》的《太平御览》，全书一千卷。《太平御览》从天、地到药、百卉，共分五十四部，部下设子目，全书共有四千五百五十八个子目，每个子目之下，再按时间先后，顺次征引有关资料。这些资料都注明出处，而且大多是原文，较少省改，为使用者提供了方便。《太平御览》编修时，参酌、采录了以前的类书，并对其不足有所补正，克服了以前类书中正文、注文连写，混淆不清的毛病。《太平御览》共引书一千六百九十种，若加所引诗、赋，则有二千八百多种，而这些书十之七八都已亡佚。如崔鸿《十六国春秋》，不见司马光征引，说明司马光未见过此书，而《太平御览》中则

①　(唐)刘肃等：《大唐新语(外五种)》卷九，78页，上海，上海古籍出版社，2012。
②　(清)永瑢等：《四库全书总目》卷一三五，1143页，北京，中华书局，1965。
③　(宋)李昉等：《太平御览·引》，3页，北京，中华书局，1960。

有四百八十余条，使后人对这部久佚的史书有所了解。《太平御览》的资料价值是显而易见的。

明代永乐年间所修《永乐大典》二万二千八百七十七卷，又凡例、目录六十卷，引书达七八千种，是我国历史上最大的类书。以前的类书，分类摘抄有关历史文献，以便检索，然而为了归类，不得不割裂历史文献。这样，类书提供的文献就难免零碎，成为类书的不足之处。《永乐大典》针对以前类书单纯分类的弊病，吸取了韵书以韵检字的优点，采"用韵以统字，用字以系事"的编撰方法。《永乐大典》对每一个韵目，都是先注音，后释文，并附该字从钟鼎文到行草的各种写法，再列诸家之说。《永乐大典》收辑材料宏富，"包括乾坤，贯通今古，本末精粗，灿然备列。庶几因韵以考字，因字以求事，开卷而古今之事一览可见"①。而特别值得注意的是，每个条目所征引的文献，都是据原书一字不易地抄入，没有省改。同时，为了材料的完整，所以多是整段、整篇，甚至整部书地抄入。另外，引书时，书名、作者皆用朱笔抄写，十分醒目。有关文物、山川等，还有附图，具有很高的参考价值。《永乐大典》是古代文献的渊薮，我国不少亡佚的古籍都依赖《永乐大典》得以保存。清四库馆臣从《永乐大典》中辑出《旧五代史》一百五十卷，《续资治通鉴长编》五百二十卷等。据统计，共从《永乐大典》辑出佚书五六百种。有必要提醒的是，四库馆臣开始从《永乐大典》中辑佚书时，《永乐大典》已亡佚了差不多原书的十分之一，那全书的价值就可想而知了。

清代编修的《古今图书集成》一万卷，是现存我国古代最大、最完整、结构最精善合理的一部类书，被国外学者誉为"中国百科全书"。《古今图书集成》的编撰采用三级类目的形式，即全书分六个汇编，六个汇编包括三十二典，三十二典下分有一百零九部。每部之下，分设汇考、总论、图、表、列传、艺文、选句、纪事、杂录和外编十个部分，分别按照每部分的要求，辑录有关资料。而这十部分的设置，因具体情况而定，不强求一律。《古今图书集成》在移录文献方面，注意其系统性

---

① （明）解缙等：《永乐大典·凡例》，北京，中华书局，1986。

和完整性，通常一字不遗地全文征引。另外，《古今图书集成》中有大量插图，并重视西方科技文献的征引，这也是它与众类书明显不同的特点。《古今图书集成》能够为研究有关问题提供丰富的系统资料或重要的资料线索，同时也便于从中查找历史典故、诗文和历史人物，是检阅清康熙以前历史文献的重要工具书。

官修类书除了前面介绍的百科性的类书外，还有专题性的类书。《册府元龟》这部大型专题性类书的出现，是宋代对类书编纂的重要发展。《册府元龟》最初拟名《历代君臣事迹》，宋真宗称编此书是"为将来取法"，故改《册府元龟》。全书共一千卷，分帝王、宗室、外臣等三十一部，每部之下又分小类，称作门，全书共一千一百二十七门。其编纂体例是部有总序，门有小序，总序叙本部诸事迹的脉络，小序则论本门的内容，有提纲挈领的作用。《册府元龟》的引书范围和引书原则有明确规定，引书以经籍为先。原文照录，有改动必"注释其下"。繁碎之书不取，取较为系统的著述，酌取前代类书。陈垣说："《册府》取材丰富，自上古至五代，按人事人物，分门编纂，概括全部十七史。其所见史，又皆北宋以前古木；故可以校史，亦可补史。"①《册府元龟》编纂认真，比其他类书失误少，但它有一个明显缺点，即引文不注出处，这在一定程度上影响了它的使用价值。

北宋共修三部大类书，《太平御览》《册府元龟》都已介绍过了，而《太平广记》情况比较复杂。按照当时修书的诏令："以前代《修文御览》《艺文类聚》《文思博要》及诸书，分门编为一千卷（即《太平御览》）；又野史、传记、小说，杂编为五百卷（即《太平广记》）。"《太平御览》与《太平广记》材料同出一源，只是《太平广记》仅取野史、传记、小说。全书分神仙、知人、贡奉、杂传记、杂录等九十二类，从这些类目看，它既不是百科性类书，也不属专题性类书，只是因取材限定了范围，故所包括的内容相应少一些，可以认为它是介于两者之间的一种类书。《太平广记》各类中，有的直接列所收事目，有的则先列子目，再列事目。每条

---

① （宋）王钦若等编：《册府元龟·序》，北京，中华书局，1989。

事目都征引原文，并注明出处。该书书前有《太平广记引用书目》，共列所引图书三百四十三种，实际征引宋及宋以前稗官小说凡四百七十五种。这些书，现在半数以上都已亡佚，仅此一点，就能说明《太平广记》的价值。

(二)私修类书

私人修撰类书，没有固定程式的限制，所以形式多样，显出勃勃生机。

宋吴淑《事类赋》(又名《事类赋注》)就是一部别开生面的类书。全书分天、岁时、禽、草木、虫等十四部，每部下又分子目，全书有一百个子目。吴淑先用有关资料，为每一个子目作一篇赋，然后再用注的形式，列出每句所含典故的资料。由于《事类赋》子目一般都是一个字，故又称《一字题赋》。

继《事类赋》之后，北宋有影响的私修类书是高承的《事物纪源》，这也是一部独辟蹊径的类书。该书共分天地生植、经籍艺文、农业陶渔等五十五部，每部下设子目，全书有一千七百六十六个子目。在子目之下，专门征引能够说明子目之起始的材料，这是《事物纪源》的主要特点。

南宋潘自牧的《记纂渊海》更是刻意求新，他认为过去的类书"往往凝滞于事实之内，而不能推移变于言意之表"[①]，有必要突破旧类书的模式。全书一百九十五卷，分论议、识见、人情、接物、生理等二十二部，每部下设子目，称为门，实有一千一百九十五门。子目之下，按经、子、史、传记、集、本朝的顺序征引有关资料。而《记纂渊海》的特点在于征引的诸书记载，都可用子目的标题来概括。这在一定程度上改变了旧类书的程式。

宋末元初的王应麟撰《玉海》二百零四卷。全书共分天文、诏令、选举、食货等二十二部，部下分子目，全书共有二百六十六个子目。《四

---

① (宋)潘自牧编：《记纂渊海·序》，北京，中华书局，1988。

库总目》称，"应麟尤为博洽，其作此书，即为词科应用而设，故胪列条目，率巨典鸿章，其采录故实，亦皆吉祥善事，与他类书体例迥殊"①，认为《玉海》是为"博学宏科"应试用的类书，它确实有其相应的特点。第一，此书强调"制度典故"，较少枝蔓。第二，立足于实用。如特设"艺文"，附"辞学指南"。第三，重简明，不堆砌材料。第四，特别注重本朝的典制、故事。后世对《玉海》评价都比较高，李桓认为《玉海》既博且要，强调"博既难矣，博而要者为尤难"②。

《群书类编故事》是王莹在元代文献学趋向普及的形势下编成的，他顺应了多数人想了解历史掌故的需求。《群书类编故事》二十四卷，汇辑史传、笔记、传奇以及野史稗编中宋以前的故事八百二十二条，分天文、人伦、饮食等十八类，从所分类目看，其内容更贴近一般百姓，所以这部类书有相当大的普及面，取得良好的社会效益。

类书的编纂，是把现有的典籍文献资料按照规定的类别重新排列组合，一般情况是引用原文，而且基本忠实原文，并注明出处。类书具有明显的资料汇编的性质，有很高的价值。随着时间的推移，类书的价值愈发可贵。类书可以辑录出已散亡的典籍，也可以被用以校勘现存古籍，其补史之功亦不容忽视。由于类书所收资料按一定的门目辑集在一起，具有"索引"的性质，所以可利用类书查寻所需资料。再者，类书对文献资料进行了分类加工，便于后学使用。所以，类书对保存典籍文献、整理典籍文献以及历史研究诸方面都起着重要作用。

二、总集的编纂

总集也是分类纂集文献的一种形式。《隋书·经籍志》称总集兴起于建安时期文集滋广之后，总集从文集中"采摘孔翠，芟剪繁芜，自诗赋

---

① （清）永瑢等：《四库全书总目》卷一三五，1151 页，北京，中华书局，1965。

② （宋）王应麟：《玉海》卷首李桓《序》，3 页，台北，大化书局，1977。

下，各为条贯，合而编之"①。不难看出，这类总集实际上就是众作者的选集，若就这一点而言，第一部总集当推《诗经》。孔子从三千余首诗中选出三百零五篇，编成先秦第一部诗歌总集，所以严格地说，总集并不始于魏晋南北朝。但《隋志》既著录了诗、赋、诚、赞、诏、启事等类的总集，也收录了兼采不同体裁、不同内容的文章总集，其编选范围远远超过了《诗经》，反映出总集在这时期的繁荣。这是当时对文章性质的认识更为深刻，分类更为合理的必然结果，说明总集在魏晋南北朝发展的成熟。何况出现佛教总集，更丰富了总集的内涵，使总集分类变成两个层次。第一是根据内容分为方内、方外。第二是根据所选文章的情况，或按文章体裁，或按文章内容分类编选，一般来说，按文章体裁分类是总集更突出而普遍的特点。

魏晋时期的总集，大部分已湮灭，但通过残篇断章可对一些总集略知一二。根据《全晋文》辑录的佚文，可知挚虞的《文章流别集》是一部文章总集，书中对各文体的源流、优劣以及各体裁间的联系和差异都作了较中肯而深刻的评述。至于李充的《翰林论》，则体现出李充选文既重内容也不忽略形式，而且对各文体的不同风格有深刻的看法。然而，最能全面表现魏晋南北朝总集状况的是保存至今的《文选》。

《文选》三十卷，梁太子萧统编选，因萧统谥"昭明"，故此书亦称《昭明文选》。《文选》共收录从周至六朝七八百年间、一百三十位知名或佚名作者的七百余篇作品，是我国历史上现存编选最早的文学总集。萧统将选文按文章的体裁分为诗、赋、骚、七、设论、书、祭文等三十七类。诗赋体例不一，又以类分，如诗分补亡、咏史、赠答等二十三类，赋分京都、郊祀、哀伤、论文等十五类。虽然诗赋篇幅多，同样可以"类分之中，各以时代相次"，然而《文选》又依内容对诗赋再次分类，这充分体现编者对作品内容性质有清晰的认识，而且有很强的分类意识。《文选》选文的标准是什么，如何分类？对此，《文选序》作了回答。《文选序》开篇追溯了文字到文籍的产生，文籍作为思想意识和客观世界的

---

① 《隋书》卷三五《经籍志四》，1089 页，北京，中华书局，1973。

反映，它要囊括广阔的天地人间，随着时间的推移和历史的演进，不断推出新的文籍体裁，"若夫椎轮为大辂之始，大辂宁有椎轮之质！增冰为积水所成，积水曾微增冰之凛"①。新的文章体裁是从旧体裁中演化出来的，但一旦成熟，就与旧文体成为两种不同的体裁，因为"盖踵其事而增华，变其本而加厉，物既有之，文亦宜然，随时变改，难可详悉"②。萧统通过探索文章体裁产生、发展的源流，认识各体裁的特点，找出它们作为文学作品的共性，展示《文选》取材的标准。萧统或繁或简地叙述了各种文体，但不论是述之缜密的诗、赋，还是究之不详的表奏符檄，萧统认为它们都应"譬陶匏异器，并为入耳之娱，黼黻不同，俱为悦目之玩"③。足见萧统看重的是文辞华美，这就是《文选》选文的主要标准。另外，《文选》不取六经，诸子，贤人、忠臣美辞抗直，谋夫、辨士之语，记事之史、系年之书。萧统认为除六经之外的三类，不是"立意为宗"，便是"事异篇章"，总之都是缺乏文采。而史书的论赞则因其"综辑辞采""错比文华"，即所谓"事出于沉思，义归乎翰藻"④，所以在入选之列，这充分说明《文选》的选文标准是文学性、艺术性。萧统将文学作品分为三十七类，收集选编成书，这实际就是对文献的分类整理，体现出南北朝对文学作品性质认识的进一步深化，同时也集中保存了不少内容、形式俱佳的作品，对后世颇具影响。但《文选》的不足也是明显的，对此章学诚有精辟之论，择其一二，以见一斑：

> 《七林》之文，皆设问也，今以枚生发问有七，而遂标为"七"，则《九歌》《九章》《九辨》，亦可标为"九"乎？《难蜀父老》亦设问也，今以篇题为难，而别为难体，则《客难》当与同编，同《解嘲》当别为嘲体，《宾戏》当别为戏体矣。⑤

---

① （南朝梁）萧统编：《文选·序》，（唐）李善注，北京，中华书局，1977。

② （南朝梁）萧统编：《文选·序》，（唐）李善注，北京，中华书局，1977。

③ （南朝梁）萧统编：《文选·序》，（唐）李善注，北京，中华书局，1977。

④ （南朝梁）萧统编：《文选·序》，（唐）李善注，北京，中华书局，1977。

⑤ （清）章学诚：《文史通义》卷一《诗教下》，25页，长沙，岳麓书社，1993。

章学诚批评《文选》分类琐碎，有的分类违背了以文章体裁分类的基本原则。另外，《文选》在具体编选中也存在一些问题。但这并不妨碍《文选》在文学史、文献学史上的地位。

继《文选》之后，最著名的诗文总集就是宋代李昉等奉敕编修的《文苑英华》一千卷。此书上起萧梁，下迄唐、五代，共收这段时间近二千二百位作者的诗文两万篇左右。在这些诗文中，唐代的诗文几乎占了全书的十分之九，所以称它为唐代诗文总集也有一定道理。全书按文章体裁分为三十八类，很多类目都与《文选》的类目相同或相近，但其变通部分也有不妥之处，如将中书制诰与翰林制诰分为两类，显然违背了分类原则。《文苑英华》在收辑前代诗文资料方面，有几个特点。其一，此书所收诏诰、书判、表疏、碑志等较多，可以此考证史籍的得失，后人不少考史著作，多取资于此书。如清徐松《登科记考》中唐德宗贞元十七年，这年有十八名进士，其中六人都是从《文苑英华》中考出的。其二，因"修书官于宗元、居易、权德舆、李商隐、顾云、罗隐辈或全卷收入"[1]，所以此书对辑补唐人诗文有着特殊的价值。《四库全书》所收七十六家唐人文集中，有相当一部分文集得益于《文苑英华》的辑补。其三，由于《文苑英华》所收诗文和某些唐人文集的资料来源不同，因而《文苑英华》对唐人文集有较高的校勘价值。南宋彭叔夏注意到这个问题，在《文苑英华辨证》中，列举了不少有关实例。清代劳格、卢文弨等学者也重视用《文苑英华》校理唐人文集。然而，《文苑英华》也有一些不足。一些公认的名篇，如李白的《早发白帝城》《梦游天姥吟留别》，杜甫的"三吏""三别"等，《文苑英华》未载。另外，有的诗文张冠李戴，都可看出编修时的草率之迹。

《唐文粹》是姚铉惨淡经营十年，于大中祥符四年（1011年）编成的。此书提出"止以古雅为命，不以雕篆为工"[2]的选文标准，强调诗文要

---

① 《纂修文苑英华事始》，见（宋）李昉等编：《文苑英华》卷首，北京，中华书局，1966。
② （宋）姚铉编：《唐文粹·序》，（清）许增校，杭州，浙江人民出版社，1986。

"气包元化，理贯六籍"①，而鄙视单纯的"侈言曼辞"②。换言之，姚铉选文比较注意实际内容，而不太看重文采。因此"文赋惟取古体，而四六之文不录；诗歌亦惟取古体，而五七言近体不录"③。《唐文粹》分古赋、古调、书、序、传录记事等十八类，类下又有小类以收录诗文，全书共收唐代诗文二千零四十二篇。《唐文粹》与《文苑英华》选文标准不同，《文苑英华》不收的《石壕吏》等篇，《唐文粹》则收录，因此二书可互为补益。因《唐文粹》与《文苑英华》的诗文来源不同，二书之异同，亦足以为校勘之助。《唐文粹》收碑铭较多，有较高的史料价值。《唐文粹》的编纂全凭个人之力，有不足自在情理之中，此不一一陈说。

《宋文鉴》一百五十卷、目录四卷，是南宋吕祖谦奉敕，在江钿《圣宋文海》基础上增删编次而成的北宋诗文总集。这是当朝人对当朝人诗文的编选，对保存一代历史文献具有重要意义。《宋文鉴》分古赋、诗骚、奏疏、碑志乃至行状、露布凡六十一门。在这些门类中，诗赋等文学作品，只占全书的五分之一。反之，仅奏疏一门，则近全书的百分之十五，可见该书所选不重诗赋，而偏重有关"治道"的文献。关于此书的选文标准，周必大在序中有所陈述，但流于空泛，不如朱熹讲得具体、实在。朱熹认为《宋文鉴》有以文章本身取者，有以作者取者。有的文章不一定好，只是人们以为好，此类则从流俗而取者。吕祖谦也谈到，"国初文人尚少，故所取稍宽。仁宗以后，文士辈出，故所取稍严"④。这都说明吕祖谦选文不拘于既定标准，而能灵活掌握，故能够较好地体现自己选文的意图。由于该书所选是当朝诗文，敏感的问题较多，因此对该书的评论莫衷一是。朱熹开始就对《宋文鉴》基本否定，而他晚年则称此书能反映北宋"二百年规模与后来中变之意"⑤，说明《宋文鉴》是经得起时间考验的一部总集。

---

① （宋）姚铉编：《唐文粹·序》，（清）许增校，杭州，浙江人民出版社，1986。
② （宋）姚铉编：《唐文粹·序》，（清）许增校，杭州，浙江人民出版社，1986。
③ （清）永瑢等：《四库全书总目》卷一八六，1692页，北京，中华书局，1965。
④ （宋）王应麟：《玉海》（合璧本）卷五四，1072页，京都，中文出版社，1977。
⑤ （宋）陈振孙：《直斋书录解题》卷一五，448页，上海，上海古籍出版社，2015。

　　元苏天爵收辑上自元初，下迄延祐间的文章，成书七十卷，其文各以类分，号曰《国朝文类》。后世为了区别于他朝，称之为《元文类》。《元文类》虽与《唐文粹》《宋文鉴》同为断代文章总集，但它绝无所凭，全靠苏天爵辛勤搜集，时人王守诚说："守诚在胄馆时，见伯修手抄近世诸名公及当代闻人、逸士述作，日无倦容，积以岁年，今始克就编。"①前人认为，元初至延祐年间的文章精华，尽在其中。关于《元文类》的选文标准，陈旅在该书序中有简赅的论述：其一，系于政治，有补世教；其二，雅制足以范俗；其三，论述辅翼史氏。苏天爵选文标准，首先注意的是内容的健康和充实，其次才是其艺术性。这不仅是选文标准的进步，也是元代对文学的社会作用有较深认识的标志。《元文类》分辞赋、乐章及古今诗、诏册制命、杂说题跋等十五大类，大部分的大类又分小类。吸取《宋文鉴》分类的优点，不论大类、小类都以文体为分类标准，使总集的分类更科学、更规范。

　　明代也有总集问世，如《明经世文编》，但因取材有一定的范围，故产生的影响相对受到局限。而清代官修《全唐文》一千卷，对后世影响深远，它不再是一代文章选集，而是一代文章全集。直至今天仍袭用其体例编纂断代总集。《全唐文》以内府旧藏《唐文》一百六十册为基础，增广为收有唐五代作者三千零四十二人，文章一万八千四百八十八篇的巨编。俞樾称"有唐一代文苑之美，毕萃于兹。读唐文者，叹观止矣"②。《全唐文》的体例为首诸帝，次后妃，次宗室诸王，次公主，五代亦依此序次……至宦官四裔，各文无可类从，附编卷末。这种体例比按文体分类简便，但表现出极强的等级观念。因以人排序，在作品前附作者小传，这继承了《中州集》的优良传统。《全唐文》有不少失误，其中最主要的还是不注作品出处，收文有较多遗漏。

　　卷帙大、内容全的诗文总集固然重要，而继《诗经》传统所编辑的诗歌总集亦不能忽视。南朝梁徐陵编《玉台新咏》十卷，是现存较早的诗歌

---

　　① （元）苏天爵：《元文类》卷末跋，北京，商务印书馆，1958。
　　② 《唐文拾遗·序》，见（清）董皓等编：《全唐文》，上海，上海古籍出版社，1990。

194

总集。此集以收"艳歌"为主，其中保存了不少民歌。诗的内容多描写女性的喜怒哀乐、悲欢离合，可以说这是以特定内容为选篇原则的诗歌总集。《玉台新咏》按诗的体裁分类，依诗体出现的前后顺序排序，表现出诗体的发展过程。嗣后，诗歌总集、词总集不断涌现，《花间集》《词综》等都是其间佼佼者。

最有影响者，当推清代官修《全唐诗》九百卷。《全唐诗》是在明胡震亨《唐音统签》一千三百三十三卷和清季振宜《唐诗》七百十七卷的基础上，完备地网罗了唐代三百年间成集或零星的篇章单句的诗歌，编成包括作者二千二百余人，诗四万八千九百余首的唐代诗歌总集。《全唐诗》编排序次的主体为"首诸帝，次后妃，次宗室诸王，次公主宫嫔，略依唐史序例"[1]。但也有一些例外和变通，如郊庙乐章、乐府、梦、谐谑、谚谜、谣、占辞等单列，下收诸作者的诗，其中包括诗体、诗的内容，显然是不同的类别，说明《全唐诗》的分类还不缜密。除此之外，《全唐诗》还有误收、漏收、重出、编次诸方面的不足。但是，它为作者撰了小传，能帮助读者理解作品，则是它的一大长处，《全唐文》的编纂也采用了这一做法。

以上介绍的文章总集、诗歌总集都属方内范围，而由梁僧祐将辩论佛教教义的著述按类收集编纂而成的《弘明集》十四卷，则是属方外范围的佛教总集。僧祐为昌明佛教而编《弘明集》，他的编纂宗旨是：

> 撰古今之明篇，总道俗之雅论，其有刻意翦邪，建言卫法，制无大小，莫不毕采。又前代胜士，书记文述，有益三宝，亦皆编录，类聚区分，列为十四卷。[2]

对《弘明集》作实际考察，可发现它是以辩论论题分类的，这与其欲消除世间对佛教的"六疑"，达到弘道明教的目的有关。《弘明集》保存了大量宝贵史料，不仅收录了范缜的《神灭论》，还收录了一系列与其辩论的文

---

① （清）彭定求等：《全唐诗》（增订本）卷首《全唐诗凡例》，北京，中华书局，1999。
② （唐）僧祐：《弘明集》序，上海，上海古籍出版社，1991。

章，这样有助于全面认识范缜《神灭论》的现实意义和历史意义。当然，《弘明集》保存的重要文献还很多，正像《四库全书总目》所言，"梁以前名流著作，今无专集行世者，颇赖以存"[1]。《弘明集》开创了佛教总集的先例，对后世产生极大影响。唐代《广弘明集》三十卷即是在《弘明集》的直接影响下编成的。

三、丛书的界定及其编制

什么是丛书？自从清末张之洞在其所著《书目答问》中在经、史、子、集四部之外首创丛书部，就没有给丛书下一个明确而严格的界定。从张之洞在该书丛书部所设的两个子目看，他对丛书的认识是模糊不清的。他设的两个子目，分别为"古今人著述合刻丛书""国朝自著丛书目"。从第一个子目所收《汉魏丛书》《津逮秘书》《世德六子》等看，这应是实际意义上的丛书；从第二个子目所收《亭林遗书》《船山遗书》《西河合集》等看，这实际上是个人著述的全集或合集，不应把它们归入丛书的范畴。但张之洞设丛书部对后世理解丛书有极大影响，因而这种对丛书的模糊看法依然很通行。所以，有必要对丛书的界定作深入探讨。

那么，什么样的书才算是名副其实的丛书呢？我们认为，所谓丛书，是指把不同作者的若干著作，按照一定的规程，完整地收录在一个总的书名之下，这部网罗诸书的新书，就是我们所说的丛书。这里有两点需要特别强调：丛书所收的书，必须是两个或两个以上不同作者的著作；丛书所收的所有著述，都应是完整的而不是节略的。强调前者是为了与个人选集（合集）、全集加以区别，强调后者是为了与类书加以区别。商务印书馆《丛书集成初编目录》给丛书下了一个定义："萃群书为一书，故名曰丛。少者数种，多者数百种，大抵随得随刊，故先后无定序。"这个定义较准确地表述了丛书由不止一种书组成的主要特点，而其

---

① （清）永瑢等：《四库全书总目》卷一四五，1236 页，北京，中华书局，1965。

所说"大抵随得随刊，故先后无定序"，只是部分丛书的特点，不是所有的丛书都如此漫无章法，特别是有主题的专题性丛书，如《汉魏丛书》《子汇》《二十一子》之类，都是事先有凡例，编纂有序的。至于"萃群书为一书"，只说到丛书是由多种书组成，却不强调群书出自众多的作者，这显然是受到《书目答问》的影响。直到20世纪80年代初，上海图书馆改写《中国丛书综录》的前言，更明确地接受了张之洞对丛书的看法："明季以来，顾炎武、王夫之等著名学者辈出，著述宏富，于是有《亭林全书》《船山遗书》等五百多家独撰丛书的辑印，丛书的内容就更加丰富了。"这显然是将个人著述的全集滥入了丛书，从而破坏了丛书的"丛"是强调丛聚众多作者著述的意思，成了独此一家，与丛书的宗旨相悖。一个作者一生会有多种著作，若把这些著作集中编印在一起，并取一个新书名，这也只能是个人选集或全集。如果把个人著述的结集全部归入丛书，那就会出现"无书不丛"的局面，那么"丛书"这个概念也就没有存在的必要了。

最早使用"丛书"这一名称的是唐朝的陆龟蒙，他题自己的诗文集为《笠泽丛书》，在该书序中他对"丛书"有个解释："丛书者，丛脞之书也。丛脞犹细碎也，细而不遗大，可知其所容矣……歌诗、颂、赋、铭、记、传、序，往往杂发，不类不次，混而载之，得称为丛书。"陆龟蒙因其文集内容、形式丛杂而称丛书，与我们所说聚众作者的众著作于一书的丛书有本质的不同。不过，张之洞对丛书的看法很可能受到陆龟蒙的影响。

传统看法，南宋俞鼎孙、俞经二人辑成的《儒学警悟》，是我国出现最早的丛书。此书包括汪应辰《石林燕语辨》十卷、程大昌《演繁露》六卷、马永卿《懒真子》五卷、程大昌《考古编》十卷、陈善《扪虱新话》上下集八卷，以及俞成《萤雪丛说》二卷，共是五位作者的六部著作，这是丛书自无问题，但它实际上不是最早的丛书。北宋初开宝四年（971年），朝廷在四川开雕《大藏经》，即有名的《宋开宝刊蜀本大藏经》（简称《开宝藏》）。这部《大藏经》共五千零四十八卷，囊括了当时已译的大部分佛经，是一部佛经丛书。这部丛书比《儒学警悟》早二百余年，当是我国出现最早的丛书。丛书作为文献重新组合的一种形式，比类书、总集出现得晚，它是在雕刻印刷技术普遍利用之后才出现的，这与丛书是版式一致的众多单本汇聚在一起，要求有较高的雕版技术，是密切相关的。

自《开宝藏》刊刻之后，南宋除有在上文提到的《儒学警悟》外，还有一部丛书是《百川学海》，收书一百种，分为十集，共一百七十三卷。收书范围较广，包括唐宋人的笔记、野史、杂谈、谱录、诗话等，间或有少量的晋与南北朝人的著述在内。宋朝这三部丛书，《大藏经》所收佛经部部完整。《儒学警悟》所收之书，首尾完具，序跋不遗。至于《百川学海》，所收大部分书完整，只有个别几种节录了其中一部分。就总体而言，宋代的丛书收书基本完整，符合丛书的条件。

元代也有丛书，但数量不多，较有名的是陶宗仪辑的《说郛》。不过，此书虽采丛书的形式，但实际则是以"说"为标准的选本，所收之书多有节略。因此，它在性质上还不能算作完全的丛书。时至明朝，丛书才大量涌现，呈现了繁荣景象。

从形式上看，明代的丛书，既有只收两种的丛书，也有收书十几种、几十种乃至百种以上的丛书。而从收书类别考察，这些丛书既有综合性的，又有专题性的。前者收书不限于一个类别，如《百陵学山》《汉魏丛书》，后者只收一个类别的典籍，如《古今医统正脉全书》《子汇》。而综合性丛书就其内容而言，又可分为有主题的，如《记录汇编》；无主题的，如《津逮秘书》。统观丛书的状况，收书范围宽泛而无主题的综合性丛书与收书单一的专题性丛书，逐渐发展成为丛书的两大主流。举凡丛书的几种类型，在明编丛书中大都具备了。

明代有主题的综合性丛书相对多些，而且其中不少丛书还有分类，如《夷门广牍》，全书共分艺苑、博雅、尊生、书法、画薮、食品、娱志、杂占、禽兽、草木、招隐、闲适、觞咏十三牍，共收书一百零七种。该书所收大都是一两卷的小册子，少有宏文巨制。既使如此，所收诸书亦每有删节。汉刘熙《释名》，今传本二十七篇，释词目共一千二百七十五字。该书艺苑牍所收《释名》只有两篇，共七十七个词目，而书口却冠以《释名全帙》，不免有欺人之嫌。丛书分类，说明它尚未摆脱类书的影响。类书多以内容性质分类，而整部书难以适应其类别，于是对所收书加以删节即在所难免。《汉魏丛书》虽也有主题，但它以经、史、子、集分类，其结果就好得多。该丛书收经部书十一种，史部书四种，子部书二十三种，集部未收书。这种分类并不表明其主题；其主题是研究汉魏历史的必备文献，所以该丛书所收大都是汉魏时期的重要著作。为了明确各朝代之间的递嬗关系和发展脉络，还少量收录汉以前和魏以后的典籍。该丛书收书不作任何删节，举凡诸书的序、跋等一概予以保留，从而较完好地保存了诸书的版刻源流，提高了诸书的版本价值。《汉魏丛书》的出现产生了很大影响，万历年间何允中即编成《广汉魏丛书》，收书共七十六种，按经翼、别史、子余、载籍分类，但主题与《汉魏丛书》相同。清人王谟再次辑成《增订汉魏丛书》，沿用何允中的分类共收书九十四种。再如钟人杰《唐宋丛书》原八十八种，经张遂辰补，收书一百零三种。这类丛书主题明确、网罗限定时段的重要著述，为研究这一段历史提供了极大方便。明代也有无主题的综合性丛书，如《津逮秘书》，此书共分十五集，收书一百四十五种，七百五十二卷，为明末毛晋所辑刻。毛晋集藏书家、出版家于一身，所刻之书在数百种左右，其中有不少丛书，而《津逮秘书》是其中很有特色的一部。其一，它收书多为足本；其二，所收之书多为罕见之书；其三，注重选择旧本。另外，毛晋还在诸书之后题有跋语，交代得书经过，介绍版本、作者及内容，并有所议论。有些议论相当中肯，很有新意，对阅读理解原书有参考价值。

　　明末出现的《快书》也属综合性丛书，其内容"大抵儇薄纤佻之言"，难说有统一主题，因为编《快书》的人，刻《快书》都加入自己的著述。《快书》的关键是所谓"快"，就是编得快，刊刻得快，粗制滥造，已失去了起码的严谨态度。《快书》收书五十种，稍后又编《广快书》五十种。这两种丛书，所收诸书无一全本，皆以编者所好节略诸书。不仅如此，还任意改窜原书书名，如将倪允昌的《醒言》改名《完明藏》，将无如子的《赘言》改名《萤灯》等，不一而足。这类《快书》的产生，是明代空疏学风在丛书中的反映，不仅对历史文献的整理流传无益，而且有害。

明代的专题性丛书也很多，如周子义辑刻的《子汇》就是子部书的专题丛书。该丛书收书二十四种，其中儒家收《鬻子》、《晏子》、《孔丛子》、《陆子》(陆贾《新语》)、《贾子》(贾谊《新书》)、《小荀子》(《申鉴》)、《鹿门子》，道家收《文子》《关尹子》等九种，名家收《邓析子》《尹文子》等三种，杂家收《子华子》《刘子》两种，其余法家、纵横家、墨家均收一种。这种丛书把诸多子书汇集在一起，为使用和研究提供了方便，故此书一经刊出，"颇为近世好古者所重"①。但称此丛书中将《墨子》《晏子》删并移易，是"不免明人习气耳"②。尤其是把《申鉴》改称《小荀子》，丁丙批评此举"亦嫌杜撰耳"③。

清代丛书更盛，尤其是综合性丛书最为繁茂，其中无主题的丛书有突出的发展。这期间产生了中国历史上最大规模的官修丛书——《四库全书》，据《四库全书总目》所载，共收书为三千四百六十一种，七万九千三百零九卷④。凡是不与清王朝统治思想相抵触的典籍，不论鸿篇巨制还是短篇小品，都在采收的范围之内，这期间不仅有大量儒家学派的典籍，也有道、释二家的著作，既有汉族人的作品，也有少数民族及外国人的著述等，可以说《四库全书》是无所不包。这是对中华民族几千年灿烂文化进行的空前的、最为全面的大收集、大总结，对于整理、保存、传播历史文献都具有重要意义。然而为了符合统治者的要求，《四库全书》编纂者对于原书违碍文字多有笔削，或削去数卷，或削去数篇，或改定字句，或酌加删节，仍录余文。另外，还对前代所记少数民族人名加以雅化。这些做法不仅不符合丛书原本照收的原则，也凭空制造古籍的混乱，对此要有客观的认识，以便正确利用《四库全书》。在《四库全书》纂修过程中，纂修官根据乾隆制定的标准，选一些书送到内府刻书机构武英殿，编刻成《武英殿聚珍版丛书》。《书目答问》丛书部著录此

① 陆心源：《明刊子汇》，见《仪顾堂续跋》卷八，299页，北京，中华书局，1990。
② 陆心源：《明刊子汇》，见《仪顾堂续跋》卷八，299页，北京，中华书局，1990。
③ (清)丁丙：《善本书室藏书志(外一种)》卷一九《子部十上》，827页，杭州，浙江古籍出版社，2016。
④ (清)永瑢等：《四库全书总目·出版说明》，3页，北京，中华书局，1965。

书，称"通行者一百三十八种，续出者尚多"，说明"大抵随得随刊，故先后无定序"是无主题综合性丛书的一个特点。这一特点，使丛书容量不受限制，可以保存更多的典籍。

这时期私人也刻了很多这类丛书，由于他们选用善本，校勘精审，不改旧本，所以他们刻印的丛书颇得学界好评。鲍廷博《知不足斋丛书》、黄丕烈《士礼居丛书》、伍崇曜《粤雅堂丛书》、钱熙祚《指海》等，都是其中的精品。张之洞对他们编刻丛书，倍加赞赏，"歙之鲍，吴之黄，南海之伍，金山之钱，可决其五百年中必不泯灭，岂不胜于自著、自刻集者乎"①。

清代有主题的综合性丛书种类有所增加，而且主题鲜明，如辑佚丛书，就是将从类书、古籍注疏等书中辑出的佚书编成丛书，比较著名的有《汉魏遗书抄》《玉函山房辑佚书》《汉学堂丛书》等。马国翰《玉函山房辑佚书》是以个人之力完成的辑佚丛书，收书五百八十余种，六百余卷，此书所辑经学书较多，对于研究隋唐以前的经学有重要参考价值。史部、子部虽所收稍少，但各有独到之处，故此书得到普遍好评，如王重民说："搜罗的完备，卷帙的繁富，是以前任何人所不及的。"②如果说前面的辑佚丛书所辑为零章断句，那么清朝还有专门汇编完整古佚书的丛书，如日本学者林衡所辑《佚存丛书》，收书十七种，一百一十余卷，其中多为亡佚多年的唐宋珍籍，具有重要的文献价值和学术价值。由杨守敬访求、黎庶昌刊刻的《古逸丛书》影响更大。杨、黎在日本广搜博访，得到不少罕见的卷子本、抄本、宋元本，如国内久佚的《玉篇》《史略》《玉烛宝典》等。黎庶昌于光绪十年（1884年）将重要而难得的佚书编为丛书，收书二十六种，一百八十六卷，称《古逸丛书》。这部《古逸丛书》编排采"刻随所获"的原则，刻印则用"概还其真"的做法，使佚书不断得到重见天日的机会，而且保持其原貌。这种丛书不仅保存文献，而

---

① 范希曾编：《书目答问补正》附录《劝刻书说》，341页，上海，上海古籍出版社，1983。

② 王重民：《清代两个大辑佚书家评传》，见《中国目录学史论丛》，299页，北京，中华书局，1984。

且对于研究版本、校勘都有重要作用。以地方为编辑丛书的主旨，是又一种有主题的综合性丛书，收书以与某一地域有关文献为主，包括经、史、子、集四部典籍，但多由古今该地方人撰述。具有代表性的丛书有《岭南遗书》《畿辅丛书》《武林掌故丛编》《常州先哲遗书》等。

清代的专题性丛书也不少，经、史、子、集四部都有专题性丛书。属经部者，有《十三经注疏》《通志堂经解》《皇清经解》等；属史部者，正史丛书《殿本二十四史》、政书丛书《九通》等；属子部者，有《百子全书》《二十二子》等；属集部者，有《唐人三家集》《词学丛书》。从这些丛书的名称就可以大致了解其内容，表明其为某一类别典籍的结集，这种结集实际也是对文献的一次分类，便于文献的使用和研究。

丛书的出现，对于中国古代文献学史至少有两方面的意义。其一，我国古代大量的、特别是一些卷帙不大的典籍，只有刊入丛书，才得以完好保存，而无主题的综合性丛书在这方面的作用更为明显。其二，一些有主题的综合性丛书，特别是专题性丛书，集中了某一专题的大量有关资料，无疑为研究这一专题提供了方便，起到了促进学术研究深入发展的作用。

第九章 历史文献学的新热点及其他

在 20 世纪 80 年代，突然掀起了一股古籍今译的热潮。各种古籍，包括唐诗、宋词及各类史书、诸子书等，都有人作了今译，掀起了历史文献学上一个新的热点。不过，认真看一下这些今译，就不难发现，其中存在的问题确实很多，以《文白对照全译资治通鉴》为例，我们就能看出很多令人吃惊的地方。该书卷八九《晋纪》十一有一句并不难懂的话：

> 南阳王模之败也，都尉陈安往归世子保于秦州……

这是说，南阳王司马模失败之后，都尉陈安前往秦州投归南阳王的继承人司马保。文白对照对此作了如下翻译：

> 南阳王司马模失败后，都尉陈安把司马模的长子司马保送回秦州……①

这里不可理解的是：第一，当司马模失败之时，司马保在何处？第二，当时秦州由谁占据？第三，何以要"送回"秦州，送给谁？

1993 年，这部《文白对照全译资治通鉴》又出了修订本，上述译文确实作了"修订"，但是如何"修订"的呢？看看这个译文就会明白：

> 南阳王司马模失败后，都尉陈安前往秦州把司马模的长子司马

---

① 沈志华、张宏儒主编：《文白对照全译资治通鉴》上册，1220 页，北京，改革出版社，1991。

保送回……①

这次不再将司马保"送回秦州",而是从秦州把"司马保送回"。第一,送回给谁?第二,送回到何处?第三,司马保是阿斗吗,非要陈安把他送来送去?

其实,《资治通鉴》这部分事实,司马光显然采自《晋书·宗室·司马保传》,传文写得异常清楚:

> 保字景度,少有文义,好述作。初拜南阳国世子。模遇害,保在上部。其后贾疋死,裴苞又为张轨所杀,保全有秦州之地,自号大司马,承制置百官。陇右氐羌并从之……模之败也,都尉陈安归于保,保命统精勇千余人以讨羌,宠遇甚厚。②(文中重点号为引者所加)

这里讲得非常明白:司马模遇害之时,司马保"全有秦州之地",因此,陈安才得以"归于保"。而那所谓"文白对照"的译文,之所以由陈安把司马保送来送去,除对"世子""往归"一知半解外,更重要的是,对这段史实太陌生。既陌生,又不肯下功夫核查一下史书,便只好"硬译",于是便产生了那种莫名其妙的译文。正是由于类似的译文普遍存在,便给历史文献学提出了一个很严肃的问题:如何今译古代文献?

一、司马迁古文今译的启示

从现存的资料看,我国较早进行古文今译的当推司马迁,他在撰著《史记》引用古代文献时,往往把它们今译成了汉代口语。例如该书《五帝本纪》所引《尚书》,就大都作了这样的今译。对照《尚书》的原文,看

---

① 沈志华、张宏儒主编:《文白对照全译资治通鉴(修订本)》第 2 册,1783 页,北京,改革出版社,1993。
② 《晋书》卷三七《宗室列传》,1098 页,北京,中华书局,1974。

一看司马迁的今译，对我们今天做这一工作还是很有启发的。

下面一段文字出自《尚书·尧典》，今将《尚书·尧典》原文与司马迁的译文对照列于下：

原　文	译　文
克明俊德，	能明驯德，
以亲九族。	以亲九族。
九族既睦，	九族既睦，
平章百姓。	便章百姓。
百姓昭明，	百姓昭明，
协和万邦。	合和万国。①

《尧典》这段文字的大意是：他能发扬俊伟的美德，使各部族亲密协和。各部族已经亲密和睦相处，再明确百官的职责，表彰百官之中政绩明显的，使天下万国和睦融洽。

在这六个停顿句中，司马迁有三句没有译，另外三句也只是更换了个别词语，即把"克明"改成了"能明"，把"俊德"改成了"驯德"，把"平章"改成了"便章"，把"协和"改成了"合和"。最后一个"万邦"改成"万国"，很可能是避汉高祖刘邦之讳，不能肯定这一定是译文。两相对比，我们可以清楚地看到，司马迁的译文保存了原文的句式，也是四字一个停顿句。这应是司马迁古文今译的特点之一，即保存原句式，只是更换个别词语，使其更接近当时的口语。

对于比较复杂的句式，司马迁采取了不拘于原文的意译。如《尧典》中的下列文字，司马迁就是采用的这种方法：

原　文	译　文
帝曰，畴咨若时登庸？	尧曰，谁可顺此事？
放齐曰，胤子朱启明。	放齐曰，嗣子丹朱开明。

---

① 《尚书·尧典》，见（清）阮元校刻：《十三经注疏》，119页，北京，中华书局，1980；《史记》卷一《五帝本纪》，15页，北京，中华书局，1959。

帝曰，吁，嚚讼可乎？	尧曰，吁，顽凶，不用。
帝曰，畴咨若予采。	尧又曰，谁可者？
谨兜曰，都，	谨兜曰，共工旁聚布功，
共工方鸠僝功。	可用。
帝曰，吁，静言庸违，	尧曰，共工善言，其用僻，
象恭滔天。	似恭漫天，不可。①

这里的"畴"字即"谁人"之意，"咨"则是语气词，"若"在这里作"顺"解，而"时"则指"天时"，"庸"即"用"，登庸即指嗣承尧的帝位。因为上文有"信饬百官，众功皆兴"的话，所以，司马迁只把这句话今译成了"谁可顺此事"，即顺应天时作整顿百官使各项事业都兴旺的国事，也就是嗣承帝位。这里，司马迁只取其意是显而易见的，特别是第三句"帝曰，吁，嚚讼可乎？"嚚是古代所谓四奸之一，《左传》僖公二十四年有"即聋从昧，与顽用嚚，奸之大者也"，并进一步解释说："耳不听五声之和为聋，目不别五色之章为昧，心不则德义之经为顽，口不道忠信之言为嚚。"而"讼"就是争辩，这里应指无理取闹，故司马迁把这句意译作"顽凶，不用"。特别是"不用"，原文是反问："可乎？"即"可以吗？"而司马迁直用其意，即不可用、不用，都体现了他不拘泥原文的意译特点。为了突出文义，司马迁还在译文中对原文作了一定的补充。如下文谨兜说"共工旁聚布功"是说共工能广泛集聚民众，建有功绩，自然是推荐共工，故司马迁的译文补了"可用"二字，以突出这句话的含义。下文司马迁补充"不可"，也是这个意思。

司马迁在今译过程中，还略去了原文一些语气词。例如，当"汤汤洪水滔天，浩浩怀山襄陵"之际，尧欲找到一位能够治水的人，大家都推荐鲧。但尧却说："吁，咈哉！方命圮族。"这"吁"，相当于今天的"啊"等语气词，而"咈哉"，则是表示一种不以为然的轻蔑之词。但司马迁却没有译这些，而只译了"鲧负命毁族，不可"一句，即鲧违抗王命，

---

① 《尚书·尧典》，见（清）阮元校刻：《十三经注疏》，122 页，北京，中华书局，1980；《史记》卷一《五帝本纪》，20 页，北京，中华书局，1959。

危害同族，不可任用之意。应当指出，这种省略，丝毫也未影响这段文字的史料价值。还应该指出，司马迁省略若干文字，合乎古人的引书习惯，因而无可厚非。

纵观司马迁的古文今译，他主要采用了两种办法。其一，保持原文的基本格局，转换个别疑难的词句。其二，不拘泥于原文格局，略作补充，以突出原文的含蓄之意。但不论哪一种译法，都非常贴切原文本意。

二、近现代学者古文今译的比较

1922年，郭沫若先生出版了《卷耳集》，共选译了《诗经·国风》中的诗四十首。他说：

> 我译述的方法，不是纯粹逐字逐句的直译。我译得非常自由，我也不相信译诗定要限于直译。太戈儿把他自己的诗从本加儿语译成英文，在他《园丁集》的短序上说过："这些译品不必是字字直译——原文有时有被省略处，有时有被义释处。"他这种译法，我觉得是译诗的正宗。①

例如《周南·卷耳》第一段，原文是："采采卷耳，不盈顷筐。嗟我怀人，置彼周行。"郭沫若先生的译文如下：

> 一片碧绿的平原，
> 原中有卷耳蔓草开着白色的花。
> 有位青年妇人左边肘上挂着一只浅浅的提篮，
> 她时时弓下背去摘取卷耳，

---

① 郭沫若：《卷耳集 屈原赋今译序》，北京，人民文学出版社，1981。又，其中提到的"本加儿"，原书有注说，"现通译为孟加拉"。太戈儿，今译作泰戈尔。

又时时昂起头来凝视着远方的山丘。①

看得出，这个译文基本上与原文没有关系，它不属于从历史文献学角度讨论的古文今译。

不过，《卷耳集》中显然也有属于古文今译的篇章，如《郑风·狡童》，原文是："彼狡童兮，不与我言兮。维子之故，使我不能餐兮。彼狡童兮，不与我食兮。维子之故，使我不能息兮。"郭沫若先生的译文如下：

> 他真是一个坏蛋呵，
>
> 他始终不和我说句话。
>
> "你怎晓得我正是为了你呀，
>
> 我连饭也不想吃了？"
>
> 他真是一个坏蛋呵，
>
> 他始终不跟我亲个嘴。
>
> "你怎晓得我正是为了你呀，
>
> 我连觉也不能睡？"②

这个今译确实不是"逐字逐句的直译"，也确实"译得非常自由"，将"不与我食兮"译成"他始终不跟我亲个嘴"，已是很富有诗人的想象力了。因此，我们称这种今译为浪漫型古诗今译。它的特点是只取古诗的大意，另铸新词，与古诗若即若离。

20 世纪 50 年代，余冠英先生出版了《诗经选译》，这是一个颇有影响，也颇受好评的今译本。余冠英先生为自己的今译提出了下列原则：

> 一、原作如果是格律诗，译文也要是格律诗。
>
> 二、原作如果是歌谣，译文要尽可能保存歌谣体的风格。
>
> 三、逐句扣紧原诗的意思，但须少用直译，避免硬译、死译。

---

① 郭沫若：《卷耳集 屈原赋今译》，5 页，北京，人民文学出版社，1981。
② 郭沫若：《卷耳集 屈原赋今译》，25 页，北京，人民文学出版社，1981。

四、译文要读得上口，听得顺耳。

五、词汇和句法要有口语的根据。①

仍以上举二诗为例，余先生今译《卷耳》第一章如下：

东采西采采卷耳，

卷耳不满斜口筐。

一心想我出门人，

搁下筐儿大路旁。②

他译《狡童》一诗如下：

那个坏小子啊，

不再和我打话。

为了你的缘故，

叫我饭都咽不下。

那个坏小子啊，

不再和我共餐。

为了你的缘故，

叫我睡都睡不安。③

这应该是名副其实的学者型古诗今译了。我们之所以称其为"学者型"，是因为这些译文非常忠于原文，译文显然综合了有关古注，并以通行的白话，把古诗的意境较准确地表达出来。

陈子展先生早年出版过《雅颂选译》，20 世纪 80 年代初期，又出版了《国风选译》。陈先生也今译了上述两首诗，今列于下：

---

① 余冠英：《诗经选译》，187 页，北京，作家出版社，1956。

② 余冠英：《诗经选译》，79 页，北京，作家出版社，1956。

③ 余冠英：《诗经选译》，27 页，北京，作家出版社，1956。

卷 耳

采采卷耳菜，不满一小筐。

叹我想念人，放它大路旁。

狡 童

那精壮小伙子呵，不和我攀谈呵。

为了你的缘故，使我不能进餐呵。

那精壮小伙子呵，不和我共食呵。

为了你的缘故，使我不能喘息呵。①

《卷耳》一诗，余、陈二先生所译基本一致，姑且不论，今仅以《狡童》一诗为例，剖析学者型古诗今译的基本特点。

关于"狡童"，余冠英先生有注说："'狡'是狡猾多诈的意思，是骂辞。或读为佼好之佼，虽然可通，恐非诗人本意。'狡童'又见于《山有扶苏》篇，彼篇与'狂且'为一类，而与'子都''子充'相对，其为骂辞而非美辞更加明白。"因此，余先生取骂意，译文为"那个坏小子呵"。而陈子展先生则不同，他认为狡童之"狡"，乃"壮狡"之"狡"。他说："壮狡与《月令》之壮狡皆当作姣，姣好也。有壮狡之志，《正义》以童心释之，是也……且此《传》云壮狡之志，则又非徒形貌。高注《吕览》云，壮狡多力之士，是壮狡与雄武意略同。"因此，陈先生取褒意，他译作"那精壮的小伙子啊"，与余先生正相反。另外，余先生与陈先生对"息"字的理解也有不同，余有注释说："'息'，寝息也。"指睡觉。而陈先生则引《通释》云："按息对餐言，谓喘息也。人之气急曰喘，舒曰息，浑言则喘亦为息。故《说文》曰，息，喘也。又曰，喘，疾息也。不能息，即言气息不利耳。"不过，他又补充说："按，息训为寝息，亦通。"由于二位先生对古注的取舍不同，理解各异，故译文也自不同。但从历史文献学角度说，这两种译文均属正确，因为它们都有根据，而不是靠浪漫型的自我

---

① 陈子展：《国风选译》，7、213 页，上海，上海古籍出版社，1983。

想象。言必有据，这正是学者型古文今译的最重要特征。

　　毋庸置疑，这种学者型古文今译是颇费功力的，只看上列余、陈二先生对"狡"字的考证，就足以说明这个问题。可惜，目前大部分古文今译尚欠严谨，呈现在读者面前的，不少都是那种司马保被送来送去的译文。今再举一例。《续资治通鉴》卷一四三乾道九年（金大定十三年，1173年）三月，金世宗有这样一段话，原文是：

　　　　会宁乃国家兴王之地，自海陵迁都，永安女直人寖忘旧风。①

这段话并不难解，译文似也流畅：

　　　　会宁是我国建成王业的发祥地，自从海陵王迁都，永安的女真人渐渐忘记了旧日的风俗。②

这里，无论原文还是译文，都没有再问一下，什么是"永安女直人"？女真有生女真、熟女真，史书上有所谓"永安女真人"吗？其实，要回答这个问题，翻一翻中华书局点校本《金史》就足够了，因为毕沅《续资治通鉴》这段话，即取资于《金史·世宗纪》。中华书局点校本《金史》卷七《世宗纪》这样标点这句话：

　　　　会宁乃国家兴王之地，自海陵迁都永安，女直人寖忘旧风。③

原来，永安乃地名，指金中都，即今天的北京。关于这一事实，元好问《续夷坚志》卷三"永安钱"条说得非常清楚：

　　　　海陵天德初，卜宅于燕，建号中都，易析津府为大兴。始营造时，得古钱地中，文曰"永安一千"。朝议以为瑞，乃取长安例，地名永安，改东平中都县曰汶阳，河南永安曰芝田，中都永安坊曰长

---

　　① 《续资治通鉴》卷一四三，3829页，北京，中华书局，1957。
　　② 沈志华主编：《文白对照全译续资治通鉴》第3册，3276页，北京，改革出版社，1994。
　　③ 《金史》卷七《世宗纪》，158页，北京，中华书局，1975。

宁。然亦不知"永安一千"何代所用钱也。①

考《金史》卷二五《地理志》：南京路河南府"芝田，宋名永安，贞元元年更"。山东西路东平府有"汶上，本名中都，贞元元年更汶阳"。这都充分说明，海陵贞元元年（1153年），由于古钱之瑞，金确曾一度将析津府改为永安府。但由于海陵王当时并不想"永安"，而是要实现他"屯兵百万西湖上，立马吴山第一峰"的美梦，很快又废弃了这个名字，而改为大兴府了。

需要指出，前辈学者的古文今译，大都辅之以注，有的干脆就叫"译注"，如杨伯峻先生的《论语译注》《孟子译注》等，均属此类。用注以补译文的不足或欠妥，无疑是一种较好的方式。如《论语·学而篇》有一句很简单的话："子曰：'巧言令色，鲜矣仁！'"杨伯峻先生的译文为："孔子说：'花言巧语，伪善的面貌，这种人，仁德是不会多的。'"杨先生另加注释说：

> 巧言令色——朱注云："好其言，善其色，致饰于外，务以说人。"所以译文以"花言巧语"译巧言，"伪善的面貌"译令色。②

这是他根据朱熹的《四书集注》，解释为什么要把这句话作如此今译的原因。

再如《里仁篇》有"君子欲讷于言而敏于行"句，杨伯峻的译文云："君子言语要谨慎迟钝，工作要勤劳敏捷。"他解释说：

> 讷于言而敏于行——这句和《学而篇》的"敏于事而慎于言"意思一样，所以译文加"谨慎"二字，同时也把"行"字译为"工作"。③

这是用一书前后相关语言的互证，用来准确理解孔子原话的含义。

当然，杨伯峻先生的《论语译注》也有可商之处。如《学而篇》有"三

① （金）元好问：《续夷坚志》卷三，69页，北京，中华书局，2006。
② 杨伯峻：《论语译注·学而篇》，3页，北京，中华书局，1980。
③ 杨伯峻：《论语译注·里仁篇》，41页，北京，中华书局，1980。

年无改于父之道，可谓孝矣"句，杨先生的译文是："若是他对父亲的合理部分，长期地不加改变，可以说做到孝了。"杨先生在这里有两个注，一个注是解释三年，他说："古人这种数字，有时不要看得太机械。它经常只表示一种很长的时间。"另一个注是解释"道"，他说："道——有时候是一般意义的名词，无论好坏、善恶都可以叫作道。但更多时候是积极意义的名词，表示善的好的东西。这里应该这样看，所以译为'合理部分'。"但是，把"父之道"译成"父亲的合理部分"，终觉勉强，甚至让人觉得，这句话本身就有些欠妥。这"合理"与"不合理"显然不能指"父亲"，而是指父亲遵奉的道德准则。父亲作为一个人，是不存在"合理部分"与"不合理部分"的，只有他的行事、信仰等，才有可能存在这样的区分。因此，这个译文，甚至连同这个注释，都是不可取的。虽然如此，但杨伯峻先生毕竟讲出了他这样今译的道理，这种学风值得我们学习。

综上所述，不难看出，前辈学者是把古文今译当成了一种严肃的研究工作，译文正是他们对其所研究的古代文献成果的表述。因此，他们对译文都进行认真推敲，关键的译文，甚至都做到了无一字无来历。这种严谨审慎的治学态度，不正是今天的学人所应学习的吗？

三、古文今译的误区

谈到古文今译，我们很同意葛兆光先生说过的一段话。他说："翻译古文正如同翻译外文，都是在人与人之间架设理解的桥梁，如果说翻译外文是缩短一国与他国人的空间距离，让不同国度的人不出国门便可见面晤谈，那么翻译古文则是填平现代人和古代人的时间沟堑，让现代读者通过译文与相隔千百年的古代作者进行对话。"①葛兆光先生认为，翻译并不容易。他说："这里原因很多，撇开翻译者水平的差异不说，

---

①　中华书局编辑部：《名家精译古文观止·前言》，北京，中华书局，1993。

大概首先是古今文化的时代差异，古人生活在业已消逝的历史之中，时间已经带走了他们的精神、情感、习俗，虽然翻译者可以通过阅读去体验这种历史氛围，通过译文来重现这种历史风貌，但毕竟逝者如斯夫，再好的译者也不能重构历史的真实，而只能部分地还原与逼近真实的历史，即使加上说明、加上注释，也难以完全凸现原文中属于那个时代的精神与情趣；其次是古今语言的时代差异……更何况原文中还有一些典章、器物、习俗、礼仪的术语早已消失，翻译者不得不花很多话语去解释，原文中还有文言特有的节奏、韵律、气脉、风味在白话中无法复现，翻译者不得不另辟蹊径去模仿。"①

为了保持、凸现原文中的时代气息，有些地方，我们只好不译，而在译文之外，采用注释的形式另加说明。翻译而有些地方不译，早在唐代玄奘法师译佛经时就注意到了这个问题，他提出了"五种不翻：一、秘密故不翻，如'陀罗尼'；二、含多义故不翻，如'薄伽梵'含六义故；三、无此故不翻，如'阎浮树'（中夏实无此木）；四、顺古故不翻，如'阿耨菩提'，实可翻之，但摩腾已来存梵音故；五、生善故不翻，如'般若'尊重、'智慧'轻浅，令人生敬，是故不翻"②。那么，古文今译什么地方应该不译呢？今以《前赤壁赋》的几家译文作个对比，或许能得出大家较为满意的结论。

苏轼的《赤壁赋》开篇一段云：

> 壬戌之秋，七月既望，苏子与客泛舟游于赤壁之下。清风徐来，水波不兴。举酒属客，诵《明月》之诗，歌《窈窕》之章，少焉，月出于东山之上，徘徊于斗牛之间。③

宋晶如注译《广注语译古文观止》（世界书局，1936 年），译文如下：

---

① 中华书局编辑部：《名家精译古文观止·前言》，北京，中华书局，1993。
② （宋）释法云：《婆伽婆》，见《翻译名义集校注》卷一，13 页，北京，中华书局，2020。括号中所补，系根据该书唯心居士周敦义《翻译名义序》所引原文，见《大正藏》卷五四，1055 页。
③ 《苏轼文集》第 1 册，5 页，北京，中华书局，1986。

　　壬戌年的秋天，七月十五日以后，苏子和客人浮了舟，游于赤壁的下面。这时候清风徐徐的吹来，水面的波浪不起。举了酒杯，劝客人饮酒，口中诵《明月》的诗，唱《窈窕》的一章。停了一刻，月亮出于东山的上面，徘徊在斗牛两星的中间。①

许啸天言文对照白话译注《古文观止》（天津古籍出版社，1981 年），译文如下：

　　壬戌年的秋天，七月已经到了十五的日子，姓苏的人陪着客人坐在船上，游玩到那赤壁的下面去。清洁的风，慢慢的吹来，水面上的波浪，不曾起来。拿起一杯酒来劝客人吃，读着《明月》的诗句子，唱着《窈窕》的一首诗。停了一会，那月亮高高的出在东山的上面，移上移下在北斗牵牛的中间。②

阴法鲁主编《古文观止译注》（吉林人民出版社，1981 年），译文如下：

　　壬戌年秋天，七月十六日，我同客人乘船游于赤壁之下。清风慢慢吹来，江面水波平静。举起酒杯，邀请客人同饮，吟咏《明月》诗篇的"窈窕"一章。一会儿，月亮从东山上升起，徘徊在斗牛两个星宿之间。③

袁梅等注译《古文观止今译》（齐鲁书社，1983 年），译文如下：

　　壬戌年的秋天，七月望日刚过，苏子和客人乘船漫游，游览于赤壁之下。清风微微吹来，江水静静的连波纹也不起。于是举酒敬客，吟诵"明月"的诗篇，歌唱"窈窕"的乐章。一会儿，月亮升起于东面的山巅，徘徊在南斗和牛宿之间。④

袁梅等注译《名家精译古文观止》（岳麓书社，1993 年），译文如下：

①　宋晶如注译：《广注语译古文观止》，498 页，上海，世界书局，1936。
②　许啸天译注：《古文观止》下，992 页，天津，天津古籍出版社，1981。
③　阴法鲁主编：《古文观止译注》下册，982 页，长春，吉林人民出版社，1981。
④　袁梅等注译：《古文观止今译》，956 页，济南，齐鲁书社，1983。

元丰五年秋季，刚过七月半的那天。大苏先生和客人们一起坐船，游于黄冈赤鼻矶江岸下面。清风悠悠而来，江面也没有波澜。主人高举着斟满的杯酒劝请坐客，诵读了《陈风·月出》的诗篇，又吟唱了那"舒窈纠兮，劳心悄兮"的首章。一会儿功夫，圆圆的月亮就从东山升起，徘徊漫步于南斗和牵牛两个星座之间。①

在这五家译文中，关于"壬戌之秋"，有四家今译为"壬戌年的秋天"或"壬戌年秋天"，足见这种译法为多数译者所认可。其实，用干支纪年到现在仍在使用，因此不更改这种纪年法是正确的，它符合自司马迁以来开创的今译古文和翻译外文的优良传统。至于一定要把这句写作"元丰五年秋季"，就已不是译文，而是讲解了。

关于"苏子与客"句，在五家译文中，两家仍称"苏子"，一家称"我"，一家称"姓苏的人"，一家称"大苏先生"。"苏子"显系苏轼的自称。因此，改作"我"也未尝不可。但称"姓苏的人"，似非自称，而"大苏先生"，又显然是别人对苏轼的称谓，都不如原称贴切，足见其仍属不译为好之列。至于本句的"赤壁"，在五家译文中，四家仍称"赤壁"，一家译为"游于黄冈赤鼻矶江岸下面"。今按，这一家译文，仍是用讲解代译文，是不可取的。如果按这种译法，苏轼既已把赤鼻矶误当成了赤壁，其下文的感慨，岂不都成了无本之木？其实，关于赤壁的具体情况，完全可以在注释中加以说明，不必在译文中强为解说。须知这样一解说，整个文章便难以自圆其说了。而且，这样在译文中解说，又与注文重复，虽用心良好，但并不可取。其实，关于赤壁，诸家大都有注释。宋晶如先生注释说："赤壁有二，一在湖北嘉鱼县，即刘备与吴破曹地。一在湖北黄冈县，即坡游之地。文特借此以发其慨。"许啸天先生也指出，孙、刘抗曹的赤壁"在如今蒲圻县西北乌林地方，苏轼游玩的赤壁，却在黄州地方，和乌林地方的赤壁不同"。足见，古文中的称谓，特别是人名、地名，无论遇到何种情况，都是不能译的，更不能用讲解

---

① 袁梅等注译：《名家精译古文观止》，548 页，长沙，岳麓书社，1993。

代替译文。同样，官名等称谓，也只可遵照原文，最好不要在译文中作任何解说。

对于古文中的俗语或成语典故，似应该采取唐僧玄奘所说的"顺古"，即在注释中加以说明，而在译文中保持原状。这是因为，这些俗语或成语典故，有的直到现在仍在应用，因此，它们不构成古今语言的障碍。不过，它们确实需要解释，说明其在文中之所指，则是毋庸置疑的。例如，《古文观止》中有一篇《邹阳狱中上梁王书》，其中有一句说："语曰：'有白头如新，倾盖如故。'"宋晶如先生作了如下"语译"：

> 古语道："有人结交朋友，等到头发白了，还像新认识时候的交情一般深；有人坐着车子，在路上遇到了人，并车对语，不顾车盖的下倾，好像是多年的故旧一般。"①

一句"白头如新，倾盖如故"的俗语，竟被"语译"了这么长一段，这还叫"语曰"吗？这种译文已不是译文，而是解释，但解释应该放到注释里去。

总之，古文今译并不是一件容易的事，需要译者首先要吃透原文，把原文的美感、韵味传达出来。同时，译者必须忠于原文，不得任意发挥。因此，应绝对避免用讲解代替译文。我们注意到，从 20 世纪 30 年代起至今，大凡较好的古文今译本，都没有抛弃注释，他们都是用注释补充译文的不足及根本无法翻译的地方。译注结合，应该说是古文今译一种可行的好形式，那种单纯地追求"文白对照"的做法，实际上，很多情况是难以处理的。

四、附说电脑排版

目前，电脑排版盛行，电脑排版快捷迅速，的确是对出版印刷业的一次革命。但它显示出来的弊端，尤其是在涉及古代文献的排印过程中

---

① 宋晶如注译：《广注语译古文观止》，244 页，上海，世界书局，1936。

所暴露出来的弊端，令人担忧。而最突出的弊端就是，由于电脑程序设计的原因，在繁体字改简体字，或是简体字改繁体字的过程中，出现了一些十分恼人的错别字。某出版社曾推出三套藏书票，成为一时的抢手货。这个藏书票的点题和说明文字，由于是用繁体字，所以电脑在简体字改繁体字的过程中，亦出现了不少问题，现举几例（举例仍用简体字，必要时用繁体字）。

第一套：1～100 张。

44 号："读万卷书，行万裏路"。"裏"当是"里"字之误，这是电脑误将"里"字当成了简体字。"里"对于"裏"来说，是个简化字，但它是"里程"的本字。

第二套：1～99 张。

50 号："遭日机轰炸以后"。"后"，应改作繁体"後"。

54 号："反饑餓反内战"。"饑餓"，应改作"飢餓"。"饑"虽与"飢"在某些意义上相同，但"飢"指饿，而"饑"指"荒年"，区别是很清楚的。由于简化字二字省并为"饥"，故电脑误将其当成了简体字，因而写成了"饑餓"，虽非大错，但终觉不规范。

第三套：1～101 张。

14 号："四百余名学生"。"余"，应改作繁体"餘"。

45 号："也仿佛回到了家里一般"。"仿佛"，应改作繁体"彷彿"。

55 号："添了几绺白发"。"发"，应改作繁体"髮"。

58 号："等我准备好了再照"。"准备"，应改作繁体"準備"。

第三套藏书票还附有三套藏书票的索引，在这个索引中，虽然改了一部分藏书票中的错误，但又添了一些新错误，如将"绝命词"误为"绝名词"，"学术泰斗"误为"学术泰門"。

我们之所以以这套藏书票为例子，是因为这套藏书票本来文字就不多。在文字不多的情况下尚且如此，排一本二三十万字的书便可想而知了。如何发挥电脑排版的快捷之长，而避免其繁简改换中的不足，应是当今历史文献学亟待研究解决的课题之一，这个问题不解决，将来古籍的流传便堪忧了。

附录　历史文献学主要参考书目叙录

本书目只收以"文献""文献学"命名的书，其他均不在此列。所介绍参考书后多有修订再版。

一、《中国文献学概要》

郑鹤声、郑鹤春编纂，商务印书馆 1930 年出版。

该书共分七章：一、导言，叙中国文献之渊源与价值，以及中国文献之世界化；二、结集；三、审订；四、讲习；五、翻译；六、编纂；七、刻印。

作者在例言中说："结集、翻译、编纂诸端谓之文；审订、讲习、刻印诸端为之献，故曰文献学。"作者认为："典籍结集，为文献学上最重大之事业，故首及之。然结集而不施以审订，则无以取精而用宏，择要而弃微，故审订又次之。既审订矣，而不能'涉其流，探其源，采剥其华实，而咀嚼其膏味'，则结集、审订皆虚事，仍不能发扬其光辉，故讲习又次之。故结集表也，审订里也。讲习则表里相兼者也。自外学输入，而后有翻译之事业；自印刷发明，而后有编纂之规模，皆吾国文献学上之伟大纪念物焉。并次而论之。至于艺术部分，世有专书，不复详云。"①这里所用的术语虽然和今天略有不同，但它包括了历史文献学的著录、校勘、版本等重要内容，而且是第一次从整体上进行研究，阐述它们之间的相互关系。因此，要了解今日的历史文献学，这部书还是不可不读的。

二、《中国古典文献学》

吴枫著，齐鲁书社 1982 年出版。

该书共分八章：一、古典文献导论；二、古典文献的源流与分类；三、古典文献的类别与体式；四、四部书的构成及其演变；五、类书、丛书与辑佚书；六、文献目录与解题；七、版本、校勘与辨伪；八、古籍文献的收藏与阅读。另有一附录：中国古典文献在日本的流传。

该书前四章全面介绍了我国古代文献的形态、存佚及分类等，后四章则介绍了文献的著录、版本、校勘、辨伪、辑佚及典藏等。由于我国是统一的多民族国家，因而在汉籍之外，作者还在导论中分别介绍了藏文文献、焉耆—龟兹文文献、回鹘文文献、满文文献、彝文文献、傣文文献等民族文献，这对全面了解我国的古典文献大有裨益。

三、《中国文献学》

张舜徽著，中州书画社 1982 年出版。

该书在绪论中对文献学作了如下论述："我国古代，无所谓文献学，而有从事于研究、整理历史文献的学者，在过去称之为校雠学家。所以校雠学无异成了文献学的别名。凡是有关整理、编纂、注释古典文献的工作，都由校雠学家担负了起来。假如没有历代校雠家们的辛勤劳动，

---

① 郑鹤声、郑鹤春：《中国文献学概要·例言》，上海，商务印书馆，1930。

尽管文献资料堆积成山，学者们也是无法去阅读、去探索的。我们今天，自然要很好地继承过去校雠学家们的方法和经验，对那些保存下来了的和已经发现了的图书、资料（包括甲骨、金石、竹简、帛书），进行整理、编纂、注释工作。使杂乱的资料条理化、系统化；古奥的文字通俗化、明朗化。并且进一步去粗取精，去伪存真，条别源流，甄论得失，替研究工作者们提供方便，节省时间，在研究、整理历史文献方面，作出有益的贡献，这是文献学的基本要求和任务。"①该书共分十二编，第一、第二编介绍我国甲骨、金石等不同书写材料的各种文献及其聚散，并介绍了我国古代文献的基本情况。第三、第四、第五编，分别介绍文献的版本、校勘和目录，皆是整理古代文献的基础知识。第六、第七编，介绍前人整理文献的方法及其成果，对注解、翻译、考证、辨伪、辑佚等都作了评介。第八、第九、第十编分别介绍了历代校雠学家整理文献的业绩，清代考证学家整理文献的业绩，以及近代学者如张元济、罗振玉等人整理文献的巨大成就。最末两编，一是提出了今后整理文献的重要工作，二是提出了整理文献的主要目的和重大任务。

该书把撰写史书也算作文献整理，类属于文献学，似混淆了著述与整理的界限，是阅读此书应注意的地方。

四、《文献学讲义》

王欣夫著，上海古籍出版社 1986 年出版。

王欣夫先生在该书绪言中认为，像马端临《文献通考》那样"无所不包"的文献学，"可说是广义的'文献学'"，而"只取某一种性质的"，即狭义文献学。他说："广义的'文献学'是无法在课堂上讲授的；然而，既称为'文献学'，就必须名副其实，至少要掌握怎样来认识、运用、处理、接受文献的方法。这方法要能够执简御繁，举一反三，譬如一把多

---

① 　张舜徽：《中国文献学·绪论》，郑州，中州书画社，1982。

种形态的钥匙，可以开启多样形式的锁。书籍既是知识的宝库，对它怎样开启，进一步怎样发掘、整理，就是一个重要问题。根据前人积累的经验，实践的效果，本课定为三个内容：一、目录；二、版本；三、校雠。"①

他在这篇绪言中强调指出，"这三个内容本来是三位一体的，不应分什么先后"。但"从学习的程序来说，应该先知道有什么书，就要翻查目录。得到了书，要知道有什么刻本和什么刻本比较可靠，就要检查版本。有了可靠的版本，然后再做研究工作，于是需要懂得怎样来校雠。现在虽不必拘泥先后程序，但为了讲述的方便，总要有一个次序，姑且作此安排"。他在 1959 年为该书写的后记中指出，"文献学这门学科应该注重于搜集和整理材料的方法，这对于接受祖国文化遗产和进行研究工作是有所帮助"②。

这部书是王欣夫先生于 1957 年至 1960 年在复旦大学中文系讲授文献学的讲义，引证翔实丰富，而且全书言简意赅。每一节皆包括若干条；每条一个标题，以下便引证资料加以说明。如《五代时的铜版》，《刊正九经三传沿革例》中称有晋天福铜版本，令人生疑。但王先生说："前年疏浚西湖，忽发现了铜版一块，上面刻阳文《大圆满陀罗尼神咒秽迹真言》一篇，为胡彦、武章、唐十五娘于丙午年八月八日募缘置，字体端庄，具有北宋版本风格，所谓晋天福铜版本，即此一类。"③丙午为后晋开运三年(946 年)，上距天福末年只有两年，推论令人信服。全书大都类此。

五、《古典文献学》

罗孟祯编著，重庆出版社 1989 年出版。

---

① 王欣夫：《文献学讲义·绪言》，上海，上海古籍出版社，1986。
② 王欣夫：《文献学讲义·后记》，郑州，中州书画社，1982。
③ 王欣夫：《文献学讲义》，145 页，郑州，中州书画社，1982。

罗孟祯先生在该书前言中说："整理古籍，必须具有目录学、版本学、校勘学的基础知识。这三者既有区别，又有联系，离之则俱伤，合之则并美，这是古典文献学的主体。"①他认为，这三门学问都是以典籍为对象，所以先谈书，故该书共包括四编："读书""目录学""版本学""校勘学"。层次十分清楚。

六、《中国历史文献学》

杨燕起、高国抗主编，书目文献出版社 1989 年出版。

该书分上、中、下三编。上编四章，是有关历史文献学理论的探讨。作者在第一章中说："历史文献学是对历史文献的形成发展、整理利用进行研究，探索其规律，从而加以理论说明的一门学问。"②作者认为，历史文献学理论、历史文献学的发展线索、历史文献学的分支学科和相关学科，是中国历史文献学科体系的三个重要内容。该书也正是按照这一论断安排全书内容的。该书在上编理论部分，除绪论讨论了文献、历史文献、历史文献学，以及学习历史文献学的意义外，还着重讨论了历史文献学与中国传统文化、时代与历史文献学、历史科学与历史文献学等问题。

该书中编梳理历史文献学的发展线索，勾勒了我国历史文献学从先秦两汉成立时期起，到近现代为止的发展历史脉络。该书重视近现代时期，对罗振玉、梁启超、胡适、洪业、张元济、顾颉刚、陈垣、王重民、郭沫若等学者，都有专门评介。同时，还特别留心当代关于历史文献学的研究，对有关专著和文章，都作了中肯评介，这是很引人注目的。

该书下编介绍历史文献学的分支学科和相关学科，分别讲述了目录学、传注学、校勘学、版本学、辨伪学、辑佚学、史源学、编纂学、藏

---

① 罗孟祯：《古典文献学·前言》，重庆，重庆出版社，1989。
② 杨燕起、高国抗主编：《中国历史文献学》，7 页，北京，书目文献出版社，1989。

书史等。其中史源学的增设，较好地吸收了陈垣先生对文献进行考订核实的优良传统，是该书的一个突出特点。

七、《中国古文献学史》

孙钦善著，中华书局 1994 年出版。

这是我国第一部颇具规模的古代文献学史，全书近一百万字，讲述了从先秦至近代我国古代文献学的发展历史。作者在绪言中说："概括言之，古文献学以古代文献典籍的形式内容和整理它的各个环节如校勘、标点、注释、辨伪、辑佚、编纂等为骨架，构筑了所需要的古代语言文字、古籍目录版本、古代历史文化等有关知识，以及运用这些知识解决实际问题的方法，形成了一个独立学科。"这就是古文献学。作者又进一步说："古文献学实际上是一种综合性的边缘学科，它与古代语言文字学、古籍目录版本学以及古代历史学（包括通史、文化史、哲学史、思想史等）都有关联。同时古文献学又是实践性很强的应用学科。古文献本身又有许多分支，诸如注释（包括字词的注音释义及天文、地理、名物、典制等的考证辨析）、校勘、目录、版本、辨伪、辑佚、编纂等，可见它是一个成熟的学科。古文献学不仅为研究、整理古代文献典籍的专门学者所必修，对于古代学科的研究者来说，也是需要加以掌握的，因为它关系到对史料的驾驭、精通和考辨。甚至对一般需要阅读古书的人来说，知道一些古文献的知识也是必要的。因此古文献学又带有基础学科的性质。"[1]该书从先秦一直写到了清末，评价了从孔子到王国维历朝的文献学家及其成就。

该书资料丰富，论证翔实有据，为了解我国古代文献学的状况，提供了极大的方便。

---

[1] 孙钦善：《中国古文献学史·绪言》，北京，中华书局，1994。

八、《中国文献学新编》

洪湛侯著，杭州大学出版社 1994 年出版。

该书分四编："形体编""方法编""历史编""理论编"。

所谓形体，主要指文献的载体，因而该书顺次介绍了甲骨、金石、简牍、缣帛、纸和胶片与磁带，并且介绍了文献的各种体裁等。

作者认为，目录、版本、校勘、辨伪、辑佚、编纂都属文献学的方法，故"方法编"即介绍这些内容。

所谓历史，即指我国文献学的发展史，从先秦一直叙述到当代，具有贯通古今的意味。

对于文献学理论，作者认为，"我国文献事业长时间停留在研究、整理阶段，虽有经验，也很少能够另外总结成文"[1]。作者还指出，"我国文献学理论，早期观念含混，界义不明，明显存在着技术性经验总结和科学理论之间的差距"[2]。作者最后提出了《文献学理论整理刍议》，并归纳总结了"搜集发掘""按类摘编""归纳梳理""择要注释""编纂专书"五个步骤。

作者认为，当代以"文献学"名书的各家，"所论皆文献整理之方法，且仅及目录、版本、校勘三端，难免滋人疑惑"[3]。而该书所论，正着眼于建立中国文献学的完整体系，这是该书的一大特点，颇引人注目。

九、《中国古代文献浅谈》

崔文印著，四川人民出版社 1999 年出版。

---

① 洪湛侯：《中国文献学新编·理论编》，394 页，杭州，杭州大学出版社，1994。
② 洪湛侯：《中国文献学新编·理论编》，394 页，杭州，杭州大学出版社，1994。
③ 洪湛侯：《中国文献学新编·序》，杭州，杭州大学出版社，1994。

该书共分八个部分，除第一部分介绍了"文献"的古今含义外，分别介绍了甲骨文献、青铜文献、石刻文献、竹帛文献、卷轴文献和雕版文献，强调了它们的流行特点。该书最后一部分"古代文献的整理"介绍了古代文献为什么需要整理和整理古文献的基本方法，正是历史文献学所要讲述的内容。

十、《文献学概论》

杜泽逊著，中华书局2001年出版，2008年修订再版。

该书为作者在山东大学讲授文献学课程时，根据教学需要撰写的讲义汇编而成，共计十四章。第一章对"文献"的释义、文献学的研究范围和功用作了简要说明。第二章对甲骨、金、石、竹木、帛、纸等古代文献记录的载体进行了简要的介绍。第三章讲解了著、述、编、译等文献形成的方式和讲唱、镌刻、抄写、印刷、摄影等文献流布的途径。第四章介绍了古代中国官府藏书、私家藏书、文献散佚的基本情况。第五至第八章通过大量案例，深入浅出地讲解了版本、校勘、目录、辑佚与辨伪等文献学分支学科的一般知识。第九至第十四章为专题论述，作者结合自身在研究中遇到的情况，分门别类地讲述了类书与丛书、地方志与家谱、总集与别集、出土文献、敦煌文献的简明情况。

该书既是作者为研究生讲解文献学基本知识的讲义，因此具有语言精练，内容充实的特点，比如在讲解版本、目录、校勘、辨伪时，作者提供了大量翔实的案例，又在尾章补充了一般文献学教材较少涉及的出土文献、敦煌文献等，是该书的突出优点。

十一、《中国古典文献学的理论与方法》

郭英德、于雪棠编著，北京师范大学出版社 2008 年出版。

该书每一章节后设置了思考题，凝聚着编著者十多年的教学与研究的心得，也凝聚着十多届研究生的学习心得，是师生教学互动的产物。该书共计七章，分别为"古典文献形态学""古籍版本学""古籍校勘学""古籍目录学""古籍注释学""古籍考证学""古籍编纂学和古籍检索学"。编著者对上述各个学术板块的内容进行了科学的整合，使全书具有较为严整的逻辑体系和独特的理论色彩，体现了北京师范大学承自启功先生的以整理为基础，以研究为导引，古籍整理与古籍研究并重、文学研究与文化研究贯通、学术研究与文化普及结合的学术特色。需要说明的是，书中介绍的光盘检索等研究途径，于今日看来已经过时。而该书为求准确妥当，对新兴学术成果的介绍稍显不足，可搭配其他书刊进行补充了解。

十二、《古典文献学基础》

董洪利等著，北京大学出版社 2008 年出版，2020 年修订再版。

该书为多人合著，参编者为北京大学古典文献学专业一线教师。刘玉才负责第一章"总论"，王岚负责第二章"古籍版本学"，许红霞负责第三章"古籍目录学"，李更负责第四章"校勘学"，董洪利负责第五章"训诂学"，张燕婴负责第六章"辑佚与辨伪"，最后由董洪利统稿、定稿，可谓各尽所长。

该书重点在于介绍传统古典文献学中最常见、最基本的内容。全书共六章，总论部分全面介绍古典文献学知识体系的构架，分论部分以版本学、目录学、校勘学、训诂学、辑佚与辨伪为主，以文献的载体、形制、刊印、典藏、编纂、整理等方面的内容为辅，介绍古典文献学的核心知识和一般知识的核心内容。

该书内容翔实，分类明晰，章节细化之后颇显丰富，作为文献学专业的入门书籍，值得常备案边翻阅。

十三、《历史文献学》

张升著，北京师范大学出版社 2016 年出版，2024 年修订再版。

该书分上下两编。上编共五章，第一章简要介绍了文献学理论与研究资料的基本情况，同时引介了西方新书籍史。第二至第五章则以"书的生命进程"为顺序，分别介绍了文献的产生、流通、收藏、整理。作者在书中认为，文献学的主要研究对象是书，而书籍是有生命的，因此除了关注书的物质形态外，也要关注书背后的人。下编则是专论部分，是对专题文献的讲解和相关知识的拓展深化，主要包括方志、类书、丛书、《永乐大典》、《四库全书》及明清文集等篇章。

该书史料翔实，结构严谨，内容相对丰富，既有对传统文献学的总结和思考，也吸收了一些新的学界成果，同时介绍了作者自身的研究结论和对文献学的一些思考，作为高校文献学专业的教材是充满新意的。

独学无友，则孤陋而寡闻。如今学术界成果众多，学术期刊为广大文献学研究者提供了交流的平台，试举其要。

《文史》 中华书局主办，1962 年创刊，现为季刊。主要设有读书札记、二十四史修订研究等栏目。

《文献》 国家图书馆主办，1979 年创刊，现为双月刊。主要设有版本研究、文史新探、域外汉籍、书札整理研究、石刻文献研究等栏目。

《历史文献研究》 中国历史文献研究会主办，1980 年创刊，现为半年刊。主要收录人物考证、校读札记、写本研究、墓志研究等相关文章。

《出土文献研究》　中国文化遗产研究院主办，1985年创刊，现为年刊。主要收录古文字释读、名物研究、简牍整理、先秦制度研究等相关文章。

《古籍整理研究学刊》　东北师范大学古籍整理研究所主办，1985年创刊，现为双月刊。主要设有文献研究、校勘研究、辑佚研究、古籍版本、出土文献等栏目。

《古典文献研究》　南京大学古典文献研究所主办，1989年创刊，现为半年刊。主要设有文献考述与文献校勘、学术丛札、文学与文献学研究、文史新研、碑刻文献研究等栏目。

《文津学志》　国家图书馆古籍馆主办，2003年创刊，现为半年刊。主要设有文献整理与版本研究、典籍史文献与研究、馆藏文献整理与编目、书籍史研究、历史地理与古地图研究、金石文献整理与研究等栏目。

《历史文献》　上海图书馆、上海科学技术情报研究所主办，2004年创刊，现为年刊。主要收录人物年谱、明清信札、古籍整理校注等相关文章。

《出土文献与古文字研究》　复旦大学出土文献与古文字研究中心主办，2006年创刊，现为年刊。主要收录古文字考释、古汉语研究等相关文章。

《出土文献》　中西书局、清华大学出土文献研究与保护中心主办，2010年创刊，现为季刊。主要设有海外汉学、出土文献新发现、学术札记、学术史等栏目。

值得留意的是，部分图书馆学期刊和一些高校学报的哲学社会科学版也会收录文献学相关文章，有心者可通过网络等工具进行检索。